外国语言文学高被引学术丛书

束定芳 庄智象 ◎ 著

# 现代外语教学：理论、实践与方法
## （新修订版）

上海外语教育出版社
SHANGHAI FOREIGN LANGUAGE EDUCATION PRESS

图书在版编目（CIP）数据

现代外语教学：理论、实践与方法 / 束定芳, 庄智象著. -- 修订本. -- 上海：上海外语教育出版社, 2021 (2025重印)
（外国语言文学高被引学术丛书）
ISBN 978-7-5446-6909-2

Ⅰ. ①现… Ⅱ. ①束… ②庄… Ⅲ. ①外语教学－教学研究 Ⅳ. ①H09

中国版本图书馆CIP数据核字（2021）第142337号

出版发行：**上海外语教育出版社**
（上海外国语大学内） 邮编：200083
电　　话：021-65425300（总机）
电子邮箱：bookinfo@sflep.com.cn
网　　址：http://www.sflep.com
责任编辑：李昱斐

印　　刷：上海市崇明县裕安印刷厂
开　　本：635×965　1/16　印张 19.5　字数 310千字
版　　次：2021年12月第1版　2025年4月第4次印刷

书　　号：ISBN 978-7-5446-6909-2
定　　价：60.00元

本版图书如有印装质量问题，可向本社调换
质量服务热线：4008-213-263

# 出版说明

"外国语言文学高被引学术丛书"是基于"中文学术图书引文索引"(Chinese Book Citation Index,简称CBKCI)数据库的入选书目,将入库的引用频次较高的外语研究学术专著,进行出版或者修订再版。

该数据库由中国图书评论学会和南京大学中国社会科学研究评价中心共同开发,涵盖人文社会科学的11个学科,以引用量为依据,遴选学术精品,客观地、科学地反映出优秀学术专著和出版机构的影响力。上海外语教育出版社有32种图书入选"中文学术图书引文索引"数据库,占外国语言文学学科类入选专著数量近1/4(共132种入选),数量居该领域全国出版社首位。

本着"推广学术精品,推动学科建设"的宗旨,外教社整理再版这些高被引图书,将这些高质量、高水准的学术著作以新的面貌、新的方式展现给读者,这对于促进学者之间的思想交流,提高研究效率和研究质量,记录与传承我国学者在外国语言文学学科的优秀研究成果具有积极意义,同时也为广大语言学者提供了丰富的参考资源。

上海外语教育出版社

# 修订再版说明

本书出版以来,受到了广大读者的欢迎,是国内外语教学理论研究方面引用率非常高的著作之一。2007年第一次修订,我们增加了一些新的内容。近十多年来,外语教学研究领域又有许多新的发展,为了及时反映新理论、新成果、新理念,我们本着实事求是、与时俱进的精神,对本书进行了第二次修订。本次修订始于2017年,对原书内容进行了调整和增补。主要修订内容包括:

1. 统一了原书中的部分概念。在外语教学理论研究早期,对国外相关概念的翻译比较混乱,随着时代发展,概念表述逐渐规范和统一。例如,本次修订将 target language 统一为"目标语",exploratory learning 统一为"探究式学习"等。

2. 替换了原书中的某些已经过时的内容。新的课程标准和教学大纲相继出台,教育技术发展迅速,本次修订替换了原书中用到的旧版课程标准、网络教学案例等相关内容。

3. 增补了原有章节中外语教学研究的新发展,增加了新的章节,补充了有关新增内容的经典文献。随着信息技术教育应用的常态化以及我国特色教育理念逐步完善,本次修订重点补充了网络外语教学研究的相关主题,在跨文化部分补充了中国文化引入的必要性的论述。新增章节包括:第一章第三节"外语教学的社会文化论视角"(由杨红燕博士撰写完成),第三章第二节中的"交际意愿"和"外语焦虑"(由杨红燕博士撰写完成),第三章第三节中的"学习者话语",第五章第三节中的"外语教师自主发展"(由蒙诗茜博士撰写完成)和第五节中的"外语测试对外语教学的反拨作用",第六章第五节"以学科内容为依托的语言教学"(由米保富博士撰写完成)等。

本次修订中,杨红燕博士做了大量的协调和整理工作。特此致谢。

作　者

2021年4月

# 修订说明

自 1996 年出版以后，本书已重印了 8 次，被许多学校选为应用语言学和对外汉语专业研究生的教材。同时，它也是国内外语教学理论研究方面引用率最高的著作之一。我们一方面为此深感欣慰，另一方面也常常感到不安。我国的外语教学理论研究和实践与十年前相比，已发生了巨大的变化，广大外语教师从事外语教学理论研究的意识和实践能力都有所提高，近年来外语教学的规模、要求等也与十年前不可同日而语。再者，国外外语教学理论研究方面也涌现了许多新的成果。几年前，我们就与出版社和责任编辑商量修订该书，弥补原书的一些不足，另外再将近十年来本领域的一些新的发展补充进去，使其真正成为一本与时俱进的、可供广大外语教师从事外语教学理论研究和实践的参考书。

本次修订除了对原来的部分内容进行了一些改动和增删外，还新增加了几个章节：绪论"呼唤具有中国特色的外语教学理论"、第五章第四节中的第三小节"外语课堂教学改革与外语课堂教学的基本功能"、第六章第三节"任务型外语教学"和第四节"网络与外语教学"。

本次修订得到了许多同事和研究生的帮助。魏永红博士、张红玲博士等分别撰写了"任务型教学"和"网络与外语教学"部分的初稿。一些同事和研究生提出了一些很好的修改建议并做了大量的校对工作。我们在此向他们表示衷心的感谢。

作　者

2006 年 12 月 23 日于上海外国语大学

# 原版前言

改革开放以来,我国的外语教学界积极引进西方的外语教学理论和方法,并结合我国特殊的外语教学环境,编写了具有中国特色的、适合不同层次学校外语教学的教学大纲和教材,并针对国外新的教学理论和教学方法研究成果,积极探索适合中国国情的外语教学方法,取得了引人注目的成就。但是,整体而言,我国的外语教学理论研究的水平还处于一个较低的层次,许多工作在教学第一线的教师对教学理论还比较陌生,加上受各种条件的限制,外语教师参加理论进修和进行学术交流的机会较少。这在很大程度上限制了外语教师的视野,影响了外语教学实践水平的发挥和外语教学质量的提高。

我们知道,与其他学科和母语教学相比,外语教学有着非常特殊的教学环境、教学对象和教学目标,因而需要我们设计出适合外语教学规律的教学方法。因此,外语教学理论研究的任务就是要研究外语教学和其它课程,尤其是同母语教学相比所具有的特殊规律,探讨外语教与学的最佳途径。

外语教学理论研究首先要搞清楚的一个问题是,外语学习与母语习得过程相比到底有什么不同的地方?要搞清这个问题,又必须弄清语言是什么、学习一种语言意味着什么的问题。所有这些都涉及语言和语言教学的本质特征的问题,因此属于本体论的层次。

在充分了解了外语教学的特殊规律的基础上,外语教学理论研究应该对外语教学活动的具体实施原则和方法进行描述。其中包括教学大纲的制定、教材的编写、课堂教学的组织、教学效果的评估和测试等等。我们把这些问题的研究称作实践论层次。

第三层次的研究属于方法论层次,主要是对外语教学实践的途径、方法和技巧等问题进行讨论和探索。既要从理论层次描述外语教学具体实施的原则和步骤,还要对课堂教学的具体方法和技巧提出建议。

本书的编写就是按以上的思路进行的。全书共分六个章节。

第一章,当代外语教学研究的几个重要趋势,介绍近年来国外外语教学理论研究的一些重要动向,如重视学习主体的研究、对传统的教学法进行反思等。第二章,外语教学研究的目标和方法,讨论外语教学研究与相关学科的关系,指出外语教学已成为一门独立的学科,外语教学理论研究应该在本体论、实践论和方法论三个层次上进行。第三章,外语学习过程分析,对一些影响外语习得的重要因素进行分析,对当代国外外语教学理论界在这方面的主要研究成果和研究方法进行较为详尽的介绍和评价。第四章,外语交际能力的培养,讨论外语交际能力的概念以及培养学生外语语法、词汇、听力和阅读等能力的重要性和主要方法等问题。第五章,外语教学的组织和实施,介绍外语课程设计、大纲制定、教材编写、课堂教学和测试等实践过程,并分析和讨论它们所涉及的一系列理论问题。第六章,外语教学的方法,讨论外语教学方法论与具体外语教学方法和技巧之间的关系,并对近几十年来国外流行过的一些重要教学法流派作一较为详细的分析和介绍。

  由于作者水平有限,再加上时间仓促,一定有疏漏和不妥之处,敬请广大读者和专家提出宝贵意见,以便下次修订时改进。

作 者<br>1996 年 3 月于上海外国语大学

# 目 录

**绪　论　呼唤具有中国特色的外语教学理论** ……………………… 1
 一、我国外语教学存在的问题 ………………………………………… 2
  1. 理论研究薄弱 …………………………………………………… 2
  2. 师资质量不高 …………………………………………………… 3
  3. 教学资源质量参差不齐 ………………………………………… 4
  4. 教学理念落后 …………………………………………………… 4
  5. 应试倾向明显 …………………………………………………… 4
 二、外语教学理论研究的主要内容和范围 …………………………… 4
 三、外语教学理论研究的若干重要课题 ……………………………… 6
  1. 本体论研究 ……………………………………………………… 6
  2. 实践论研究 ……………………………………………………… 7
  3. 方法论研究 ……………………………………………………… 9
  4. 教师发展研究 …………………………………………………… 9

**第一章　当代外语教学理论研究中的几个重要发展趋势** ………… 11
 第一节　从研究"如何教"到研究"如何学" ……………………… 11
  一、学习者个人差异的研究 ……………………………………… 12
  二、学习过程的研究 ……………………………………………… 14
 第二节　语言使用研究和学习者语言使用能力的培养 …………… 15
 第三节　外语教学的社会文化视角 ………………………………… 17
  一、社会文化理论的主要概念 …………………………………… 17
   1. 中介作用(mediation) ………………………………………… 17
   2. 内化(internalization) ………………………………………… 17
   3. 最近发展区(the zone of proximal development, ZPD)
    …………………………………………………………………… 18
   4. 活动理论(Activity Theory) ………………………………… 18
  二、社会文化论对外语教学的启示 ……………………………… 18

第四节　学生自主学习能力的培养 ·················· 19
　　第五节　教学内容和方法的革新与变化 ·············· 21
　　　一、教学内容 ································· 21
　　　二、教学方法 ································· 22
　　　三、计算机辅助外语教学 ······················· 23
　　第六节　传统外语教学方法和教学内容的反思和回归 ······ 24

第二章　外语教学理论研究的目标和方法 ················ 27
　　第一节　外语教学理论研究的目标 ················· 27
　　第二节　外语教学与相关学科 ····················· 28
　　　一、外语教学所涉及的重要因素和学科 ············ 28
　　　二、外语教学与相关学科的关系 ················· 28
　　　三、启发与借鉴：外语教学作为一门独立的学科 ······ 33
　　第三节　外语教学研究的三个层次 ················· 33
　　　一、本体论层次 ······························· 35
　　　二、实践论层次 ······························· 38
　　　三、方法论层次 ······························· 41

第三章　外语学习的特点和过程分析 ···················· 43
　　第一节　"母语""第二语言习得"与"外语学习" ······· 43
　　　一、"第二语言"与"外语" ······················· 43
　　　二、"习得"与"学习" ··························· 47
　　第二节　外语学习主体分析 ······················· 50
　　　一、理想的外语学习者 ························· 50
　　　二、外语学习者的生理和认知因素 ················ 51
　　　　1. 年龄 ···································· 51
　　　　2. 语言潜能 ································ 54
　　　　3. 外语学习信念 ····························· 56
　　　　4. 认知风格 ································ 57
　　　三、外语学习者的情感因素 ····················· 58
　　　　1. 学习动机 ································ 58
　　　　2. 交际意愿 ································ 60

　　　　3. 外语焦虑 ·············································· 61
　第三节　外语学习过程研究 ·············································· 62
　　一、原有知识 ·············································· 62
　　二、中介语研究 ·············································· 63
　　　　1. 对比分析 ·············································· 64
　　　　2. 错误分析 ·············································· 68
　　　　3. 中介语 ·············································· 72
　　三、学习者话语 ·············································· 77
　　　　1. 沉默 ·············································· 77
　　　　2. 公式性语言 ·············································· 78
　　　　3. 语法和语义简化 ·············································· 78
　　　　4. 母语使用 ·············································· 78
　第四节　外语学习者策略分析 ·············································· 79
　　一、学习者策略的定义和分类 ·············································· 81
　　二、交际策略研究中的一些问题 ·············································· 85
　　　　1. 交际策略的定义 ·············································· 86
　　　　2. 交际策略的分类 ·············································· 88
　　　　3. 交际策略在外语习得中的作用 ·············································· 90
　　　　4. 影响学习者使用交际策略的主要因素 ·············································· 91
　　　　5. 交际策略研究对语言学和外语教学研究的启发 ·············································· 92

第四章　外语交际能力及其培养 ·············································· 95
　第一节　外语交际能力的概念 ·············································· 95
　　一、交际能力 ·············································· 95
　　二、外语交际能力及其与母语交际能力的关系 ·············································· 98
　　三、交际教学法与培养外语交际能力的最佳途径 ·············································· 99
　　四、外语交际能力的培养与学生的整体语言能力 ·············································· 102
　第二节　外语语法教学 ·············································· 103
　　一、语法的定义和种类 ·············································· 103
　　二、语法教学的历史回顾 ·············································· 105
　　三、外语语法教学的意义与教学语法 ·············································· 110
　第三节　外语词汇教学 ·············································· 114

一、母语词汇习得与外语词汇习得特点之比较 …………… 116
　　　　1. 母语词汇习得 ………………………………………… 116
　　　　2. 外语词汇习得 ………………………………………… 118
　　二、外语词汇教学的途径 …………………………………… 119
第四节　外语听力教学 ……………………………………………… 122
　　一、影响听力理解的重要因素 ……………………………… 122
　　　　1. 听力材料的特征 ……………………………………… 122
　　　　2. 说话者特征 …………………………………………… 125
　　　　3. 任务特征 ……………………………………………… 125
　　　　4. 学习者特征 …………………………………………… 126
　　　　5. 过程特征 ……………………………………………… 126
　　二、听力教学方法 …………………………………………… 127
第五节　外语阅读教学 ……………………………………………… 128
　　一、阅读过程特点分析 ……………………………………… 128
　　二、外语阅读与母语阅读不同特点比较 …………………… 129
　　三、外语阅读教学材料的选择标准 ………………………… 131
　　四、阅读技巧及阅读技巧的培养 …………………………… 133
　　五、对我国高校外语阅读教学的几点思考 ………………… 135
第六节　外语教学中的"跨文化意识"的培养 …………………… 137
　　一、语言与文化关系研究概述 ……………………………… 137
　　二、语言和文化的定义 ……………………………………… 140
　　三、语言和文化的关系 ……………………………………… 140
　　　　1. 语言是文化的一部分 ………………………………… 140
　　　　2. 语言是文化的载体 …………………………………… 141
　　　　3. 文化是语言的底座 …………………………………… 141
　　四、外语教学中目标语文化的导入及跨文化意识的培养
　　　　………………………………………………………………… 142
　　　　1. 外语教学中文化导入的必要性和重要意义 ………… 142
　　　　2. 外语教学中文化导入的内容 ………………………… 142
　　　　3. 文化导入的几个重要原则 …………………………… 145
　　　　4. 文化导入的主要方法 ………………………………… 146

## 第五章　外语教学的组织与实施 ……………………………… 148
### 第一节　课程设计与大纲制定 …………………………… 148
一、课程设计与大纲制定的概念 ……………………… 148
二、课程设计的步骤 …………………………………… 150
三、大纲与大纲制定 …………………………………… 152
### 第二节　教材的编写与选用 ……………………………… 156
一、教材的编写 ………………………………………… 156
二、教材的评估和选用 ………………………………… 158
1. 教学内容 ………………………………………… 158
2. 方法 ……………………………………………… 159
### 第三节　外语教师的基本素质与专业发展 ……………… 161
一、外语教师的基本素质 ……………………………… 161
1. 作为一名普通意义上的教师,外语教师应具备的素质 ………………………………………………… 162
2. 作为语言教师,外语教师应具备的素质 ……… 163
3. 一名外语教师的基本素质 ……………………… 163
二、外语教师培训 ……………………………………… 166
1. 外语理论与实践 ………………………………… 166
2. 语言学理论与外语学习理论 …………………… 166
3. 教育心理学理论与教学实践 …………………… 167
三、外语教师自主发展 ………………………………… 167
### 第四节　课堂教学 ………………………………………… 170
一、课堂教学的重要性 ………………………………… 170
二、课堂教学的组织 …………………………………… 170
三、我国外语课堂教学中的问题 ……………………… 172
四、外语课堂教学的基本功能 ………………………… 175
1. 培养学生学习兴趣 ……………………………… 175
2. 系统传授语言知识 ……………………………… 176
3. 提供使用语言、促进语言学习的环境和资源 … 177
4. 提供外语学习方法和策略的指导 ……………… 178
5. 提供学生展示学习成果的机会 ………………… 178
五、外语课堂教学有效性的评估 ……………………… 179

  1. 课堂教学目标是否明确,是否体现了课程要求 …… 179
  2. 课堂教学是否能很好地与课外学习衔接 …………… 181
  3. 外语课堂教学是否能合理平衡知识讲解与语言实践
   之间的关系 ……………………………………………… 181
  4. 课堂活动是否有利于培养学生探究性学习的能力
    ………………………………………………………… 182
 第五节 测试和评估 ……………………………………… 183
  一、外语测试的类型 …………………………………… 183
  二、效度 ………………………………………………… 186
  三、信度 ………………………………………………… 188
  四、测试的步骤 ………………………………………… 189
   1. 明确测试性质 …………………………………… 189
   2. 确定测试要求 …………………………………… 190
   3. 试卷格式和时间 ………………………………… 190
   4. 考试标准要求 …………………………………… 190
   5. 阅卷的步骤 ……………………………………… 191
   6. 命题 ……………………………………………… 191
   7. 预测 ……………………………………………… 191
  五、外语测试理论的发展 ……………………………… 191
  六、外语测试对外语教学的反拨作用 ………………… 194

## 第六章 外语教学的方法 …………………………………… 197
 第一节 方法论与方法 …………………………………… 197
 第二节 现代外语教学法主要流派特点分析 …………… 199
  一、口语法和情景教学法 ……………………………… 199
  二、听说法 ……………………………………………… 201
  三、交际法 ……………………………………………… 205
  四、全身反应法 ………………………………………… 211
  五、沉默法 ……………………………………………… 214
  六、社团学习法 ………………………………………… 217
  七、自然法 ……………………………………………… 220
  八、暗示法 ……………………………………………… 224

第三节　任务型外语教学 ………………………………………… 227
　一、任务型教学的产生与发展 ………………………………… 227
　二、任务及任务型教学原则 …………………………………… 229
　三、任务型教学的理论基础 …………………………………… 231
　　1. 系统功能语言学与任务型教学 …………………………… 231
　　2. 当代认知学习理论与任务型教学 ………………………… 234
　　3. 活动教学论与任务型教学 ………………………………… 239
　　4. 第二语言习得研究与任务型教学 ………………………… 240
　四、任务型外语教学的优点与局限性 ………………………… 241
　五、任务型外语教学在我国教学实践中的问题 ……………… 244
第四节　网络与外语教学 ………………………………………… 245
　一、计算机辅助外语教学的发展历程 ………………………… 246
　二、网络外语教学的定义和特点 ……………………………… 248
　　1. 网络外语教学的定义和模式 ……………………………… 248
　　2. 网络外语教学的特点和优势 ……………………………… 250
　三、网络外语教学与传统课堂外语教学之间的关系 ………… 252
　　1. 课堂教学为主, 网络教学为辅 …………………………… 253
　　2. 网络教学为主, 课堂教学为辅 …………………………… 254
　四、网络外语教学研究与实践 ………………………………… 254
　　1. 研究现状 …………………………………………………… 255
　　2. 网络外语教学实践及问题 ………………………………… 256
　　3. 网络外语教学研究的方向 ………………………………… 257
　五、网络外语教学前景展望 …………………………………… 258
第五节　以学科内容为依托的语言教学 ………………………… 259
　一、CBI 的发展历程 …………………………………………… 259
　二、CBI 的定义和特点 ………………………………………… 260
　　1. CBI 的定义和具体模式 …………………………………… 260
　　2. CBI 的理论基础 …………………………………………… 261
　　3. CBI 的特征 ………………………………………………… 263
　三、CBI 研究 …………………………………………………… 264
　　1. 主要研究议题及成果 ……………………………………… 264
　　2. 研究趋势及课题展望 ……………………………………… 266

四、CBI 教学实践问题 ·················· 267
　　　　1. 适用对象 ······················ 267
　　　　2. 师资建设 ······················ 268
　　　　3. 语言与学科内容兼顾 ················ 268

**附录一　主要参考书目** ······················ 270

**附录二　外语教学主要术语英汉对照表** ············ 288

# 绪 论

## 呼唤具有中国特色的外语教学理论

我们在这里使用"呼唤"一词,至少表达两层意思。一是因为我们现在仍然缺乏"具有中国特色的外语教学理论",因此需要"呼唤",希望它能"如约而至";二是因为我们多年来一直对它"望眼欲穿",它却一直迟迟不来,因此仍然需要"千呼万唤"。

我们需要中国特色的外语教学理论,并不是说我们不需要学习和研究国外的外语教学理论,恰恰相反,"具有中国特色的外语教学理论"需要在对国外相关理论,尤其是第二语言习得理论,进行认真学习和消化之后才能打下坚实的基础。我国早期的外语教学理论研究主要是对国外外语教学理论的引进、消化和应用。在这些理论的指导下,我们在外语教学理论研究和教学实践方面取得了有目共睹的巨大成就。但是,越来越多的研究者和外语教师意识到,国外的相关理论虽然可以给我们很多的启发,中国的外语教学实践更需要自己的教学理论的指导。这是因为,首先,我们面对的语言教学对象不同。主要的不同在于其母语背景和母语文化背景,母语的特殊语言结构特点和母语文化背景对中介语的形成具有重大的影响。第二,语言教学的环境不同。外语使用的环境、师资、教学方法的不同对目标语输入的数量和质量会产生巨大的影响。第三,中国人学习外语的目的与其他国家的外语学习者不同。因此,强调具有中国特色的外语教学理论完全是应该的、必要的。第四,国外的理论再新颖、再先进,毕竟不是从我们的实际出发,毕竟不一定适合我们的国情,不能也不应该直接"拿来"就用。只有建立在我国坚实的调查研究和实验基础上的外语教学理论才有真正的说服力和生命力,才能使我们的外语教学实践运行在正确的轨道上。不同语言背景和文化背景中的外语教学必须要有自己的外语教学理论的指导才有可能获得成功。

## 一、我国外语教学存在的问题

我们呼唤具有中国特色的外语教学理论,最主要的原因之一是因为目前中国的外语教学存在许多问题。现有的国外外语教学理论没有,也无法为我们解决这些问题提供现成的答案。要真正、彻底解决这些问题,需要具有中国特色的外语教学理论作为指导。在现存的诸多问题中,最大的问题之一就是我们的外语教学理论研究十分薄弱。这其实也是我国外语教学存在诸多问题的根本原因之一。其他的问题包括"师资质量不高""教学资源匮乏""教学理念落后""应试倾向明显"等。

1. 理论研究薄弱

外语教学理论研究的薄弱主要表现在以下四个方面:

(1)缺乏专业的研究队伍。全中国有近三亿人口在学外语,但专业的外语教学研究机构仍比较缺乏,缺少探索中国外语教学理论的实验基地。从现有的从事外语教学理论研究的人员情况来看,其中绝大部分不是专职的研究人员。许多人对外语教学理论的研究往往出于自发的兴趣,受到时间、精力、资料和其他条件的限制。更为不利的是,外语教学理论研究所需要的实验和实证往往得不到有关方面应有的支持,一些好的创意很难通过实验得到验证。

(2)缺乏系统的研究和对重大宏观问题的研究。现有的理论研究缺乏系统性,缺乏对涉及外语教学的各个方面进行高屋建瓴的全面探讨。近几年来,外语教学理论研究中"热点"不断切换,但"盲点""冷门"却迟迟缺少关注。因为缺乏宏观的规划,缺乏必要的引导,缺乏沟通、交流、合作,所以,有许多外语教学所涉及的重要因素和环节无人关注,缺少研究。例如,师资培养理论、课程设计理论、教材编写理论等就严重缺位。

一般来说,理论研究应该提倡"从小处着手,从大处着眼"。但是,我国的外语教学理论研究却缺少对重大的宏观问题的关注。例如:需求分析应该如何进行?课程应该如何设计?教材应该如何编写和评估?外语教学应该如何评估?

这些都是外语教学实践中存在的现实问题——形成瓶颈的问题。国内外语类刊物每年发表大量有关外语教学的研究论文,很多研究涉及一些外语教学实践中长期存在的老大难问题,但由于研究的设计并不直接针对这些问题,因此相关的研究成果并不能够提供真正解决这些问题的思路和方案,也缺乏针对这些问题的深度调研或改革实验,这些长期存在或新出现的问题没有得到根本的改善或解决。这无疑严重制约了我们建立中国特色的外语教学理论体系。

(3) 理论研究与教学实际脱节。相当数量的外语教学理论研究与教学实际脱节。许多研究论文是为了发表、为了评估,而不是为了解决实际问题而写的。当然,不是说每一篇论文都要解决实际问题。但是,如果我们的外语教学理论研究不是扎根于中国外语教学的实践,不是以最终解决我国外语教学中的问题、提高中国外语教学的质量为目标,那么我们的研究就会成为无源之水、无本之木。这样的研究不要也罢。

(4) 教师理论意识淡薄。许多在教学一线的老师对外语教学理论不甚了了,甚至态度漠然。其教学实践基本上是"老师以前怎么教我的,我也怎么教学生。"他们根本无暇顾及什么教学理论。一方面,他们每天完成自己的教学工作量就已经疲惫不堪,几乎没什么时间和精力去关注教学理论,关注新的教学理念或创新;另一方面,他们觉得外语教学理论离他们太遥远了,有些理论太高深了、太理想化了,根本不能直接指导他们的教学实践。当然,这样的想法源自对"理论指导实践"的误解。另外,由于缺少理论意识和必要的训练,即使他们在教学过程中迸发出灵感,有一些很好的教学方法和设想,但却不能从理论上将其升华和总结,影响了进一步的提高和推广。

这里我们有必要说明一下理论与实践之间的关系。我们所说的理论指导实践,实际上不一定是直接的,并不是要求老师将别人的理论直接拿到课堂上去应用,而是说,教师应该有相当的理论意识,应该始终关注外语教学理论的发展,应该不断吸取相关理论的合理成分,在相关理论的启发下,或在借鉴他人理论的合理成分的基础上,结合所教学生的特点,结合学校的教学条件,探索符合本人、本校(班)和所教学生实际的教学方法。

2. 师资质量不高

我国外语教学存在的另一个突出的问题是师资质量不高。据统计,截至 2019 年,高校博士学位教师占比 38.21%,其中,外语教师的博士学位人数通常低于其他学科。学历虽然不能说明一切问题,但可以从一个侧面反映出许多高校外语教师因为没有接受过博士阶段的专业学术训练,缺乏理论素养,未能掌握学术研究方法,研究能力弱。另一方面,年龄偏大的外语教师,其语言实践能力与高校外语教学目标对教师素质的要求也存在一定差距。

3. 教学资源质量参差不齐

教学资源包括学习材料、外语传媒、教学设备、参考资料,还有外语使用的环境,等等。近年来,随着中国经济的发展和社会对教育投入的增加,我国教材建设有了巨大的进步,但与庞大的学习者队伍和教师队伍的需求相比,仍然差距很大。随着信息技术的发展,网络上充斥着各种各样的外语学习资源,但因为网络语言的随意性,学习资源的语言质量难以得到保障。另一方面,繁杂的教学资源也给教师和学生的选择带来了困难,在很大程度上误导了我们的学习者和外语教师。

4. 教学理念落后

直到今天,对很多外语教师来说,教材依然是外语课的全部资源。外语教学依然是以语言知识为主线,以教师讲解为主,学生始终处于一种被动的地位。虽然近年来国内的出版社引进了大量的国外外语教学理论书籍,举办了许多相关的讲习班,许多专业刊物也为探索和普及一些新的外语教学理论和理念作出了努力,但对实际的教学实践几乎没起到多大作用。主要原因之一就是,对相当一部分教师来说,课堂的教学目的不是为了培养学生语言运用能力和自主学习能力,而是为了完成教材内容的进度,培养学生的应试技巧。

5. 应试倾向明显

在很多中学,初中三年级、高中三年级基本上不讲新的内容,主要任务是复习应考,复习的主要方法是做模拟试题,外语课堂基本上是师生对题、教师讲题。到了大学阶段,许多大学生为了通过四、六级考试,也将大部分时间花在了备考上,课堂上与四、六级考试无关的内容不愿听,课外与四、六级考试无关的书不愿看。四、六级考试一旦通过,就"大功告成",将外语书扔在一边。以这样的心态、用这样的方法来学习外语,其语言基本功可想而知。

## 二、外语教学理论研究的主要内容和范围

那么,我们需要的是什么样的具有中国特色的外语教学理论呢?建

立有中国特色的外语教学理论体系,该如何着手呢? 换句话说,具有中国特色的外语教学理论应该包括哪些课题?

我们认为,在进行具体的外语课程设计之前,首先需要搞清楚的是,中国人学外语究竟有什么特点和规律? 我们目前借鉴国外的外语教学理论,实际上是建立在外国学者对第二语言学习者的观察和研究基础上的。但是我们知道,狭义的第二语言学习与外语学习有着本质的不同。因此,国外的第二语言习得理论至多给我们提供一些启发,对很多内容和成功的经验,我们不能简单地采取"拿来主义"的态度。我们要建立具有中国特色的外语教学理论,最重要的一点,就是要首先研究和了解不同年龄层次的中国人在不同的环境下学习外语的特点。据《光明日报》(2005 年 3 月 2 日)报道,解放军 306 医院与香港大学合作研究发现,以中文为母语的人有特殊的语言区。研究发现,讲中文的人和讲拼音文字的人,虽然都在后脑有一个语言功能区,但前脑的布鲁卡区的位置却有所不同。与讲拼音文字的人相比,讲中文的人语言功能区位置要高一些,更接近大脑的运动功能区。科学家们还发现,"拼音文字是线性文字,像英、德、法等文字属于此类。使用拼音文字的人若出现语言阅读障碍,一般都是位于后脑的威尔尼克语言区出了问题;而使用中文这种表意象形文字的人,如果存在语言阅读障碍,那他一定是位于大脑前部的布鲁卡区出了问题,与后脑无关。"据统计,目前在讲中文的国家和地区,语言障碍发病率为 2%—7%,而在用拼音文字的国家和地区,发病率要高得多,为 7%—15%。

为此,《光明日报》同时编发了一篇"新闻链接",标题是:"学了多年英语,为何还是不会说?"内容如下:

> 中文特殊语言区的发现点破玄机。……现在很多人学了多年英语,考试分数可能很高,却一句英语都说不利索,人谓"哑巴英语"。这是因为学成"哑巴英语"的人,用学习中文的方法来学习英语,其方法不符合脑功能区的分布规律。同样,外国人要学习中文,如果采取他们学习母语的方法,只注重语音环境是远远不够的。因为,中文的同音字非常多,比如"家"的同音字可以有"佳""加""嘉""珈""枷""袈"等等,单说出一个字,很难理解是什么意思。而英文中同音字非常少,当听到一个词一般就能反应出某样东西。由此可以看出,中文特殊语言区的发现,对改进今后语言教学有非常重要的价值。既然中文语言功能区与运动区紧密相连,那么中国的表意象形文字与西方拼音文字的学习记忆方法就应有所不同。要想学好中文显然要多看、多写、多

说,总之要靠"运动"来记忆;而学习英文则应注重营造一个语音环境,注重多做听、说的练习,因为英文的那一个语言功能区更靠近听力区。

我们并不完全同意文中的观点。但是,以上的报道进一步证明了中国人学习外语确实有其特殊的规律。我们可以从一些最新的大脑研究和相关学科的研究成果中不断获得理论和实践上的支持和启发。

其实,关于中国人是如何学外语的,我们有很多现成的成功案例可以作为我们研究的素材。例如,《外语教育往事谈》的作者们都是成功的外语学习者,他们的成功经验值得我们研究。只有在对成功的外语教学所必需的要素进行调查研究的基础上,我们才能探索具有中国特色的外语教学理论,讨论中国外语课堂的教学方法才有基本的依托和根据。

建立具有中国特色的外语教学理论体系的第二个方面就是努力形成一套我们独特的外语教学实践操作系统和与之相应的理论支撑。这就需要我们对中国外语教学的目标、环境和手段,还有教学过程进行深入、细致的调查和研究。这一方面的研究包括需求分析、课程设计、教材编写、课堂教学、教学评估等。

第三,我们需要研究外语教学方法论和具体的外语教学方法。在充分吸取教育学、心理学、语言学、第二语言习得等领域的研究成果的基础上,针对中国学生学习外语的特点、目标和环境,探讨课堂外语教学的最佳模式,探讨学生自主学习能力培养的最优方案等。

我们可以把以上提到的这三个方面的研究分别称为"本体论""实践论"和"方法论"的研究。本体论研究,通俗地说,就是研究事物的本来面貌,这是基础研究;实践论就是研究具体实施某一计划的步骤、原则和方法;方法论则是研究达到某一目标的最佳途径。了解事物的本来面貌是理论研究最重要的目标之一。外语教学的实践论必须建立在我们对语言的本质、语言学习,特别是外语学习的本质的了解的基础上。本体论和实践论又为具体教学方法的研究提供了坚实的理论基础。

## 三、外语教学理论研究的若干重要课题

1. 本体论研究

就外语教学的本体论研究而言,最重要的是应该解决以下一些重要

问题:(1)语言的本质是什么?(2)语言学习的特点是什么?(3)外语学习与母语学习的本质差别是什么?(4)影响(中国人)外语学习的重要因素有哪些?它们之间是一种什么样的关系?

可能有人认为,外语教学理论研究与教学有关的问题就可以了,为什么要研究语言的本质?其实,语言学理论是外语教学理论的一个重要源泉。几十年前的外语教学学科就直接被称为"应用语言学",即语言学理论直接应用到外语教学理论中。现在,外语教学理论研究已经成为一门独立的学科,其理论来源已不仅仅限于语言学,但语言学无疑仍然是外语教学理论的一个重要源头。以前很多外语教学法流派的创始人都否认自己的教学法受到了某种特定的语言观的影响,但实际上他们的教学主张和原则无不反映出他们所持的对语言本质的看法。例如,"全身反应法"(Total Physical Response)的创始人Asher(1977)就不承认自己受到任何语言学理论的影响,但综观其教学方法的设计,我们不难发现,这一方法对语言的基本看法仍然受到了结构主义语言观和行为主义心理学的刺激—反应理论的影响。

本体论研究还包括对语言学习过程的研究。语言学习不同于其他的学习过程,尤其是母语学习过程,其本质是一种社会化的过程。语言学习在多大程度上受到先天因素的影响,多大程度上受到后天环境的影响,一直是语言学家们争论的焦点之一。外语教学理论应该关注并研究这方面的问题。更重要的是,我们还要关注第二语言学习,特别是外语学习,在本质上与母语学习有什么不同。语言的先天机制,即所谓的"语言习得机制"是否在外语学习中起作用?在不同的阶段如何起作用?起多大的作用?

同时,在本体论研究中,我们还应该关注影响中国人学习外语的其他各种重要因素,研究它们对外语学习的影响程度和方式等。

2. 实践论研究

从实践论的角度,我们需要研究的课题包括:(1)需求分析;(2)课程设计;(3)教材编写;(4)课堂教学;(5)过程评估。

需求分析是外语教学课程设计的基础。但由于种种原因,需求分析在我国外语教学理论研究中是一个薄弱环节。很多社会上有关外语的怪现象与需求分析的缺位有直接的关系。例如:不管是否有必要,从事任何职业的人在职称考试中都要考外语;不管实际工作中是否要用到外语,在招聘中都要求应聘者出示有关的外语考试证书;不管以后需要什么样的外语技能,教学大纲对所有的学习者提出的是完全一样的要求,等等。

因此,在外语教学的需求分析中,我们需要回答以下一些问题:

(1)我们需要什么样的外语人才?
(2)是否人人都要学习外语?应该学到什么程度?
(3)不同学习者有何不同需求?
(4)外语教师有何需求?
(5)目前的外语课程满足学生的需求了吗?
(6)如何才能满足社会和学习者个人对外语学习的需求?

在需求分析的基础上,才能进行课程设计。关于课程设计,我们需要研究的重要课题包括:

(1)中国人开始学习外语的最佳时间
(2)不同学习者学习外语的目标
(3)外语学习者的学习内容
(4)中国人学习外语的方法
(5)外语课程设置
(6)外语教学的评估方式

等等。

教材开发是外语课程设计之后的另一个重要阶段。关于教材开发,我们要研究的内容至少应包括:

(1)教材的功能
(2)教材的形式
(3)教师与教材
(4)《教师手册》的功能
(5)教材与课外学习材料

等等。

近年来,由于教材成了有利可图的商品,各出版社都在竞争教材市场。正如我们前面所提到的,由于我们并没有形成一套成熟的外语教材编写理论,要么是盲目引进或改编国外的教材,要么基本上是凭经验和感觉在编写教材。其实,根据外语教学的特殊要求,我们首先应该搞清楚,在外语学习过程中,不同的学习者需要什么样的学习材料?什么形式的教材最能呈现目标语,帮助学生获得大量的语言学习"输入"?教师应该如何使用教材?《教师手册》应该包括哪些内容?如何评估一套教材?等等。

在国内,针对外语课堂教学的研究有不少,但大多数是如何组织课堂教学,如何教好某一语言点,如何安排和组织课堂教学活动等。鲜有人从根本上对外语课堂教学的功能与目标提出质疑和反思。关于课堂教学的研究,至少有以下课题值得研究:

(1) 传统课堂教学方法的优点与缺点
(2) 课堂教学的基本目标和功能
(3) 课堂教学的形式
(4) 课堂教学与课外学习的关系
(5) 课堂教学与自主学习
(6) 课堂教学的评估

外语教学的评估也是外语教学理论研究的一个重要方面。首先值得我们研究的是教学与评估之间的关系。测试学中一个重要的概念是测试的"反拨"作用。设计得好的教学评估可以对教学产生积极的影响。而设计得不科学的评估体系和评估指标则会对外语教学造成负面的反拨作用。目前外语教学中普遍存在的应试倾向主要就是由于目前的外语教学评估指标的单一性和不科学性造成的。因此,外语教学评估理论研究应该探讨包括测试在内的多元评估模式,关注整个外语教学过程的评估,包括需求分析、课程设计、课堂教学、评估本身等。对学生学习的评估也应该更关注学习过程的评估,包括学习态度、动机、学习策略、学习效果等。

3. 方法论研究

在方法论层面,我们需要探讨外语教学方法与外语教学目标的关系。在以往的教学方法研究中,我们更多关注的是具体的教学方法,采取的是实用主义的态度。尽管这样的研究和实验是必要的,但是,外语教学方法论的研究应该在更高的层次上进行,要在充分吸收相关学科研究成果的基础上,充分考虑外语学习的特殊性,充分考虑学习者的特点,考虑到师资水平和其他教学环境,探讨和设计符合不同层次、不同年龄的学习者需求的教学方案。在学习和应用以往的教学法理论时,我们应该充分考虑到这些教学方法产生的理论背景、适用对象,不盲目照搬。

4. 教师发展研究

此外,我们还应研究外语教师发展的问题。外语教学质量的高低,归根到底，还是取决于师资质量的高低。我们在做好外语学习者需求分析的同时，还应该分析外语教师的需求，分析外语教学对外语教师的要求。从外语教学对外语教师的特殊要求出发，我们认为，理想的外语教师应该符合以下的要求：

（1）优秀的人品
（2）扎实的外语基本功
（3）良好的研究能力
（4）广博的知识
（5）较强的课堂组织能力以及沟通能力
（6）敬业精神

外语教师的培训就应该围绕以上这些要求来进行。首先，在师范院校外语专业的课程设置中，应该充分考虑到对未来外语教师素质的特殊要求，特别培养这些未来外语教师的自主学习能力和自我完善意识。在外语教师在职培训方案的策划和组织实施上，我们也应该牢牢把握以上对外语教师基本素质的要求，设计和提供使老师真正有收获的培训课程，而不是搞形式主义，雷声大、雨点小。另外，有关教育行政部门一方面可以考虑在条件成熟时，组织外语教师资格考试或教师培训课程评估；另一方面，在真正了解外语教师需求的基础上，解决外语教师最关心的问题和困难，为他们的专业和个人发展提供广阔的空间，这样才可能真正解决师资质量问题，也只有这样，才能真正有望提高我国外语教学的质量。

最后，我们要再次大声疾呼，我们的外语教学理论研究要关注中国外语教学的特点，要敢于直面现实的问题，敢于创新，敢于打破"唯上"主义，敢于突破教条主义，敢于突破现有的教学体制所造成的诸多限制，勇于实践。衷心期望具有中国特色的外语教学理论早日开出夺目的花朵，结出丰硕的果实；衷心期望本书能够成为有志于研究具有中国特色外语教学理论的外语教师和研究生的一块敲门砖、一块铺路石、一段阶梯。

# 第一章

# 当代外语教学理论研究中的几个重要发展趋势

## 第一节 从研究"如何教"到研究"如何学"

众所周知,传统的外语教学理论研究重点在"如何教"上面。研究者们关心得更多的是教材的编写和教学法的设计等。当然,并不是说传统的外语教学理论研究没有考虑学习主体的特点。实际上,教学大纲的制定、教学方法的设计必须建立在一定的语言学习理论的基础上,必须考虑到学习者的特点。但随着近年来第二语言习得(Second Language Acquisition,SLA)研究的进展,人们发现他们原来对语言学习过程复杂性的认识过于简单,忽视了学习者的真实需求。要想真正有效地组织外语教学,真正培养学生使用外语的能力,必须重新全面、深刻地认识外语习得的本质及相关因素的作用等基本理论问题。

促使外语教学理论研究的重点发生转移的重要原因还包括:

(1) 在不同的教育领域,人们越来越重视和强调"以学习者为中心"的教学理念。人们意识到,对学习的最终结果起决定作用的还是学习者本人。任何成功的教育必须充分考虑到学习主体的个性特点;

(2) 在语言教学中,我们的许多教学方法经常不能达到预期的目的——尽管这些方法在理论上"无懈可击"。要想真正搞清其中的原因,必须研究学习主体;

(3) 人们越来越意识到学习者之间存在着各种差异。学习者并非一把可塑的泥土,可由老师任意捏成不同形状的东西。他们各自具有独特的性格、学习动机和学习风格,所有这些特征都会影响学习者在课堂上的表现和最终的学习成效;

(4) 母语习得研究证实了学习者在语言学习过程中的积极主动作

用,对外语学习过程的许多研究也证实了这一点(参见 Littlewood,1984)。

Ellis(1992)指出,现在,外语教师终于逐渐明白了这样一个道理:外语教学中应该考虑的重点不再是"我们该教些什么?让我们设计一个大纲、一套教材来教这些内容",相反,我们应该着重考虑的是:

(1) 促进外语习得的条件是什么?

(2) 我们如何在外语教学课堂中创造这些条件?

对外语学习主体的研究,即学习者是如何学习外语的研究主要包括:(1) 学习者个人差异的研究;(2) 学习过程的研究。下面分别予以简要介绍。

## 一、学习者个人差异的研究

学习者个人差异(individual differences)表现在生理、认知、情感、社会文化等多个角度,生理角度主要表现为年龄和性别差异,认知角度的差异主要有语言潜能(language aptitude)、认知风格(cognitive style)等,情感角度的差异包括动机、焦虑、性格等,社会文化角度的差异包括语言距离(language distance)和文化定势(cultural stereotype)等。因而,学习者个人差异研究可以从上述不同角度展开,比较常见的有年龄、语言潜能、动机等因素的相关研究。

作为影响语言习得的重要因素之一,学习者年龄很早就引起了人们的注意和兴趣。关键期假说就是试图对年龄因素进行解释的理论之一。原来人们更多的是从生理的角度来解释年龄因素的作用,现在也从社会心理学的角度来寻求问题的答案。从研究结果来看,儿童大脑确有一个逐渐成熟、其功能逐渐区域化的过程。但这一关键期对外语学习的影响最主要体现在语音的精确度方面。比较可信的解释是:人类大脑中专司语音功能的部位成熟较早,而学习语言其他成分的机制则与一般的认知能力有关,因而同时也受到性格、动机和态度等情感因素的制约。

母语习得与外语学习无论是在生理基础上还是在社会心理方面都有相当程度的差异。有关实验显示,儿童时期同时学习两种语言的人与在掌握了母语之后再学习另外一种语言的人相比,其大脑的生理构造是不一样的。母语学习是一个社会化的过程,在习得语言的同时,儿童也在学习一种看待世界和适应周围社会环境的方式。外语学习如果是在学习者熟练掌握了母语之后进行的,则其认知基础已发生了根本的变化,因此外语学习的任务已在本质上不同于母语习得。

较早提出"语言潜能"这一概念并设计出相关的能力测试方法的是Carroll & Sapon(1959)。他们设计的语言潜能测试称作"现代语言潜能测试"(Modern Language Aptitude Test, MLAT)。Carroll(1967)对语言潜能的内涵作了解释。他认为语言潜能由这样几个部分组成:(1)语音编码能力;(2)语法意识;(3)语言学习演绎和概括能力;(4)记忆力。

Pimsleur(1966)也设计了一套称为"语言潜能系列"(Language Aptitude Battery, LAB)的语言潜能测试方法。他认为语言潜能包括:(1)语言智力;(2)动机;(3)听力。

Skehan(1989)对"语言潜能"这一概念进行了重新考察。他提出,语言潜能的基本组成成分是:(1)音位编码能力;(2)语音分析能力;(3)记忆力。Skehan据此对不同学习者的能力差异进行对比研究,将语言学习者分为三类:(1)各种能力平均的学习者;(2)分析型学习者;(3)记忆型学习者。鉴于工作记忆在外语学习中的重要作用,Skehan(2002, 2012)在他之后的语言潜能模型中增加了工作记忆(working memory)。

除上述语言潜能模式外,不断有学者提出新的语言潜能模式,并在此基础上开发新的语言潜能测试,如Robinson(2001, 2012)提出的语言潜能混合体(Aptitude Complexes)假说,我国学者也开始在语言潜能测量工具的开发方面作出有益的探索和尝试。

语言潜能的研究有一定的局限和困难。我们认为,很难区分学习者的一般智力与语言潜能。语言潜能可能与诸多其他因素有关,如学习者的认知风格等。这一点也引起了许多外语教学研究者的注意。认知风格主要指人们接受、组织和检索信息方式上的差异。对认知风格的研究分两个方面:(1)分类。研究者们依据不同标准划分出不同类型的认知风格,如场依赖型风格(field-dependent)和场独立型风格(field-independent);思考型风格(reflective)和冲动型风格(impulsive);宽范畴型风格(broad categorizer)和细范畴型风格(narrow categorizer),等等;(2)不同认知风格对外语习得的影响。这方面的研究有一定的困难,很难说什么样的认知风格能促进外语习得。我们倾向于认为,不同的学习目的和任务、不同的学习环境需要不同的认知风格。作为外语教师,重要的是要尽量设法了解不同学习者的不同性格和认知风格,针对不同的学习任务,注意发挥他们的特长。

近几十年来,人们越来越意识到,在外语学习过程中,学习者的情感因素,包括动机和态度等,对外语学习的效率乃至成败起到相当大的作用。这方面的研究以加拿大的 Gardener 和 Lambert(1972)最为引人注目。他们通过问卷、实际观察、实验等手段了解动机和情感因素到底在多大程度上影响外语习得。Dörnyei 和他的团队在动机理论研究方面做了大量的工作,相继提出了教育环境下外语学习动机三维建构模式(Dörnyei,1994)、二语动机自我系统(The L2 Motivational Self System)等多个动机框架(Dörnyei, 2009)。近年来,他试图在动态系统论(Dynamic System Theory)的框架下考察动机变化,反映动机的动态性,并开展实证研究(Dörnyei, 2014)。

总的来说,对学习者个人差异的研究近年来取得了很大的成就,涉及的因素也越来越多。其重要特点之一是人们越来越注重实证数据,力求对经验和感觉的东西通过实证加以验证。当然,这方面的研究还有待于借鉴其他相关学科(如脑科学、心理学、教育学等)的研究成果,并充分注意各种不同个人因素之间的相互作用关系。

## 二、学习过程的研究

对学习过程的研究经历了从对比分析(Contrastive Analysis, CA)到错误分析(Error Analysis, EA)再到中介语(Interlanguage, IL)分析这样一个过程。

研究的重点主要在两个方面:

(1) 原有知识的作用

学习者原有知识包括三个方面:1)母语知识;2)对语言的一般知识;3)世界知识。

对比分析研究者们原来认为,母语知识是外语习得唯一的干扰因素。但后来的 EA 研究发现,学习者的外语错误只有一部分是由于母语知识的干扰引起的(而且这还和母语与目标语之间的距离有关),另外一部分是由于认知因素,如过度概括、过度使用类推规则所致,还有一部分难以确定其真正原因。

学习者的原有知识一方面可以促进外语学习,即所谓的"正迁移",一方面可能干扰外语学习,即所谓的"负迁移"。现在研究的重点是:1)如何确定两种迁移的比重和性质;2)如何有效地增加正迁移、减少负迁移。

(2)学习者策略研究

学习者策略分为两大类:学习策略和交际策略。前者指外语学习者以最小的努力,有效地利用原有知识和外语知识学习新的外语知识;后者指学习者在与本族语者进行交际时因外语知识不敷使用而采用的种种补偿或回避手段。

这方面研究的代表人物有 Rubin(1987)、Faerch & Kasper(1983)、O'Malley & Chamot(1990)、Oxford(1990,2011)等。研究的重点包括:1)学习者策略的定义;2)学习者策略的分类;3)学习者策略在外语学习过程中的作用;4)影响学习者策略使用的因素等。

不同研究者对上述问题的研究结论并不能达成一致,尤其是学习者策略教学是否能够促进外语学习的成功,尚需要更多的实证数据。尽管如此,学习者策略研究对实际外语教学以及外语教学理论研究都有启发。从理论角度看,学习者策略研究对我们揭示外语学习过程的本质等有一定的意义;从实际教学的角度出发,我们应该注意培养学习者的良好学习习惯以及最基本的交际策略。

## 第二节 语言使用研究和学习者语言使用能力的培养

语言学理论一直是外语教学理论研究的重要源泉。"外语教学"有一段时间与"应用语言学"几乎是同义词。近几十年来,语言学研究无论是在其研究对象、研究范围、研究深度还是在其研究方法和手段上都发生了重大的变化。这些变化毫无疑问也对外语教学理论研究产生了巨大的影响。

现代语言学研究的一个主要特点是由原来注重语言的形式分析逐渐过渡到注重语言的功能分析,或者说更加注重对使用中的语言的研究。其中最具有代表性的学科有社会语言学、语用学和话语分析等。

社会语言学作为研究语言与社会相互关系的交叉学科,其研究的领域十分广阔,包括语言政策、双语现象、言语变体、言语环境、交际能力等。

所有这些都引起了外语教师的浓厚兴趣。

社会语言学理论中有关交际能力的讨论对外语教学中交际教学法的兴起和发展有着特殊的贡献。交际教学法的提倡者们从社会语言学理论研究中吸取了有益的部分，构建了交际教学法的理论基础，同时又对交际能力的内涵以及培养外语学习者交际能力的途径和方法进行了深入的探讨。

Spolsky(1989)在其《第二语言学习的条件》(*Conditions for Second Language Learning*)中提出，外语教学理论必须设法解决以下问题：谁在什么条件下学习哪种语言？学多少？(Who learns how much of what language under what conditions?)其思路显然受到了社会语言学研究"谁在哪里对谁如何讲话？"(Who speaks what language to whom, where and how?)的启发和影响。

语用学是近年来语言学中发展最快、影响最大的新学科之一。语用学对外语教学理论研究的启发和影响表现在两个方面：

(1) 研究的内容。语用学中的中心议题包括言语行为理论、会话原则、预设、指示词、会话结构等。我们可以从近年来国内外有关刊物上发表的语用学研究文章中发现，多数为理论的介绍以及如何在语言教学实践中具体应用这些理论的探讨；

(2) 研究的方法。许多外语习得研究者受语用学研究的启发，开始对儿童指示词的习得顺序、对不同文化间礼貌现象的差异等进行研究，并取得了引人注目的进展。

话语分析近年来也成为外语教学研究者们津津乐道的话题之一。有些学者认为，话语分析对外语教学有两个十分重要的实际意义：(1) 描述话语的语言结构特征，为语言教师选择教学的重点和目标提供依据；(2) 揭示话语的文化特征。不同语言的话语反映了不同文化的思维方式，揭示话语中的文化特征对学生较好地理解和表达有极大的帮助。

必须指出的是，现代外语教学研究已逐渐摆脱了过去直接地、盲目地应用语言学理论的做法。外语教学理论研究逐渐向自主化(autonomy)的方向发展。越来越多的学者认为，外语教学理论研究借鉴语言学理论以及其他相关学科(如心理学、社会学)的研究成果，应着重其对外语教学的启发意义(implications)，而不是直接的应用(applications)。从目前国内外一些外语教师对现代语言学理论与外语教学的关系的理解来看，还存在着两个问题：(1) 对有些语言学理论并没有真正理解便盲目加以应用；

(2) 主要限于一些例句和局部理论的应用,因而出现前后矛盾的情况。要解决这些问题,就需要外语教师比较系统地学习和研究相关的语言学理论,真正理解这些新理论的产生背景、内容实质,同时,真正结合外语教学的特点,有选择地加以吸收和应用。

## 第三节　外语教学的社会文化视角

外语教学的社会文化视角主要体现为社会文化理论(sociocultural theory)对外语教学的解读和启示。社会文化理论由苏联心理学家维果茨基(Vygotsky, L.)提出,强调社会文化因素在人类心理发展过程中的核心作用。该理论认为,人类心理活动在与社会和物质环境的互动中得到发展。在该理论框架下,人类利用已有的文化产品(culture artifacts)创造出新的文化产品,并将这些文化产品作为工具来调节他们的行为活动。社会文化理论为我们审视外语学习和教学提供了全新的视角。

### 一、社会文化理论的主要概念

1. 中介作用(mediation)

维果茨基认为人类认知机能的发展是个人与社会文化环境之间不断交互的结果,二者之间的关系是通过文化产品的中介作用来实现的。具体而言,中介作用是人类调节物质世界或个人世界与社会和心理活动的过程(Lantolf & Thorne, 2006)。调控(regulation)是中介作用的重要形式,调控工具包括文化产品(cultural artifacts)、概念和活动等,语言也是非常重要的调控工具。中介作用包含三种不同类型:事物调控(object regulation),即通过文化产品等来调控行为,实现认知能力的发展;他人调控(other regulation),即在互动中通过他人的帮助来调控自己的行为;自我调控(self regulation),即借助少量外力乃至在完全没有外力的帮助下调控自己的行为。

2. 内化(internalization)

内化是包括语言在内的文化产品发挥心理功能的过程,展现了个体与其周围环境之间的关系。内化的关键在于模仿(imitation),即模仿他人有意识的行动。这里的模仿并非简单无意识的模仿,而是有意识有目的的行动。模仿可以是即时性的,也可能是延时的。语言学习就是将客观环境中可以获取的语言特征通过私人语言(private speech)的方式进行内化的过程。

3. 最近发展区(the zone of proximal development, ZPD)

最近发展区是指个体独立活动过程中所能达到的解决问题的现有水平与可能达到的发展水平之间的差距(Vygotsky, 1978)。这种差距也反映出了通过学习所获得的发展潜力。在维果茨基看来,学习和发展之间的关系并非直接的因果关系,但是有效的学习环境能够带来发展的质变。能力强于该个体的他人(专家)的协助或引导能够帮助个体更好地发展,这被称为脚手架效应(scaffolding)。最近发展区的概念不仅展现了发展的过程,还帮助教育者了解学习者可能涌现出的新能力。

4. 活动理论(Activity Theory)

社会文化理论的继承者们对社会文化理论进行了拓展,提出了活动理论。这一理论强调以活动为核心范畴来描述和解释人的心理发展问题,更加明确显示出社会活动是主体学习和发展的重要形式,强调社会实践活动的参与在个体发展中的重要作用(Leontiev, 1981;Engeström, 1999)。活动论框架包含的因素有主体、客体、工具、共同体(community)、分工(division of labor)和规则(rules)(Engeström, 1999)。个体乃至集体的认知发展都是发生在由这些要素构成的活动系统中。

## 二、社会文化论对外语教学的启示

外语教学中的各种资源均可以成为调控学习者与学习环境交互关系的工具。根据中介作用理论,教师和同伴属于他人调控,其他的客观资源属于事物调控,这两种调控的共同作用促成了学习者的自我调控,形成内化。从这种意义上来说,外语教学就是要引领学习者了解可获取的认知资源和认知任务,学会调控和合理利用周围的环境资源。

由于最近发展区的发展是通过能力高于个体的专家(如教师、父母、同学等)和新手之间协商完成的,教师和同学都可以起到脚手架作用。因而,外语教学需要探索出对最近发展区敏感的策略来发挥脚手架效应,促进最近发展区的发展。

受活动论的影响,有学者认为社会文化理论实际上是关于人如何运用中介工具开展社会活动的理论(Swain & Yang,2008)。在活动论的框架下,以语言、任务或他人为中介工具的小组交互活动十分重要。学习者是活动的主体,小组的组织形式体现了实践共同体,小组内部成员间的分工和活动规则决定了对课堂及课外教学活动的参与。正如 Swain(2006:96)所言,"当我们用语言调节解决问题时,无论问题是关于如何遣词造句以表达自己的所思所想,还是关于如何解释实验结果或诠释他人行为的意义,都会促成言语活动发生。"目标语除了是学习对象(认知客体)外,还是重要的调控工具,所有与外语有关的活动正是我们学习语言的方式。因而,外语教学关注的要点还在于如何设计活动,构建学习者与社会文化情境的交互关系。

社会文化理论视角与认知视角是对外语学习的不同认识论立场和研究范式,为外语教学关注的重点提供了不同的视角。二者并不是对立的,而是互补的。在此背景下,Atkinson(2002)建构和发展了社会认知视角(socio-cognitive approach),强调学习者参与社会活动,通过与真实环境协商和互动的方式建构意义,获取知识,在认知派与社会派之间架设了桥梁,对外语教学研究和实践有较大的启发意义。

值得一提的是,社会文化视角的转向体现了社会文化因素对外语学习的影响作用。外语教学往往扎根于特定的社会文化背景之中,受到社会文化因素的影响。因此,外语教学的社会文化视角还体现为对社会文化因素影响作用的关注,包括语言政策(language policy)等宏观因素和语言身份(identity)等微观因素,都会对外语学习产生不可忽视的影响,也是外语教学不可忽略的社会文化因素。

## 第四节　学生自主学习能力的培养

近年来,"自主学习"(autonomous learning)的使用频率越来越高,外语教学中培养学生的自主学习能力(learner autonomy)也成了一个重要的目标和内容。

20 世纪 80 年代以来,外语学习中的自主性一直是一个被广泛关注的话题。不同的学习者对自主学习有不同的定义,除了 learner autonomy 和

autonomous learning 以外,还有许多别的名称,如"独立学习"(independent learning)、"学习者控制的教学"(learner-controlled instruction)、"非传统型学习"(non-traditional learning)、"开放式学习"(open learning)、"参与式学习"(participatory learning)、"自我为导向的学习"(self-directed learning)、"自我组织的学习"(self-organized learning)、"自我计划的学习"(self-planning learning)、"自学"(self-study)、"自我教学"(self-teaching)和"自我接触"(self-access)等。

因为研究目的的不同,上述名称在定义时侧重点会有所不同,彼此之间相互交叉。例如,self-instruction 指的是一种情景(situation),在这种情景中,学习者的学习不直接受老师的控制。self-direction 指的是一种学习态度(attitude),即学习者要对自己的学习负责。与 self-instruction 不同的是,它强调的是学习态度而不是学习技巧。self-access 指的是一种途径(way),也就是鼓励学习者离开老师的控制走向自主。

自主学习的核心在于自主学习能力的界定,而就其英文表述 autonomy 而言,不同的学者有不同的看法。Holec(1981)将自主学习能力定义为学习者管理自己学习的能力,并将其视为学习者的特征之一。Dickinson(1995)认为,自主学习"既是一种学习态度,又是一种独立学习的能力"。他解释说,态度就是一种对自己的学习做出决策的责任;能力就是对学习过程的决策和反思。Littlewood(1996)认为自主学习主要是"学习者独立做出选择的愿望和能力"。所谓"愿望"是指学习者要对自己的学习负责的动机和信心;所谓"能力"是指既具备为自己的学习做出选择的知识,又具备能够执行自己选择的技能。正像 Littlewood 强调的,"学习者独立行动的愿望取决于他们的动机和信心的程度;学习者独立学习的能力取决于他们知识和技能的程度。"Benson(1997)认为,语言学习的自主性有以下三个方面:

(1) 自主学习是一种独立学习的行为和技能;
(2) 自主学习是一种指导自己学习的内在的心理动能;
(3) 自主学习是一种对自己学习内容的控制。

Wenden(1991:15)总结说,"实际上,那些成功的、具有专门知识和技能的、有才智的学习者已经学会了怎样学习,他们已经获取了学习策略和有关学习的知识和技能;他们也具备了充满信心地、灵活地、恰当地、独立于老师去运用这些知识和技能的态度。所以他们被称为是自主的。"

从以上描述不难看出,自主学习能力的定义呈现出多层次、多维度发展的态势。外语学习的自主性主要包括:

(1) 意愿(willingness)。学习者自愿采取一种积极的态度对待自己的学习,即对自己的学习负责并积极地投身于学习;

(2) 能力(capacity)。学习者应该培养这种能力和学习策略,以便独立完成自己的学习任务;

(3) 环境(environment)。学习者应该被给予大量的机会去锻炼自己负责自己学习的能力;

(4) 过程(learning process)。学习者投入自我管理的学习中去。

鉴于自主学习能力的抽象性和多维性,自主学习能力需要从自主学习意愿、自主学习能力、自主学习环境和自主学习过程等多个角度来衡量和培养。没有外部的环境(老师、教学设施和学习资料)和切切实实的自主学习行为,特别是在培养自主学习的初级阶段,实现前两项是不可能的,也就是说我们无法培养学习者的自主学习的意愿和能力。而自主学习行为是自主学习意愿和能力的体现,我们往往需要通过学习者掌控学习过程的行为来识别自主学习者(Benson, 2010)。

自主学习研究对我国外语教学具有重要启示。近年来,国内外在培养学生外语自主学习能力方面做了许多理论和实践上的探索,但有些问题尚需进一步探讨。首先,自主学习概念源于西方,在我国外语环境下的内涵和特征以及以此为依据的自主学习能力评价值得关注。其次,我国的外语教学在自主学习能力的培养上进行了大量尝试,许多学校建立了"自主学习中心"(self-access center),而如何发挥自主学习中心和其他资源对自主学习能力培养的作用,值得我们深入探讨。此外,自主学习能力作为学习者特征之一,与学习策略、动机等学习者因素以及环境之间的互动也是培养自主学习能力过程中不可忽略的问题。

## 第五节 教学内容和方法的革新与变化

### 一、教学内容

20世纪90年代初,外语教学理论研究者在描述教学内容方面时,一般会着重强调"以内容为中心的培训"和"任务型课堂活动"。如今,在课堂教学中有关心理和社会现实方面的内容越来越多,课堂教学也越来越倾向于将各项技能综合在一起。学者们更加强调需求分析的重要性,强调教学内容应多与社会现实相结合,"世界和平""环境""动物保护""种族""性别""反恐"等热点问题成了许多教材的核心内容。但值得注意的是,这些内容不只是作为讨论的话题引入课堂,与它们配套的教学方法也随之发生了改变。外语课堂教学不只是为了让学生完成任务而完成任务,而是以那些在社会生活中真实存在的场景为基础,巧妙地把任务与课堂内外的环境结合起来。此外,随着英语的全球化,很多学者也支持将各种英语变体结合到教学内容之中。

## 二、教学方法

几十年前,主流的教学方法已经从重视学生的语言输出转变为将学生视为合作伙伴、重交流、重合作、以学生为中心的交际法。然而现在,交际法(Communicative Language Teaching,CLT)已逐渐被任务法(Task-based Language Teaching,TBLT)取代。近年来,也不断涌现出鼓励学习者探究式学习的以项目为依托的语言教学(Project-based Language Teaching,PBLT)、以内容为依托的语言教学(Content-based Instruction,CBI)等教学方法。很多学者如 Pennycook(1989)、Prabhu(1990)提出,我们已经进入了"后方法时代"(post-method era),逐渐出现了"再谈方法已显过时"的趋势,关键不在于设计或采用何种方法,而是如何适应不同的需求以产生出最满意的学习效果。最激进的提法是,"一切方法都很有趣,不存在最好的方法"(Pennycook,1989;Prabhu,1990;Kumaravadivelu,1994)。许多研究者都构建了"后方法"的具体框架。较为突出的是 Stern(1992)的"三维框架"(three-dimensional framework)、Allwright(2000;2003)的"探索实践框架"(exploratory practice framework)和 Kumaravadivelu(1994)的"宏观策略框架"(macrostrategies framework)。Kumaravadivelu(1994)提出"宏观策略"(macrostrategies),粗线条地把握大体方向,留给教师更大的创造空间,设计出符合当地需求、能够满足需要的微观课堂。宏观方面的标准包括:使学习机会最大化,促进协商交流,使教师意图和学生理解之间的差距最小化,激活直觉启发式教学,培养语言敏感度,把语言知识放在语篇中传授,综合各项语言技能,提高学习者自主性,增强文化意识,与社会问题接轨等。值得注意的是,"后方法"或"宏观策略"的提法并不是否定教学方法的创新,而是需要结合教学环境,不要因方法而方法。

## 三、计算机辅助外语教学

电脑、多媒体和数字技术给我们的社会和生活带来了新的变化。20世纪90年代初,计算机辅助语言教学(Computer-assisted Language Learning,简称CALL)受到高度重视。随着互联网的发展,网络外语教学也显示出了勃勃生机。各种网络外语学习软件、学习平台如雨后春笋般不断涌现。许多大学开设了外语网络课程,甚至开办了网络学院,通过网络教授外语和其他课程。近年来,随着无线网络和资源的发展,逐步形成适应移动学习的基础环境,出现了移动辅助语言学习(Mobile-assisted Language Learning, MALL),大大丰富了学习资源的可及性,突破了学习时间和空间的限制。由于信息技术在外语学习中应用越来越广泛,CALL这一概念也遭到质疑,正如Warschauer(1999)所说,CALL的提法预先设定了计算机只是语言运用的外在工具而非内在的有机部分,而这种观点显然已经过时。尽管如此,CALL依然是较普遍的一个概念。事实上,在外语教学中,比较普遍的做法是将CALL与面授课程相结合,被称为"混合学习"(blended learning)(Pegrum,2009)。

在将CALL纳入何种框架之中的问题上,学术界也产生了争论。Chapelle(1997)提出把CALL纳入二语习得的领域中,强调学习者之间互相交流的重要性。为了弥补这一提法无法解决的社会文化方面的问题,一些研究者(如O'Rourke,2005)在交际法基础上引入了社会文化的涵义。系统功能语言学家则认为,以电脑为媒介的交流不停变换内容和形式,因此从系统功能的角度来分析更为合适。此外,人类学家和人种学家也都就此问题发出了他们的声音。

除了理论方面的争论,电脑能否提高或者在多大程度上能够促进人们的语言学习是争论的另一个焦点。CALL的复杂性决定了我们不能单纯地回答"是"或"否",而应该具体到"什么样的人使用电脑学习语言,他们如何使用,这种方法与传统学习不同在哪里"等研究上。

随着信息技术的发展,CALL 的研究主题越来越广,总体可归纳为教学设计、信息技术的促学效果验证研究,对 CALL 学习过程的描述研究,语言学习机制探索研究,学情调查研究,教师发展研究等五大类(韩晔、高雪松,2020)。2020 年,受新冠疫情影响,世界范围内各阶段教育都在短时间内转为线上,不仅对教师、学习者、教学管理者是极大挑战,更会对线上外语教学整个领域的发展产生深远影响。在此背景下,线上语言教学研究可从三方面加强力度:一是围绕线上语言教学的教师发展研究;二是学习者多元能力发展研究;三是社会建构主义视角下的线上语言学习机制研究,不仅着眼于认知与行为,也突出学习者主观体验、学业情绪、师生/生生社会性互动(韩晔、高雪松,2020)。

## 第六节 传统外语教学方法和教学内容的反思和回归

传统外语教学中占主导地位的教学方法是语法翻译法和听说法。语法规则、词汇用法的讲解和操练成了传统外语教学的主要内容。随着交际教学法的兴起,语法教学在外语教学中的地位有所削弱。到了 20 世纪 80 年代,Krashen 和 Prabhu 等人公开排斥语法教学在外语教学中的地位,反对在任何教学阶段控制语法项目的做法。他们认为,只要在课堂上提供有意义的交际,语法就会被学习者自动习得。受此观点影响,语法教学曾一度在部分外语课堂消失了。然而,物极必反,完全抛开语言形式只关注意义(focus-on-meaning)的浸入式教学存在很多问题,经过一段时间的实践和反思,人们终于意识到了削弱甚至取消语法教学的弊端,因而又重新思考语法在语言交际以及在外语课堂教学中的地位与作用。

Widdowson(1992)在一次演讲中指出,语言由两部分内容组成,一部分是综合的,记忆中的词块(lexical chunks);另一部分是分析性的语法规则。语法在语言中起的是调节性的作用,但是这一功能必不可少。不学语法是不可能真正学会一种语言的。

当然,目前人们重新强调外语教学中语法教学的重要性并不是要回复到传统的语法教学模式中去。人们现在更强调培养学习者的语法意识

(grammar awareness),但不赞成通过机械的句型操练来达到这一目的。包括 Ellis 等人在内的一些外语教学理论研究者们正致力于寻求和设计一些能有效培养学习者语法意识的途径和方法。他们主要想通过一些有意义的交际活动,使学习者在实践中感受到语法规则的作用并逐步掌握这些规则。Ellis(1992)认为与语法教学的最佳途径和方法相关的重要议题包括:(1)直接讲解语法好,还是在交际中设计语法焦点好?(2)什么是语法习得的有效条件?教师如何创造这种条件?由此可见,如何有效地进行语法教学已成为外语教学理论研究中的一个重要而迫切的课题。近年来,寻找语法和意义之间结合点的语言形式教学(focus-on-form)受到关注,注重验证不同语言形式教学策略的有效性(如 Ellis,2012),探索语法教学有效途径。

在传统的外语教学中,文学阅读占有相当大的比重。20 世纪 60 年代至 70 年代,特殊用途英语(English for Specific Purposes, ESP)兴起并很快成为一种趋势。ESP 教学的倡导者曾质问,学习英语,阅读 Dickens 和 Shelley 等人的作品,对阅读科技文献何用之有?到了 70 年代后期,文学内容几乎从外语课中消失。80 年代,人们对文学又有了新的兴趣,对文学在外语教学进程中的作用和地位的认识与传统外语教学有了根本的不同。在传统外语教学中,文学教学本身是一种目的,现在人们更加注重文学教学作为一种达到某一目的的方法的功能。这一目的就是掌握某一语言的使用技能。文学教学对外语交际能力的培养至少有这样两个方面的作用:(1)文学是语言的艺术。文学作品可以为学习者提供丰富多彩、生动有趣的语言输入;(2)文学作品集中反映了一个民族文化历史发展的轨迹。通过大量阅读文学作品,学习者可以对目标语社团文化有一个比较深刻的认识。

近年来,在我国面向非英语专业的大学英语教学中,对 ESP 教学和学术英语(English for Academic Purposes, EAP)教学的探讨和实践比较普遍。对此,我们的观点是外语教学的内容和方法需要视不同环境、不同阶段的需求来决定。

当代外语教学理论研究趋势的一个重要特点是涉及的范围越来越广泛,视角越来越多元。以上我们简要勾勒出的几个主要趋势只是其中的一部分,另外一些引人注目的研究还包括世界英语(World Englishes)、新的外语教学评估理论等。

从外语教学涉及的因素来看,外语教学是一个极为复杂的、立体的系统工程。如何协调教师、学生、教材和教学环境之间的关系以及合理配置资源,使有限的投入产出较大的效益,是摆在外语教学理论工作者和广大外语教师面前的一个现实而又紧迫的课题。

# 第二章

# 外语教学理论研究的目标和方法

## 第一节 外语教学理论研究的目标

外语教学理论研究的目标,概括地说,就是要解决外语教学具体实施过程中的各种理论问题。

首先,要研究外语教学的本质特征问题。要真正弄清语言学习究竟是一种什么样的过程,就必须首先弄清语言是什么。语言是一种交际工具,但绝不是一种简单的交际工具。它还是人类思维的工具,是人类区别于其他动物的一种文化载体和文化象征。语言本身又是一种结构极为严密和复杂的系统,能适应人类各种不同的交际需要。因此,对语言本质的理解可以帮助我们更好地理解学习另外一种语言究竟意味着什么。

要研究外语教学的本质,还必须研究外语学习者个人以及各种可能影响外语教学的因素。要研究学习者的生理、心理、策略以及社会因素对外语学习过程的影响,还要研究语言环境、教学环境和其他环境因素对外语教学过程的影响等。

其次,要研究外语教学的目的、环境和实施手段等问题。研究外语教学的目的,要结合一个国家的语言政策、政治和经济需求以及学习者个人的学习需求等。只有真正了解外语教学过程的本质特征,了解社会和外语学习者个人的需求,了解外语学习者的特点等,才可能制订出科学合理的外语教学政策以及外语教学大纲,并选择或创造切合学习者和实际教学环境的外语教学方法。外语教学目标确定以后,就要考虑如何实施。教师培训、课程设计、教材编写、课堂教学、测试等都是外语教学实践过程中极为重要的环节。外语教学理论研究要为所有这些实践活动提供科学的理论指导。

第三,要研究外语教学的方法。教学法原来是教育学和心理学的研究课题。外语教学作为一种特殊的教学活动,既涉及一般的教育学和心理学问题,又有其自身的特殊性。因而外语教学法研究既要研究外语教学中如何贯彻一般教育学和心理学原则,更要研究符合外语学习规律的外语教学方法和手段,还应研究如何在现代科学技术条件下实施外语课堂教学等问题。

## 第二节 外语教学与相关学科

### 一、外语教学所涉及的重要因素和学科

由于语言的特殊性,几乎可以这样说,任何学科的知识都有可能对语言教学产生影响。这里我们所说的外语教学所涉及的因素与学科仅指与外语教学密切相关并直接产生影响的因素和学科。

外语教学的主要内容是语言和语言使用,如何教语言必然涉及人们对人类语言和语言活动本质的认识。因此,把人类语言和语言活动作为主要研究对象的语言学、社会学和人类学就成了外语教学的重要相关学科。其中,担负着对人类语言进行描写、分析和解释任务的语言学更是其中关键一门。语言学分支学科之一的心理语言学由于其研究的重点是人类语言习得和使用过程中的心理机制,因而与外语教学有着更为特殊的紧密关系。

外语教学作为一种教学活动,它既是教育学的研究对象,但由于其本身的特殊性,又对教育学有着特殊的要求。一个国家的语言政策、外语教育行政管理,以及师资培训、大纲制定、教材编写、外语测试等都对外语教学活动的成败有着重要的影响。

### 二、外语教学与相关学科的关系

首先,我们来考察一下近年来欧美国家外语教学理论研究中有关外语教学与相关学科关系的一些具有代表性的观点。

Campbell(1980)认为,语言学、心理学、社会学和人类学理论是外语教

学理论的源泉。但是外语教师并不是直接从这几门学科中获得有关指导教学实践的原则,而必须依靠应用语言学家将这些相关学科的理论转化为可以直接运用于外语教学的教学原则。在 Campbell 看来,语言学家、心理学家、社会学家、人类学家才是真正的理论家,应用语言学家扮演的是一种协调者(mediator)的角色,而外语教师则是外语教学的实践者。如图:

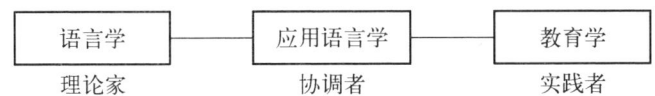

因此,外语教学与相关学科的关系相应为:

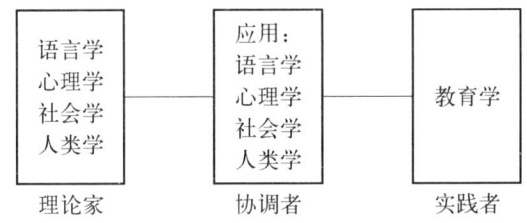

Campbell 的观点有两个明显的缺点:(1)外语教学仅被看作是其相关学科理论的应用,忽视了外语教学本身固有的特点和规律的作用;(2)外语教师仅作为语言应用理论和教育理论的实践者,其自身的主观能动性被忽视。

Spolsky(1980)认为,外语教学法应该有三大主要来源:一是语言描写理论;二是语言学习理论;三是语言使用理论。与其相关的学科有:普通语言学、心理学、心理语言学、社会语言学和教育语言学等。如图:

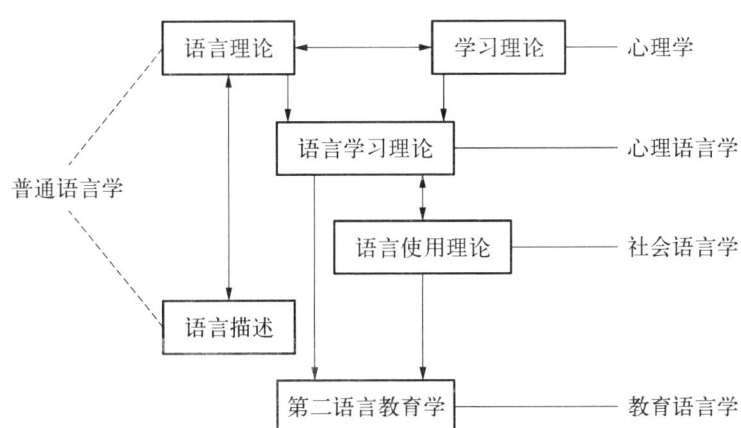

Spolsky 认为,这一框架还适用于其他语言学的应用学科,如翻译、词典学、语言规划等。

Spolsky 框架的优点是充分考虑到了语言使用理论与学习理论对外语教学理论的影响,缺点是忽略了社会因素以及其他现实世界和社会环境对外语教学的压力和制约因素。

Ingram(1980)也提出了一个外语教学与相关学科之间相互关系的模式。Ingram 认为,基础学科,如语言学、心理语言学、社会语言学、心理学和社会学等是理论科学家的研究领域,他们的研究成果给应用语言学家的研究提供了理论依据和启发,应用语言学家在此基础上制定了语言教学的原则,并应用在教学大纲、教学目标的制定和教学方法的选择上,这些内容通过外语教师在课堂教学中的实践检验成为应用语言学理论的一部分。外语教师的主要工作就是根据应用语言学家的理论进行课堂实践并在实践中获得某些技巧和方法。如图:

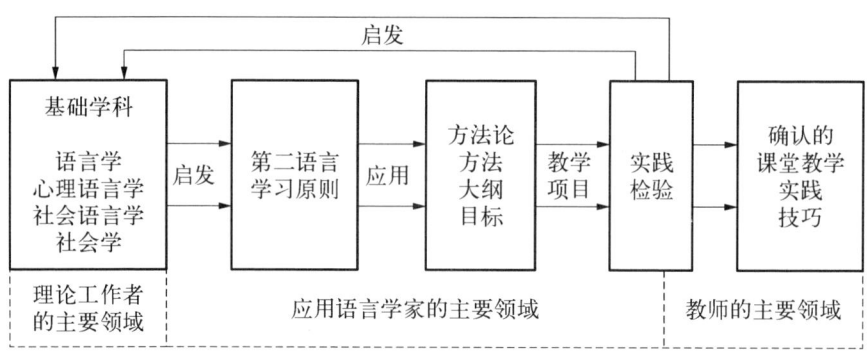

Ingram 模式的优点是考虑到了社会因素对外语教学的影响,并同时指出理论学科对应用语言学家的作用主要是提供了对外语教学过程认识的启发。该模式的缺点也很明显:一是应用语言学家和外语教师之间的关系过于分明,显然是各自为政,缺少一种双向的互相影响和启发的合作关系;二是外语教师的地位和作用与现实不相符合,教师好像始终处于一种被动的地位。

Macky(1965)曾对外语教学与社会环境之间的关系提出了自己独到的见解。Macky 指出,如果用 M、T、S、I、L 分别来代表外语教学过程五个变项——方法和材料(methods and materials)、教师行为(what the teacher does)、社会文化环境的影响(sociolinguistic and sociocultural influences of the environment)、教学内容(instruction, what the learner gets)和学习者何为(what the learner does),那么从教师教学的角度来看,MTI 形成一个教学变项三角,而从学习者角度来看,ISL 形成一个学习变项三角,两者皆受政治、社会和教育等因素的制约。如图:

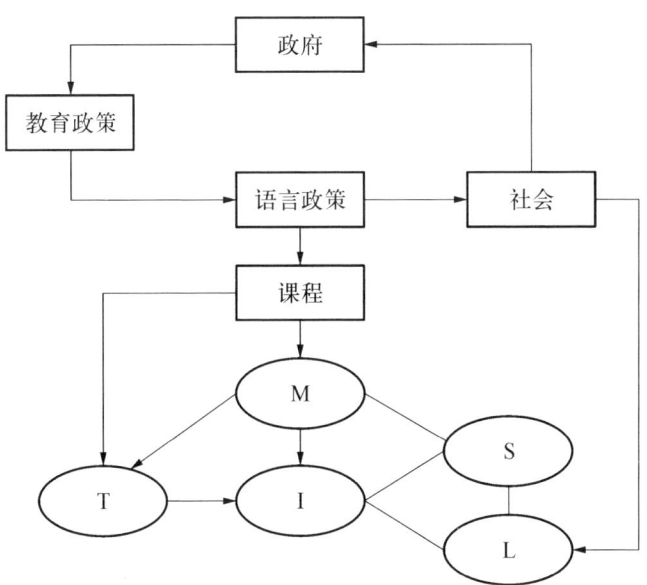

Macky 模式的优点是注意到了政治和社会文化因素对外语教学的制约作用,同时指出了各种因素之间的相互作用(interaction)。模式中虽然没有提到相关基础学科,但其重要性不言而喻。缺点是没有说明理论与实践之间的关系。

Stern(1983)在吸收以上各种模式的长处的基础上,提出了一个独特的外语教学三层次模式:

第一层次是理论基础,包括语言教学史、语言学、社会学、社会语言学、人类学、心理学、心理语言学、教育学等研究成果。

第二层次为中间层次,主要是应用型理论,包括学习理论、语言理论和教学理论。

第三层次为实践层次,包括方法和组织机构。如图:

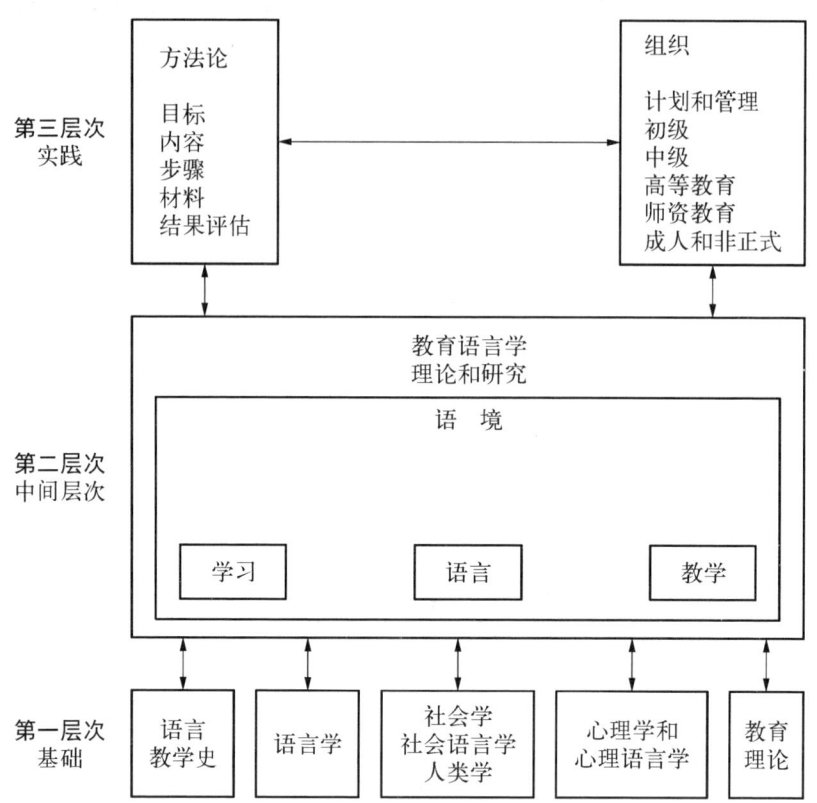

Stern(1983)将各相关学科的研究作为外语教学理论的基础,这一层次的研究成果直接影响第二层次中学习、语言和教学理论的形成。这些理论的形成与环境因素密切相关,第二层次理论的形成对第三层次,也就是实践层次起着指导的作用。实践层次不但包括各个层次的外语教学实践,同时还包括方法论等。

Stern 模式的优点有很多:其一,全面考虑到了外语教学的相关因素;其二,充分注意到了各层次各因素之间的相互作用;其三,指出了语言理论、学习理论和教学理论与环境因素之间的关系。

然而,我们也发现,Stern 模式中关于第二层次的定义比较模糊:中间层次指什么?环境指什么?包括什么内容?学习理论、语言理论、教学理论之间是一种什么样的关系?第三层次是实践层次,把实践的内容和方法论混淆在一起容易引起概念上的混乱。

### 三、启发与借鉴：外语教学作为一门独立的学科

我们认为，外语教学应该是一门自主的学科，它应该有自己的研究目标、研究内容和研究方法，任何相关学科与它的关系只应该是"启发"的关系，而不应该是直接"应用"。

就以与外语教学理论直接相关的语言学为例，它们之间的关系也绝不应该是一种直接应用的关系。

Widdowson(1979)指出，applied linguistics 可以有两种解释，一种是作为语言学分支的应用语言学，就如历史语言学、民俗语言学一样，应用语言学家们可以从自己的角度出发，研究、观察和描述语言，并可不借助语言学理论建立本学科的研究原则；另一种是 linguistics applied，真正将语言学理论运用到目前的研究中去。应用语言学家要做的工作就是应用，他必须时刻注意语言学家在说什么，然后将它运用到具体的应用学科中去。

Widdowson 认为，linguistics applied 充其量是一种活动(activity)，它的语言理论和描写模式皆来自语言学，而 applied linguistics 可以有自己的描写模式。Linguistics applied 的危险是老跟着时髦理论的乐曲跳舞，而 applied linguistics 的危险是可能会在无乐曲伴奏的情况下跳舞。

Linguistics applied 的中心问题是：现有的语言理论在多大程度上可以用来解决我们关心的语言使用的实际问题？Applied linguistics 的中心问题是：怎样设计出相关的语言描写模式？决定它们有效性的因素是什么？

我们认为，外语教学属于 applied linguistics，而不属于 linguistics applied，外语教学必须在借鉴现有语言理论成果的基础上，建立自己的语言理论和描写模式，同时必须全面考查所有可能影响外语教学过程的种种因素，结合外语教学在具体实施过程中的环境因素，制定出外语教学的原则，并设计出贯彻这些原则的方法和手段。

## 第三节　外语教学研究的三个层次

长期以来，我国外语教学理论研究局限于对具体外语教学法优劣的

争论,缺乏从哲学高度对外语教学的本质和方法等重大理论问题的探讨和研究。更令人不安的是,有相当一部分从事外语教学实践的外语教师对语言理论和外语教学理论表现出某种程度的冷漠和无知。这对提高我国外语教学的整体水平,对提高我国外语教学理论研究在国际上的地位显然是极其不利的。

众所周知,缺乏理论指导的实践是盲目的实践,而理论脱离了实际,脱离了教学实践便也成了无本之木、无源之水。就外语教学而言,任何外语教师在走进课堂之前,必须问一下自己是否搞清楚了两个最基本的理论问题:(1)外语教学意味着什么?(2)外语教学应该怎样进行才最有效?

第一个问题涉及我们对语言的本质特征和外语教学的本质特征的理解;第二个问题涉及我们对外语教学本质的理解给外语教学实践带来的影响,即对教学原则和教学方法等方面的理解。这两个问题既互相独立,又密切联系。

为了研究上的方便,我们可以把外语教学理论的研究划分为三个层次:(1)本体论层次,又可称为哲学基础层次。这一层次上理论研究的目标是语言和语言使用的本质以及外语学习过程的本质。要解决语言和语言使用的本质问题,我们可以吸收普通语言学、社会语言学、语用学等的研究成果,得出"语言是一个系统、是一个交际工具和文化载体"的结论。要认识外语学习过程的本质,我们可以借鉴心理学、心理语言学等学科的研究成果,对可能影响外语学习过程的种种因素,如年龄、能力、认知风格、态度、动机等一一加以考察,并根据研究成果,制定外语教学实践过程中必须遵循的基本原则。其次,专门研究与外语教学实践有关的基本要求和指导性原则等问题;(2)实践论层次。这一层次研究的目标是外语教学的具体实施原则,内容包括外语教学的组织机构、教师培训、教学大纲的制定、教材编写、听说读写能力的培养、测试评估等;(3)方法论层次。这一层次的研究内容主要包括外语教学实践中贯彻外语教学原则的手段、程序和组织形式等问题。研究目标是外语教学的手段和方法,重点是研究不同教学目的、不同特点的学习环境中具体教学方法的使用。过去的外语教学法研究,大都受某一特定语言理论或学习理论的影响,往往没有考虑到特殊环境下可能影响教学方法效果的各种因素,所以容易出现偏差。外语教学法的研究应该遵循一定的教学方法与一定的教学目标相结合的原则,具体情况具体分析。

以上的讨论可以用下面的图表来作一小结。

第一层次：

本体论层次 ── 语言和语言使用的本质
　　　　　　　语言学习的本质
　　　　　　　外语教学的本质

第二层次：

实践论层次 ── 外语教学的组织实施
　　　　　　　教学大纲的制定
　　　　　　　教材编写
　　　　　　　听、说、读、写能力的培训
　　　　　　　外语测试

第三层次：

方法论层次 ── 方法
　　　　　　　手段

各种相关学科

外语教学是一门独立自主的学科,外语教学涉及的因素十分广泛,相关学科的研究成果对外语教学的影响是一种启发,而不是直接引用,同时,外语教学理论研究成果也可以反过来丰富相关学科的研究。外语教学的研究可分为本体、实践和方法三大层次,各个层次都有自己特殊的研究目标和内容。这三个层次相对独立,但又密切联系,关键在于三种不同层次的研究所取得的整体效应。下面我们就以上三个层次所研究的具体内容和方法作一些简要的阐述。

## 一、本体论层次

在这一方面的研究中,我们必须真正搞清楚语言的本质特征以及外语教学的本质特征。

对语言本质特征的认识,一方面取决于人们的世界观,另一方面取决于方法论,即取决于研究者研究的角度、方法以及研究的目的和手段等。仔细比较一下近代和现代一些哲学家和语言学家们对语言所下的定义,我们可以发现,人们对语言本质的认识往往是比较片面的、主观的,具有一定的局限性。下面我们来比较一下自洪堡特以来一些著名语言学家和哲学家对语言所下的定义：

洪堡特(W. Humboldt)：语言是构成思想的工具。

斯汤达尔(H. Stendahl)：语言……是对意识到的内部的、心理的和精神的运动、状态和关系的有声表达。

以上可以被看作是从语言与人类精神活动的关系来认识语言的本质特征的。

萨皮尔(E. Sapir)：语言是利用任意产生的符号体系来表达思想感情和愿望的人类特有的非本能的方法。

列宁(V. Lenin)：语言是人类最重要的交际工具。

以上是从语言功能的角度出发来对语言下定义的。

索绪尔(F. Saussure)：语言是表达思想的符号体系。

叶姆斯列夫(L. Hjemslev)：语言是……纯关系的结构，……是不依赖于实际表现的形式或公式。

以上是从语言的结构特点来下的定义。

乔姆斯基(N. Chomsky)：语言是一种能力，是人脑中一种特有的机制。

从这一点来看，乔姆斯基是从语言的心理和认知基础的角度来认识语言的本质特征的。

梅耶(A. Meillet)：语言毫无疑问是社会现象。

显然，梅耶是从语言的社会属性来理解语言的(参见兹维金采夫《普通语言学纲要》)。

应该说，从以上五个方面来对语言下定义，都涉及了语言的本质特征，但显然是不全面的。即使把它们加在一起，也不能说就已经把语言的本质特征概括无遗了。事实上，到目前为止，还没有人给语言下过一个完整的定义。这或许根本就不可能，因为语言涉及的方面实在是太广泛了，人们对它的本质特征认识的提高必然有赖于人类对整个世界认识水平的提高。

然而，就外语教学理论研究而言，对语言本质的认识又是非常重要的。它直接影响到外语教学原则的制定和教学方法的设计等。所以，在讨论外语教学的本质、目的和方法之前，我们必须对语言的最基本的本质特征和属性有一个比较深刻的认识。目前，我们至少可以肯定语言有如下几个本质特征：

(1) 语言是人类最重要的交际工具。语言是社会交际需要和实践的产物。语言在交际和使用中才有生命。人们在使用语言过程中才真正学会使用语言。语言在使用中变化发展，获得新的生命；

（2）语言是一个符号系统。作为符号，语言由两个方面组成：形式和意义。整个语言系统实际上是一个符号关系的系统。人类的认知系统和社会交际的需求构成潜在的意义系统，社会意义系统通过语义系统得到实现；语义系统通过语法系统以语音的形式得到实现。语音系统本身也是一个规则极其严密、丰富的系统。语言系统内部由各种分支系统组成。各分支系统内部的各个符号单位之间都处在纵向和横向，即聚合和组合关系之中。各个语言单位之间和分支系统之间既相互独立又相互依赖；

（3）语言是人类的思维工具和文化载体。人类思维依赖语言这个工具，而语言又是思维过程和结果的体现。人类的思维方式和规律必然要在语言中反映出来。而语言结构和语言习惯又在一定程度上反作用于思维方式和习惯。语言是文化信息的代码，可以说，一种语言的历史，也就是该民族思维活动和文化发展的历史；

（4）语言具有特殊的生理基础。动物不可能学会人类语言、儿童过了一定年龄就不可能顺利地学会语言等种种现象表明，人类大脑中有一套特殊的语言习得和处理机制。

由此我们可以得出结论：任何语言教学，必须考虑到学习主体的生理和心理基础，即年龄和认知基础；必须把语言作为一种交际工具来教给学生，因为只有在实际交际过程中，学习者才能真正理解学习语言的目的，从而更加自觉地学习和运用语言；必须把语言作为一种符号系统来教，因为只有通过对语言形式及其组合规律的分析，学习者才有可能更快速、有效地学会该种语言。

除此以外，外语教学本体论还应该对外语教学具有的规律和特点加以研究，从而使外语教学工作者充分认识到外语教学与母语教学本质上的异同。

那么，外语教学与母语教学到底存在哪些本质的差异呢？首先，外语学习主体是在不同的生理、心理和认知基础上学习第二门语言的（我们这里特指外语）。学习者的年龄、文化背景和原有教育知识及世界知识对外语习得有十分重要的影响。

外语教师和研究者们通过观察发现，10岁左右或更小的儿童在自然的外语环境中能比较自然地、不太费力地"吸收"这一语言。年龄越大,掌握第二语言的速度和掌握的熟练程度受到的影响似乎就越大。我们不排除生理上,也就是大脑中语言习得机制变化的原因;同时,我们又必须充分认识到社会心理因素以及学习者原有知识对外语学习过程的影响。社会心理因素,或称情感因素,包括学习者学习外语的动机和态度。如果学习者在学习过程中对外族文化、目标语使用者、外语教师和教学方法抱有消极的态度,那么他学习的阻力就相对较大,学习的效果就会受影响。随着年龄的增大,学习者对本族语的熟练程度越高、语言习惯和意识就越强,对新的语言系统和习惯的获得就越受影响。语言知识的迁移研究证明了母语习惯的确对外语学习有一定的影响。从学习者认知的角度来看,因为语言是人类思维的工具、认识世界的工具,掌握一种语言也就掌握了一种观察和认识世界的方法和习惯,而学习另外一种语言就意味着学习另外一种观察和认识世界的方法和习惯。有些语言学家称其为"语言编码"(encoding)。如果学习者事先了解了编码的内容,学习另外一种语言只需要换一下编码的方式,这与既要学习编码方式、又要学习编码内容的学习者相比较,情况当然就不一样了。因此,外语教师不能忽视学习者原有的语言知识和世界知识在外语学习过程中的重要性,并且必须通过一定的方式对此加以利用。

其次,正因为语言是思维的工具、文化的载体,学习一门外语就意味着学习跨文化的交际、学习另外一种思维方式和习惯。语言词汇是文化信息的积淀,语言交际模式和各种习语是社会文化观念和交际习惯的体现,任何偏离习惯的行为都将改变原有的结构所表达的特殊信息,产生新的意义。所以,在外语教学过程中,文化传统的讲解和文化知识的传授也应是一个十分重要的教学内容。

## 二、实践论层次

基于以上对语言本质特征和外语教学本质特征的理解,下面我们将讨论外语教学实践论所要研究的有关内容。

前面已经提到,外语教学实践论应该以研究外语教育原则为主,确定外语教学实践的基本要求和指导性原则,其中包括教学大纲的制定和教材编写原则的确定等。

从不同的角度,我们可以制定出不同的外语教学原则。例如,从语言的本质特征和外语教学的特点出发,我们可以提出以下五项外语教学实践的基本原则:

(1) 系统原则

根据"语言是一个符号系统"的原理,外语教学中应突出语法教学的重要作用。语言的系统性体现在语言符号间关系的密切联系。对外语学习者中介语的研究表明,学习者所掌握的外语知识形成一种连续体(continuum),从初级向高级阶段发展。新的语言知识的输入,再加上适当的交际实践,必然促进这一连续体向高级阶段发展。在语法教学中,语言符号间的聚合和组合关系可作为编织学习者语法知识网络的经纬线。尤其是在词义系统的教学过程中,用聚合关系和组合关系的概念来帮助学习者分析和记忆有关的复杂内容,十分有效。

(2) 交际原则

整个外语教学过程中,教师和学生必须牢记学习外语的最终目的是用外语进行交际,而掌握外语的最有效的途径就是交际实践。形式为意义服务,工具为目的服务。

外语交际能力包括准确接受信息和发出信息的能力。接受信息包括听和读,发出信息包括说和写。所以,外语交际能力的培养意味着全面培养学习者的用外语听、说、读、写的能力。交际能力由两个方面组成:语言知识和交际知识。语言知识的积累可以提高交际能力,交际的实践可以巩固学到的语言知识,促进交际能力的提高。但是,语言知识的学习是为最终使用外语交际服务的,所以应重视语言知识教学和交际技能教学之间的关系。

(3) 认知原则

在外语教学中强调认知原则包含两个方面:一是应充分考虑到学习者原有语言知识和世界知识对外语学习的影响,有意识地对比母语与外语之间的结构特点,加深学生对新的语言系统知识的理解;二是应充分考虑到学习者的学习策略和记忆习惯的作用,因材施教,针对不同的学生采用不同的教学方法,同时帮助他们找到适合自己特点的学习方法。研究表明:有的学习者的认知特点倾向于场依赖型,有的学习者倾向于场独立型;而且,思维习惯和记忆习惯不同的人对同样的学习任务有不同的学习策略。在外语教学过程中,外语教师应注意引导学习者发挥自己的主观能动性,根据自己的特点,创造性地培养自己的学习方法和习惯。

（4）文化原则

跨文化意识的培养是外语教学的一个重要组成部分。词汇是认知内容和文化信息的浓缩。对外语词义的准确理解,需要对外族文化有比较深刻的理解。外族文化知识可以通过多种渠道和方式获得,例如可以通过对该族历史文化的研究和学习,通过对该族语言文学作品的研读,也可以通过对该族文化生活习惯、生活方式等的了解。在外语教学材料的选择中,应特别注意遵循文化原则,选择富有时代气息和文化特征的语言材料,使学习者对外族文化越来越熟悉。

（5）情感原则

情感原则包括对学习者学习外语的动机和态度加以引导,以及对学习过程中学习者的其他情感因素,如性格、兴趣、情绪等方面的培养或控制。一般来说,外语学习者的动机可分为综合型和工具型两种。持综合型动机的学习者希望通过学习目标语,融入该目标语文化,得到该语言社团成员的认同;而持工具型动机的学习者则是为了达到某一短期目的,如通过某一考试、获得某一职位等。研究证明,持前一类动机的学习者成功的比率较高,坚持学习的动力也更大。

学习者个人的性格也是外语学习中的一个重要情感因素。认为自己"民主、开放、平静、友好、体贴、乐于助人、聪明、富于逻辑性和快乐"的人,一般来说,其学习的成功性要大于与上述性格相反或相差极大的学习者。另外,在外语学习过程中,由于外界因素的影响,学习者会出现焦虑、沮丧、烦躁不安等情况,外语教师作为教学活动的组织者,应注意对学习者情感因素的控制。

以上,我们从语言本质特征和外语教学特点的角度出发,讨论了外语教学中应遵循的五大基本原则。这五大原则适用于任何目的、任何形式的外语教学。它们应体现在教学大纲的制定以及整个外语教学实践中,尽管在不同的阶段,对不同的原则可有不同的侧重。与此同时,在贯彻以上外语教学的基本原则时,应充分意识到教学目标的相对限定性与学习者学习过程中思维的相对发散性、教学结构的预制性和教学过程中操作的随机性、教学大纲的相对稳定性和教学实施中的相对灵活性、阶段目标的相对独立性和总体目标的相对繁复性等一系列问题。

根据教育学和心理学的原理,外语教学实践论还应研究其他不同性质的教学原则,如阶段性原则、循序渐进性原则和启发性原则等。另外,外语教育政策的制定、外语教学组织机构的设立、教师培训、大纲的制定、教材的编写和选用、语言测试和评估等问题,也是外语教学实践论中的重要课题。

### 三、方法论层次

外语教学工具论研究包括外语教学组织形式、教学手段和教学方法等的研究。教学形式可以是课堂教学,可以是个别辅导或参加社团生活等;教学手段包括现代化的电化教学、电脑辅助教学等。外语教学工具论中最重要的研究内容是外语教学方法,教学形式和手段从属于教学方法。外语教学方法的研究必须基于这样几点认识:

(1) 教学方法服务于教学目的,教学方法本身并无优劣,关键是何时、何地、对谁、为何使用;

(2) 教学方法的使用必须具有灵活性和实际可操作性;教学方法意味着一种解决问题的途径和手段,并非一套固定不变的程式;

(3) 现有的大多数外语教学方法都是在一定的语言学、心理学和教育学理论的基础上形成的,有其特定的历史条件。我们在"拿来"时,必须考虑到中国外语教学的实际,必须与教学目的和教学条件相适应。

过去的外语教学方法的设计和研究存在着许多问题,最明显的有:

(1) 排他性。许多教学法的设计者都先否定其他教学法的有效性,认为自己的方法最科学。的确,从理论基础,即对语言及外语教学本质的理解上,以及特定的教学目的来看,或许是很有效,但相对整个外语教学过程来说,显然并没有一种完美的教学方法;

(2) 片面性。只强调语言的某一特性,忽视其他方面的因素。如直接法,只强调语言的结构特征,忽视了语言的交际本质;

(3) 繁琐性。有些教学方法,如沉默法等,对教学的具体步骤都有规定,失去了灵活性、死板、单调,难以调动学习者的兴趣和学习积极性。外语教学方法应具有相当的"透明性",应当由一套师生都能领会并自由操作的原则组成,允许教师和学生根据实际情况灵活调整使用。

外语教学法研究目前应该做的两项重要工作是：对原有的所有外语教学法进行整理和研究，去其芜杂，取其精华，使其更适合不同阶段、不同教学原则和目的的需要。同时，随着人们对外语教学本质理解的深入，充分考虑外语学习主体的认知因素，充分考虑外语教学外部环境因素的作用，设计出更加切合现代外语教学特点的新的教学方法。

# 第三章

# 外语学习的特点和过程分析

## 第一节 "母语""第二语言习得"与"外语学习"

前面我们提到,近年来我国外语教学理论研究在很大程度上是在介绍和引进国外的一些相关理论。而这些相关理论很多是与第二语言教学有关的。我们提出建立具有中国特色的外语教学理论,一个重要考虑就是英语等语言在中国是外语,在中国教英语完全不同于在那些英语作为母语(如美国、澳大利亚)或官方语言之一(如印度)的国家的语言教学情况。因此,我们有必要对一些相关的概念进行明确的区分。

### 一、"第二语言"与"外语"

在国外外语教学理论研究文献中,"第二语言"(second language)一词的使用频率非常高,大有与传统的"外语"(foreign language)一词平分秋色,甚至取而代之之势。

那么,第二语言与外语究竟有什么区别?它们是同一概念不同风格的用语,还是两个截然不同的概念?

从事理论研究的人大概都有这样的同感:术语使用的不慎往往引起概念上的混乱和误解。在介绍和评价国外外语教学理论研究成果时,碰到 second language,是译成我们中国人更能接受的"外语",还是直译成"第二语言",以示区别?

实际上,即使在国外外语理论界,second language 一词的使用也存在着混乱的现象。Stern(1983)在其《语言教学基本概念》(*Fundamental Concepts of Language Teaching*)一书中区分"第二语言"和"外语"时指出,

"第二语言"一般指在本国有与母语同等或更重要地位的一种语言。如在美国,TESL(Teaching English as a Second Language)就指的是教外国移民英语的英语课程;"外语"一般指在本国之外使用的语言,学习的目的常常是为了旅游和阅读有关文献等。Stern 还指出,"第二语言"广义上还可以用作泛指任何一种在母语之后习得的语言,有时还可以与"外语"同义替换!

Ellis 在他 1985 年出版的《理解第二语言习得》(Understanding Second Language Acquisition)一书的第一章中明确指出,"第二语言"(在该书中)并不意味着与"外语"相区别,"第二语言习得"是泛指,用来指自然习得和课堂习得两种情况。然而,这两种情况下的习得是否有差异仍是一个有待讨论的问题。因此,在 Ellis 看来,"第二语言"与"外语"假如要有区别的话,应主要在于是否是在"自然"环境下习得的这一方面。

Littlewood 在 1984 年出版的《外语与第二语言教学》(Foreign and Second Language Learning)一书对该书中术语的使用有一个专门的说明。他在谈到"第二语言"和"外语"时说,人们所学的"第二语言"在学习所在地有其社会作用(如作为一种通用语或者作为另一社会集团的母语),而学习"外语"主要是为了与本语言社团之外的人接触。然而,在该书的大部分讨论中,我们觉得没有必要区分这两个术语,因而将"第二语言"作为"外语"和"第二语言"的泛指。但是,从 Littlewood 的书名来看,他本人却没有始终如一地坚持这一标准。

由此我们可以看出,"第二语言"这一术语有两种用法:一是泛指母语之后习得的任何一种其他语言;二是与"外语"相区别,指在本国内作为通用语或其他民族用语的语言。一词多义,这也许就是"第二语言"一词引起混乱的根源所在。

其实,我们知道,第二语言(second language)是相对于第一语言(first language)而言的,而外语(foreign language)和非本族语(non-native language)是相对于母语(mother tongue)和本族语(native language)而言的。First language、mother tongue 和 native language 的共同特点是:(1)最早习得的语言,常常是在家庭环境中习得的;(2)熟练程度高,语言直觉强。第二组术语,second language、foreign language 和 non-native language 的共同特点是:(1)是一种双语现象;(2)在掌握的时间顺序上次于第一语言;(3)熟练程度一般不如第一语言;(4)习得方式一般是学校教育、家庭教育或自学。

这两组术语的区别实际上是相对的,某些特殊情况下它们之间的区别往往会比较模糊。例如可以说:My native language was Hungarian, but I now use English as my first language.(我的母语是匈牙利语,但我现在把英语作为第一语言。)在这一情况下,说话者的母语是匈牙利语,英语虽然是他的"第二语言"或"外语",然而由于生活或工作环境的原因,"第二语言"或"外语"却成了他的"第一语言"。

由此,我们可以得出结论,以上这些术语的区别是相对的,因人因时因地而异,并没有什么客观的标准。我们在遇到以上术语时,应该根据语境和其他背景知识作出判断。

在我国,除了少数民族学习汉语和汉族人学习少数民族语言时可以把对方的语言称作"第二语言"外,中国人在中国境内学习的其他国家的语言一般情况下都应称作"外语"。这也许是为什么我们在阅读和介绍国外"第二语言"研究成果时,对 second language 的理解和翻译感到困惑的原因之一。实际上,20 世纪 70 年代以前,在欧美,几乎所有的外语教学文献都是用 foreign language 一词来泛指母语之外的其他语言的。

我们认为,鉴于国外外语理论界对 second language 一词用法的不统一,我们有必要严格区别第二语言作为泛指和作为特指的情况,在译成汉语时分别译为"外语"和"第二语言",以示区别。即使直译,也应分情况作出说明。

我们的主要依据是,狭义的"第二语言"与"外语"在语境、语言输入、学习者的情感因素、认知基础和掌握程度方面都有着明显的差异。两者不可"混为一谈"。

首先,在语言环境方面,第二语言与外语有着根本的差别。第二语言学习者一般都有一个比较自然的语言环境,周围有众多的该语言的本族语使用者。由于种种原因,他们之间可能会有各种各样的联系。同时,由于该语言可能是官方语言的一种(如英语、法语在加拿大,英语在印度等),新闻媒介、官方文件、广告等为学习者提供了一个比较真实和自然的语言环境。而外语学习者一般来说很难有这样的语言环境。

其次,从语言输入来看,第二语言学习者一方面有自然的语言环境,另一方面,如果他通过课堂教学学习该语言,教师的语言程度、同学的语言程度等都给他提供了较理想的"可理解性输入"(comprehensible input),其中包括"针对外国人的谈话"(foreigner talk)、"教师语"(teacher talk)、"同伴语"(peer talk)等;而外语学习者则不同,他得到 foreigner talk 之类的输入的可能性较小,由于外语教师语言水平总体上不能与第二语言教师相比,teacher talk 的质量和数量都不如第二语言教学课堂,peer talk 在很大程度上也受到限制。

再者,第二语言学习者和外语学习者在影响学习过程的情感因素方面也有着本质的区别。在第二语言学习环境中,由于第二语言在本语言社团的特殊地位,学习者往往有强烈的学习愿望和动机。如由于英语在印度和一些非洲国家是一种影响择业和晋升的重要因素,学习者的工具性学习动机就很强;再如,在美国和德国,这些国家的语言成为移民和客籍工人减少种族歧视、争取同等社会待遇和机会的工具,因此他们学习这些语言有着强烈的综合性动机。所有这些人的学习动机与中国学生在本国学习外语有根本的差别。这并不是说中国学生缺乏学习外语的动机,但中国学生很少会有外语学习的综合性动机,而且就整体而言,中国学生学习外语的工具性动机也不十分明确。这不能不说是中国外语教学的一个严重的缺陷。就情感因素的其他方面而言,如态度、个人性格等,由于语言学习环境的制约,其对外语学习过程潜在的促进作用也受到极大的限制。

更为重要的是,由于第二语言、外语与母语之间的关系的不同,母语知识对另一种语言知识的习得的影响也不一样。大家知道,母语交际能力在学习另一种语言时会发生正负迁移现象。在欧美国家,由于学习者所要学习的第二语言一般都与他们的母语有着同源关系,相近的文化背景和相似的语言特征使得他们语言能力的正迁移远远超过负迁移。与此根本不同的是,由于中国学生所学外语一般与母语分属不同语系,文化传统、语言特征,包括语音、语法和文字系统迥然不同,他们学习中所遇到的困难远远超过那些语言和文化与目标语相近的学生。根据有些欧美学者的研究,无论学习者有什么样的文化背景和语言背景,无论在什么样的语言环境里学习,其掌握某种第二语言的程序(route)是不变的,学习者的个人差异只会对学习的进度(rate)而不会对程序产生影响。然而,从他们所研究的对象(主要是母语为印欧语系语言的学习者),以及从中国学生学习中发现的独特性错误来看,我们有理由怀疑这一结论的可靠性。

最后,由于以上种种原因,第二语言和外语学习者所能掌握的语言熟练程度就大不一样。第二语言学习者往往能达到与本族语者相似(native-like)的程度,特别是在口语表达方面,而外语学习者就很难达到相同的程度。我们只要看看中国成千上万的外语学习者花上数年的时间学习外语而最终大多效甚微,就可以体会到这一点。

这样看来,外语教学有着与第二语言教学完全不同的自身的特点,中国学生学习外语更有其特殊的地方。因此,我国外语教学界必须从中国外语教学的具体情况出发,建立自己的外语教学理论体系,对国外的外语教学理论,尤其是重点为第二语言习得的评论,应该采取慎重的态度,在吸收和借鉴过程中应充分考虑到国情,考虑到中国外语教学的环境,考虑到中国学生学习外语的特殊规律。

## 二、"习得"与"学习"

下面我们来谈谈与"第二语言"和"外语"的区别有关的另外一对术语:"习得"(acquisition)与"学习"(learning)。

"习得"用于对外语学习过程的描述,主要是母语学习过程研究成果对外语教学研究影响的结果。研究者们发现,儿童掌握母语的过程很像一种自然成熟的过程,只要有适当的语言环境,儿童无需任何外在的力量,无需任何有意识的学习便可顺利地掌握母语,他们称这一过程为"习得"过程。外语学习研究者们认为,外语学习者在自然的语言环境中,也可以像儿童一样自然地掌握外语,他们掌握外语的过程实际上也是一种按既定路线习得该语言的语言知识的过程。原来人们常用的"学习"一词被用来专指外语学习,指在正式环境下(如课堂)有意识地学习外语语法知识和使用规则的过程。20世纪80年代初期,美国的 S. Krashen 提出"监控理论"(Monitor Theory),把"习得"和"学习"当做一对对立的概念。Krashen 认为:习得是外语学习者掌握外语的唯一渠道,习得只有在自然的语言环境下才能产生;学习作为有意识地对语法规则的学习和训练,不可能导致习得;学习的作用充其量只有两个:一是监控学习者语言使用,避免或改正错误,二是满足学习者对语法知识天生的好奇心。这就是外语教学理论中所谓的"无接口理论"(non-interface position)。

另外一部分人认为,语法教学是帮助学习者获得语言交际能力的捷径,成年人在课堂里学习了语法规则,可以在课堂内外练习这些规则,直到能在交际中下意识地使用它们。他们认为,语法教学是一种培养学生语法意识的过程,因此,语法教学或学习也可以产生习得,关键不在该不该教语法,而在于如何教更有效。这一观点在外语教学理论中被称为"接口理论"(interface position)。

还有一种观点,即所谓的"可变性观点"(variability position),强调教学法应与学习过程相适应。课堂教学应考虑学习者特定的目标并提供相应的语言知识。如果学习者的目标是用随意风格(vernacular style)参与自由交谈,他需要掌握的是自动的、未分析过的外语知识(即 acquisition),那么他可以通过强调交际功能的课堂教学达到这一目的,只要有足够的机会练习将正式的语言知识转化为随意风格。如果学习者的目标是为了参与需要正式风格(careful style)和有意识的计划等语言交际活动(如写作等),他便需要掌握自动并且经过分析的外语知识,而达到这一目标的最好办法就是通过强调语言知识的课堂教学。

对习得与学习的区别,许多人持否定的态度。Stern(1983)认为,区分习得和学习没有任何理论意义,两者指的是同一个概念,它们的区别是一种风格上的差异,就如同 develop, grow 和 learn 之间的区别一样。

Littlewood(1984)认为,语言学习中下意识和有意识是无法真正明确地加以区分的。因此,习得和学习的区别建立在这个基础上是不可靠的。他认为,"学习"可以作为一个概括用语,包括无意识与有意识的学习活动。

Ellis(1988)也认为习得与学习之间不存在本质的区别。"习得"中包括有意识的学习(conscious learning),两者在部分情况下可以互相换用。

有意思的是,汉语中原来也并没有专门术语直接与英语中的 acquisition 对应,"习得"一词是为了与"学习"一词相区别而创造出来的。

我们认为,把外语学习过程完全与母语习得过程等同起来是不科学的。母语习得实际是一种社会化的过程,母语交际能力的获得是与其他社会能力及认识能力等的获得同时的、交织在一起的,母语获得是儿童生长发育和社会化的一部分。而外语学习则一般都是在学习者母语习得已完成之后进行的,其认知基础已发生了根本性的改变。所以,母语习得意义上的 acquisition 在外语学习过程中是不存在的。外语学习过程是否是有意识的,主要取决于学习任务、学习方式和学习目标。学习过程中包含习得和学习,不但是完全自然的,而且是必然的。两者没有本质的区别。

最后,我们来简要讨论一下母语知识与外语习得之间关系的研究中的另外几个重要问题。

第一个问题是,母语知识和外语知识在大脑中究竟是属于两个不同的系统还是同属一个系统?

中介语研究表明,外语学习者在学习过程中不断组建自己的外语系统,逐渐向目标状态接近,每个学习者在不同的学习阶段都有着不同的外语系统。这样看来,似乎外语知识和母语知识在大脑中表现为两个不同的系统。但在认知心理学家看来,外语学习过程实际上是大脑中语言知识结构重组的过程,随着输入的外语知识越来越多,学习者大脑中语言知识结构逐渐调整到能够处理两种或更多的语言信息的状态。在认知心理学家看来,外语知识与母语知识应该属于同一个知识系统。根据脑科学研究的最新成果,人的大脑中似乎有一个语义中心,而其他相关知识则按不同的获得方式贮存在大脑的各个不同部位。这方面的争论还在继续。由此看来,母语与外语知识的关系问题,还有待于脑科学等相关学科进一步的研究才能确定。

第二个问题是,母语知识的迁移在外语学习中的作用到底有多大?

有关语言普遍现象和母语知识迁移的研究得到以下几个结论:

(1) 当外语中相应的形式为较明显的有标记形式时,母语中的标记形式会发生迁移;

(2) 母语的作用在外语的边缘语法(peripheral grammar)中更容易观察到;

(3) 一般情况下,母语中的有标记形式不会迁移,特别是当母语中同时具备有标记和无标记形式时;

(4) 在外语学习初期,有标记形式可能会发生迁移。

这些观点大部分已被外语教学研究者们所接受,但它们主要涉及语法部分。根据"错误分析"研究,外语学习者的错误有的是属于语法方面的,有的涉及语用,有的则是由于认知策略的使用不当,如"过度概括"(overgeneralization)等。

语用错误的出现说明学习者的母语交际能力也发生迁移。交际能力的迁移,其范围和程度是外语教学理论需要进一步研究的课题。

第三个问题是,母语与外语的差异在多大程度上影响着学习者学习外语的效果和进度?

这方面,除了些零星的、轶事式的描述和议论外,缺少系统的研究。我们觉得,外语教师们应该对在中国文化背景下学习外语的特点作一些系统的调查研究,充分认识中国学生学习外语的特点,这对建立有中国特色的外语教学理论,指导我们的外语教学实践极为有益。

## 第二节 外语学习主体分析

毋庸置疑,外语教学,无论是为何种教学目的,无论采用何种教学方法,最终结果必须体现在外语学习主体身上。在外语教学理论研究中,外语学习主体的研究应该占据一个很重要的位置。这不仅因为对外语学习者进行研究可以使我们深刻认识外语学习过程的特点,从而使我们设计和创造出更加切合外语学习客观规律的外语环境、外语课程和外语教学活动,而且,通过外语学习特点与母语习得特点的比较,我们还将得到意外的收获,即更好地理解什么是语言、语言有什么功能等重大理论问题,从而丰富普通语言学的研究内容。

### 一、理想的外语学习者

20 世纪70 年代,以 Rubin(1975)和 Stern(1975)为代表的研究者试图通过"理想的外语学习者"(the good language learner)研究探寻成功外语学习者的特征和学习策略,供其他学习者借鉴以提高外语学习效果。通过调查和对比,研究者们描述了"理想的外语学习者"具有共性的一些基本特征,虽不全面或确切,但对我们或许有些启发。这些特征包括:

(1) 能够适应学习环境中的团体活力(group dynamics),克服焦虑和干扰因素;

(2) 寻找各种机会使用目标语;

(3) 利用所提供的机会练习倾听针对他输出的目标语并作出反应,即注意意义而非形式;

(4) 通过学习技巧来补充与目标语社团成员直接交往的不足;

(5) 至少在语法学习的初始阶段,是少年或成年人而非小孩;

（6）具备足够的分析技巧以接受、区分和贮存外语的特征，并监测错误；
（7）具备学习外语的强烈的"整体动机"并具有强烈的"任务动机"；
（8）愿意冒险，勇于实践；
（9）能够适应不同的学习环境。

然而，在外语学习中，很难单纯从学习行为来判断所谓的"理想的外语学习者"，因为外语学习的成功与许多因素相关，而学习的成功与否与学习者的性格几乎没有关系（Johnson，1999）。因此，20世纪80年代，对"理想的外语学习者"的研究逐渐淡出，对学习主体的研究开始转向社会文化因素的影响以及认知和情感等方面表现出的个体差异。

## 二、外语学习者的生理和认知因素

1. 年龄

直觉和经验告诉我们，年龄在母语和外语习得过程中是一个十分重要的生理因素。从母语习得研究来看，儿童如果过了一定的年龄，即使有语言环境也很难顺利地习得一种语言。对狼孩以及其他脱离正常人类生存环境至一定年龄而未习得人类语言之类情况的研究就是一个明证。这在语言习得研究中称为"关键期假说"（Critical Period Hypothesis，CPH）。Lenneberg（1967）发现，小孩左脑的损伤对语言功能一般不会产生什么影响，但成年人左脑损伤则往往意味着整个语言功能的丧失。Lenneberg认为，通过"接触"（exposure）就能习得任何语言的关键期是2岁至发育期（puberty）。2岁前不具备这种能力是因为大脑发育未到一定程度，而青春期后大脑又失去了原有的弹性（plasticity）。支持这一假说的最新的脑科学研究证据是：5岁以前，儿童的大脑神经元处于一种相对混乱状态。随着年龄的增大，大脑所需营养（葡萄糖）越来越多，到5岁时，其需要量相当于成年人的一倍。5岁以后，大脑对葡萄糖的需求和脑"电路"数量直线下降，逐渐接近成年人。这一时期正是大脑进行整理（pruning）的时期，相当于人们原来所说的大脑功能区域化（lateralization）的过程。

从目前的研究情况来看，对"关键期"临界点的具体年龄很难达成一致的看法。我们设想，人脑中确有一个大脑功能相对区域化的过程，但这一过程是相对缓慢的。5岁左右可能是大脑内部整理的高峰时期，其后仍有一个缓冲期。而在婴儿2岁或1岁前(因人而异)由于未正常发育,语言功能是逐渐从零向起始状态过渡的过程。因此,我们认为,关键期实际上是一个有点像不规则的倒V形的连续体,其起止界限并不是突然的、清晰的,如图:

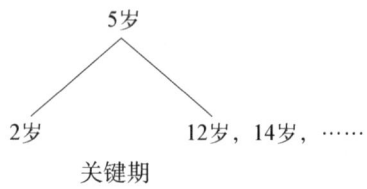

关键期

因此,有研究者认为"关键期"的提法过于激进,有的研究者采用"发育期"一词,这显然是个模糊的概念,也有的则采用"年龄效应"来描述年龄对二语/外语学习的影响(如 DeKeyser,2000)。

国外的研究者从不同语言结构的学习、学习速度、学习效果等方面来探讨年龄效应。从这些研究的结果来看,12—15 岁年龄组的学习者学习外语的速度和效果要胜过 15 岁以上年龄组(成人组),而成人组的学习速度和效果又胜过 6—10 岁年龄组的学习者(参见 Ellis,1985);习得年龄小于 11 岁的学习者大部分可以达到本族语的水平,而起始年龄大于 11 岁的学习者则很少能达到该水平(Abrahamsson & Hyltenstam,2009)。需要指出的是,年龄效应与学习环境有很大关系,Qureshi(2016)对 46 项年龄效应的实证研究进行元分析后发现,外语环境下的年龄临界点通常被定义为 11 岁,二语环境下的临界点通常为 16 岁。当然,现有的实证研究在研究方法和工具上还存在较多问题,也很难完全说明外语学习中的年龄效应。例如,还有两种被经验所证明的现象未能得到很好的解释:一是学习外语起始年龄越早,其语音的准确性和地道程度就可能越高;二是 15 岁以上的成年人随着年龄的增长,尤其是到了四、五十岁以上时,其学习的速度和效率呈明显下降趋势。我们的看法是,学习外语起始年龄越早,其语音的精确性越高,很可能是由于人脑中负责语音识别的神经元较其他神经元更早"专业化",即不同的语言技能有不同的关键期。当然这还有待于神经心理学方面实验的证实;至于年龄越大,其习得的速度和程度相对呈下降趋势,一是由于他们大脑中语言习得功能逐渐呈下降趋势,二是由于人脑的一般认知功能,如记忆力等也开始逐渐衰退。

从目前的研究结果来看,有关年龄因素对外语习得的影响的认识似乎可以作以下小结：

（1）学习外语的起始年龄并不在很大程度上影响习得的程序，任何年龄开始学习一门外语都有可能获得成功；

（2）学习外语的起始年龄较明显地影响习得的速度和效率。在语法、词义和词汇方面，少年比儿童和成年人表现更为出色（如果学习时间相等）；

（3）学习时间长短影响习得的成功程度。学习时间的长短与整体交际能力的获得关系极为密切，但起始年龄对将达到的精密程度又起着决定性的影响，尤其是在语音方面。

关于年龄因素对外语习得的影响有多种解释，一种就是前面提到的生理方面（关键期）的解释，还有从认知角度、情感角度对此作出的解释。这些我们后面还要提到。

有关年龄因素对外语习得影响的讨论对我国外语教育政策的制定和外语课程的设置有着十分重要的意义。我国人口众多，教育相对落后，国家对外语教育的投入有限。如何使有限的资源产出较大的效益，这是一个极具战略意义的问题。我国外语界曾对在小学开设外语课程有过争论，结果是许多大中城市"有条件"的小学在一年级便开设了外语课。不具备条件的城市以及广大农村地区大多从小学三年级开始开设外语课。根据我们的观察和有关资料的显示，小学就开始学习外语的学生比起后来初中开始学习外语的学生在总体外语能力方面并无明显的优势。学习外语起始年龄早主要在语音方面可以打下一个良好的基础，另外，如果能有自然的语言环境，年龄小的学习者最终获得的外语能力会有较大优势。然而，从我国的外语环境以及大部分开设外语课程的小学师资条件和教学环境来看，年龄这个优势并不能得到充分的开发和利用。小学开设外语，教育上的投入与产出严重不成比例的情况是惊人的。因此，我们认为，从社会角度，对有特殊要求（如智力开发、跨文化交际）和特殊条件（语言环境、经济状况）的家庭可鼓励其子女在小学阶段就开始学习外语；从政府和教育管理部门的角度，除保证一部分重点小学和特殊目的教学外，考虑到人力、财力和效益的关系，似可鼓励社会力量从事低年龄学生的外语教育，以满足部分特殊家庭的特殊需求。同时集中精力，抓好初中阶段的外语起始教育，因为这一阶段恰好是学习外语的最佳年龄（12—15岁）。

另外，有一个现象我们非常熟悉但缺少认真的调查研究，那就是我国一些大城市外语学校和外语院校附中的成功经验。我国改革开放初期曾急需一批外语人才,当时一批中青年外语自学成才者,以及经过短暂学习和培训即大显身手的外语人才大部分曾就读于或毕业于"文革"前的一些外语学校。从近年来上海外国语大学附中的毕业生情况来看,第一,其外语基本功非常扎实,进入大学后与普通中学的学生相比,其整体外语能力远胜于普通中学的毕业生;第二,虽然外语附中对外语教学有着特殊的要求,课时较多,但学生的其他各门功课成绩不但没受到影响,反而超过其他重点中学的学生。前几年,上海外国语大学附中曾出了一批上海市文理科高考总分的状元。这当然是多方面因素的作用,但其成功的经验值得我们深思。近年来,许多大城市小学毕业生报考外语学校的人数远远超过其招生名额。在目前的形势下,如果国家有关教育行政部门能组织力量认真总结外语学校的成功经验,大力推广和普及外语学校的教学模式和教学经验,不但可以满足社会民众的迫切需求,对提高我国外语教育的水平乃至整个民族的文化水平也具有重要意义。目前我国国内对外语学习中的年龄问题缺乏有力的实证研究,对上述现象还需要更多实证数据的解读和支撑。

2. 语言潜能

所谓语言潜能,指的是学习者所具有的学习某种外语的能力倾向。对于语言潜能所包含的能力,尚无统一的看法,综合Carroll(1967)、Pimsleur(1966)、Skehan(1998)、Robinson(2001)等人的观点,可以分为四个方面:

(1) 语音能力,指识别语音成分及将其储入大脑的能力。

(2) 语法能力,指识别语言中句法结构的能力。这一能力并不是指语言学习者实际了解一些语法术语,而是在学习语法或组词造句时所表现出的一种潜在能力。例如下面一道语言潜能测试题,要求受试者在第二句中找出与第一句中大写单词功能相同的词:

1) He spoke VERY well of you.

2) Suddenly the music became quite loud.
     A        B         C   D

显然,答案应该是C。

(3) 推理能力,指语言学习者分析语言素材并由此确定意义与语法形式之间关系的能力。

(4) 记忆能力,指快速、高效地记忆声音和意义之间的联系和结构化的语言材料等的能力。

20世纪60年代,Chomsky"语言能力"(linguistic competence)一说在语言学界和外语教学界争论的展开,为认识语言潜能提供了启示。

Chomsky认为,语言能力是一种天赋。语言能力体现在人类婴儿在接受了一定的语言素材后便可以自动发展成某一特定语言的语言规则,从而创造性地使用该语言。对Chomsky来说,语言能力就是一种语法能力,是一种普遍语法。

与Chomsky的语言能力相对,社会语言学家Hymes提出了"交际能力"(communicative competence)的概念。所谓交际能力是语言使用者根据社会情景因素恰当地运用语言规则的能力。这就扩大了语言和语言使用能力的内涵意义,涉及了语言使用者语言之外的知识。

这里,有两个问题在研究学习者语言能力时应该引起足够的重视:(1)母语的习得似乎与一个人后来表现出来的智力倾向关系不大,即智力表现一般的人也能较完美地掌握和使用母语。但是,外语学习的成败却与学习者的潜在的语言能力和其他智力倾向有密切关系,这是不是意味着母语和外语的习得遵循的是完全不同的规律?(2)语言交际能力和语言知识不一定呈平行发展的趋势,这是否意味着语言能力和交际能力属于两种不同的能力,具有不同的生理和认知基础?

从语言知识角度来看,婴儿学习母语是一个从无到有的过程(或者说是一个从普遍语法到个别语法的过程),而外语学习则是在已具备了一套具体语言的规则的基础上进行的,这已有的语言知识不可避免地将成为学习外语的参照系,原有的语言知识也必然会发生迁移。

从交际能力的角度来看,婴儿学习母语是一个社会化的过程,是一个确定自己社会角色、接受社会规约和文化价值的过程;而对外语学习者来说,他的社会身份已经确定,语言中的指示转移原则已经掌握,外语交际涉及了跨文化的问题,语言规则和交际准则的矛盾凸现了出来。

从认知能力角度来看,婴儿学习母语是一个学会用母语来认识周围世界、判断事物的过程,也是一个学会用语言进行思维的过程;而对外语学习者来说,他已经完成了依靠语言社会化的过程,认识基础发生了变化。如果说每一种语言都代表了一种看待世界的方法,那么对外语学习者来说,学习一门外语就意味着学会另一种看待世界的方法。另外,母语学习往往是在一个自然的环境中进行的,语言的学习往往是一种无意识的认知活动,而相对来说,外语学习是一种自觉的过程,学习者往往需要有意识地调节自己的认知手段,完成学习任务。研究表明,所有外语学习者在学习过程中,都会自觉或不自觉地利用四种原有的知识:(1)关于人类语言和语言交际本质的一般知识;(2)母语结构的特殊知识,或其他所知语言的知识;(3)目标语的知识;(4)各种非语言知识。显然,这种认知活动在母语学习过程中是不存在的。

语言潜能的研究主要是想证明人们关于个人语言学习能力有差异这一直觉。然而,除去学习语言所必需的听说能力外,对语言学习潜能与一般智力到底是一种什么样的关系,语言学习能力的组成成分是什么,它与绘画、音乐方面的天赋是否一样,男女在语言潜能上是否有差异等问题,至今人们还无法取得一致的认识。我们倾向于认为,语言潜能说到底其实就是学习者对语言特征的敏感性。除去天生的语言听说能力外,外语学习潜能与学习者的认知风格和学习策略有关,也与学习动机、学习者的兴趣、学习环境和外语教学的质量等有一定关系。语言潜能的主要功能在于预测外语学习的速度和轻松程度,也可以预测学习者外语学习可能达到的最终水平,但这种预测功能有一定的限度,因为不同能力类型的学习者可利用某一方面的优势来克服另一方面的缺陷。

从我国外语学习者的情况来看,若是外语或其他涉外专业的学生,因其今后的工作需要对听、说、读、写、译诸方面均有较高的要求,需要对其语言学习潜能有相应的考察;若是一般的外语学习者,从教育学的角度,我们只需要大概了解其属于何种学习潜能的学习者类型,以便在教学法设计和使用时作为参考。

正因为外语学习与母语学习相比具有一种完全不同的认知基础,因此,外语教学大纲的制定和教材的编写就应该充分考虑到这种新的认知基础,鼓励学习者更好地利用其原有的知识,运用其已经得到充分发展的分析和归纳的能力。同时,在外语词汇教学中,应注意到学习者母语词汇系统与新的词汇系统之间的差异,培养学生对文化差异的敏感性。另外,在语言使用规则的教学中,应该更加注意交际能力中的文化因素的作用,使学习者的外语知识和外语交际能力能够得到同步发展。

3. 外语学习信念

学习者总是带着对外语学习的先验看法开始外语学习的过程,这些看法进而对学习态度、动机及学习行为产生影响,从而引起了研究者对外语学习信念(learning beliefs)的研究兴趣。学习信念通常被看作是学习者自我建构的有关学习的知识体系(Flavell,1979),属于元认知知识的一部分(Wenden,1998)。

对学习信念的研究也通常在元认知的框架下进行。为了了解学习者的学习信念,Horwitz(1987)开发了外语学习信念的测量量表(Beliefs about Language Learning Inventory, BALLI),从外语学习难度、外语学习潜能、外语学习本质、学习和交际策略、动机和预期等五个维度来了解外语学习信念。除了了解外语学习信念,对学习信念的研究还包括在元认知的框架下调查和比较学习者信念与教师信念之间的异同、学习者信念与行为之间的联系、信念与其他认知和情感因素之间的关系等。将学习信念作为先验元认知知识的不足是将其看作固定不变的学习者特征,事实上,学习信念除了对其他个人差异因素产生影响外,本身也受社会环境的影响,从而发生变化,因而从动态的角度来了解学习信念的形成和变化是学习信念研究的一大趋势。如何通过丰富积极的学习经历来建构积极的学习信念是教师在外语教学中需要关注的问题。

4. 认知风格

认知风格主要指人们接受、组织和检索信息的不同方式。研究者们划分出两种类型的风格:(1)场依赖型风格;(2)场独立型风格。场依赖型风格的特点是:1)依靠外部参照系处理有关信息;2)倾向于从整体上认知事物;3)往往缺乏主见;4)社会敏感性强,易与他人进行交际。

场独立型的学习者的特点是:1)以自我为参照系;2)倾向于分析;3)具有独立性;4)社会交往能力相对较弱(参见 Ellis,1986)。

研究者们发现,场独立型学习者倾向于在模仿句子时省略小项目,保留整个短语,而场依赖型学习者正好相反。场依赖型学习者在自然环境下学习外语更易成功,而在课堂教学环境中场独立型学习者可能更占优势。但是这方面的研究还缺少实验的证据。情况很可能是:不同的学习目的和任务、不同的学习环境需要不同的认知风格或学习策略。我们认为,作为教师,如果了解不同学习者的不同认知风格,针对不同的学习任务、不同的学习环境,注意发挥其特长,并能相应地对学生的学习策略和认知风格加以引导,将对促进学习者外语习得起到积极的作用。当然,考虑到课堂教学的实际,比较可行的方法是教师在课堂上尽量设计多样化的学习任务,采用不同的教学方法,让不同认知风格的学生各取所需。

## 三、外语学习者的情感因素

从教育心理学的角度看,学习过程中影响学习效果的最大因素之一是学习者的情感控制。

情感因素也是外语学习区别于婴儿学习母语过程的一个很重要的方面。一般来说,婴儿学习母语是一个自然的社会过程,学习语言是学习一种表达情感的方法,而外语学习则涉及角色转换等诸多的社会心理因素,有时甚至涉及个人尊严、伦理道德等方面的问题。

影响外语学习的情感因素有很多,对外语学习影响比较显著的主要有动机、交际意愿(willingness to communicate)和语言焦虑。

1. 学习动机

学习动机研究之初是和学习态度联系在一起的。所谓动机,就是:(1)对某种活动有明确的目的性;(2)为达到该目的而作出一定的努力。所谓态度,应该包括这样几种成分:(1)认知成分,即对某一目标的信念;(2)情感成分,即对某一目标的好恶程度;(3)意动成分,即对某一目标的行动意向及实际行动(Van Els et al.,1984)。

显而易见,态度作为一种情感因素,它对某一目标的具体实施和最终达到的成功程度是极为重要的。Stern(1983)区分了外语学习中的三种基本态度:(1)对目标语社团和本族语者的态度;(2)对学习该语言的态度;(3)对语言和语言学习的一般态度。

态度与动机密切相关。对某外族文化抱有好感,向往其生活方式,渴望了解其历史、文化及社会知识,这是一种十分有利于学习该文化的语言的因素。相反,如果对某外族文化抱有轻蔑、仇视或厌恶的态度,就很难认真地去学习该文化的语言。如果对某一种语言抱有好感,对该语言的结构和表达法感到新奇,那么对这样的学习者来说,学习该门外语是一个不断发现新鲜事物的过程,是一种乐趣,是一种探索;相反,把外语想象得过难,觉得外语表达法别扭,必然会对外语学习畏之如虎,学习的效果毫无疑问会受其影响。学习者对学习材料是否有兴趣、对教学活动的组织形式是否有兴趣,这些都会影响学习者的情绪和学习效果。教师的个性也是学生改变对外语学习态度的一个重要因素。教师的热情、活泼、博学多才会对学生和学习内容产生积极的影响。

态度对外语学习过程的影响主要通过动机。总的来说,态度影响和决定动机,当然,有时特殊的动机也会反过来作用于态度。

Brown(1981)区分出以下三种不同的外语学习的动机:

(1) 整体动机(global motivation),指对外语习得的一般态度;

(2) 情景动机(situational motivation),如在自然习得情况下学习者动机不同于课堂学习者的动机;

(3) 任务动机(task motivation),指对具体任务的动机。

另外一种著名的对外语学习动机的分类是前面我们曾提到的 Gardner 和 Lambert(1972)的"综合型动机"(integrative motivation)和"工具型动机"(instrumental motivation)分类。前者指学习者对目标语社团有特殊兴趣,期望参与或融入该社团的社会生活;后者指学习者为了某一特殊目的,如通过某一考试、获得某一职位等。部分研究者认为,持综合型动机的学习者往往比持工具型动机的学习者更易成功地习得外语。但问题往往并不如此简单。有些情况下,持工具型动机的学习者相对于持综合型动机的学习者更具学习热情,更易成功。随着全球化对社会各层面影响的扩张,英语不再局限于母语使用者与非母语使用者之间的交际,因此,综合型动机中"期望参与或融入该社团的社会生活"(Gardner, 2001)的说法已经无法涵盖全球化背景下的外语学习动机。Yashima(2002,2009)根据日本英语学习者对待国际社区的态度,认为此类学习者的动机已经不再只是对以英语为母语的目标语群体的兴趣,而是对以英语为通用语的全球化社区的态度,并在此基础上提出了"国际姿态"(international posture)的构念。Chen et al.(2005)以中国台湾的学习者为对象,探索了中国文化下的动机成分,结果发现综合型动机对语言学习的期望的作用很小,"中国式命令",即来自父母、老师等外界的要求反而是最为有效的动机因素。

Dornyei(2005,2009)建构了外语动机理论的新模式,即二语动机自我体系,由三个部分构成:理想的二语自我(ideal L2 self)、应该的二语自我(ought-to L2 self)及二语学习经历(L2 learning experience)。理想的二语自我指和二语相关的理想化的自我概念,如果学习者心目中非常希望自己具有接近本族语者水平的二语能力,或者达到能够和二语本族语者自由交流的程度,他就可能产生强烈的学习动机,加倍努力,以缩小现实自我和理想自我之间的差距。其中,理想的二语自我因此成为有效的激励因素。应该的二语自我是学习者认为为了满足外部的要求及避免负面的后果,自己所应该具备的二语素质。二语学习经历突出学习环境(教师、课程大纲、同伴、成功的学习经历等)对学习动机的影响。对一些学习者而言,动机的产生可能并非来自内在或外在激发的自我概念,而是由成功的学习经历本身促成,如发觉自己很擅长学习某一种语言。虽然需要指出的是,理想的二语自我及应该的二语自我和传统意义上的综合型动机及工具型动机内涵各有不同,但存在基本对应的关系。

目前对学习动机与外语习得之间关系的研究达成的共识包括:

(1) 动机是决定不同学习者取得不同程度的成功的主要因素;

(2) 动机的作用与语言潜能的作用不是一回事。最成功的学习者是既有才华又有强烈的学习动机的那种;

(3) 很难说是哪一种动机更加有助于成功掌握外语,有时某一动机成分能对外语学习有帮助,有时多种动机成分同时起作用;

(4) 动机成分的类型与社会环境有关;

(5) 动机主要影响外语习得的速度和效果,对习得的程序并无影响。

外语学习动机研究给我们的启示在于了解了哪些因素会激发学习者的学习动机后,可以相应地采取策略来促进外语学习,提高外语学习效率,做到事半功倍。在我国,由于历史等方面的原因,国民一度对外族文化持一种消极的、甚至排斥的态度。改革开放以后,人们有更多机会认识和了解国门外面的世界,对外族文化的兴趣开始增长,态度逐渐转变,外语被看作是一把了解外族文化、学习国际先进科技和文化的钥匙。高校入学考试中对外语要求的逐步提高,调动了全国千百万中学生学习外语的积极性。随之而来的"出国潮"更是将全国范围内,尤其是大中城市的"外语热"推向了高潮。

总体来看,我国外语学习者对大多数目标语社团和本族语者的态度带有一种"羡慕"的成分,是一种十分有利于外语学习的因素。许多外语学习者学习外语有较为明确的目的和动机。当然,对相当一部分学习者来说,由于中西语言和文化之间巨大的差异,再加上并不令人满意的外语学习环境,还有学习上的不得法,外语学习被认为是一种极其困难、往往是事倍功半的功课,这也是外语教学中需要关注的问题。

## 2. 交际意愿

交际意愿(willingness to communicate)最先由 McCroskey & Baer(1985)提出,用以解释母语交际中语言行为选择的差异。之后,研究者们注意到外语学习者在使用目标语进行交际时同样存在显著差异。对交际意愿影响因素的实证研究发现学习者对自己语言水平的感知及外语焦虑是对交际意愿影响较为显著的两个因素(Baker & MacIntyre,2000;McCroskey & Richmond,1991)。早期的交际意愿研究将其看作学习者特征的一部分,具有稳定性。之后,研究发现学习者的交际意愿还受到情境因素的影响,在不同的情境下有不同的表现。MacIntyre 等(1998)建构了外语交际意愿的金字塔模式,分为 6 层,从上至下分别为交际行为、行为意图、情境因素、动机倾向、情感—认知环境、社会和个体环境。位于上层的变量受到其所有下层变量的影响;其下一层的变量是影响该层变量的直接因素。金字塔的最顶端是外语交际的行为,受该模式中所有因素的影响。而这些因素中,性格是整个金字塔的基础。根据这一模式,二语交际意愿被定义为"在某一特定的时刻,个体发起同某人或某些人用二语交流的愿望"(MacIntyre et al.,1998),显示了交际意愿的情境化特征。

因为交际意愿影响目标语的语言产出机会,有助于提高语言能力,因此成为外语教学的目标之一。然而,交际意愿与学习者的外语水平并不直接相关,有些外语水平较高的学习者却很少主动用目标语与他人交流;而一些外语水平相对较低的学习者却能够积极地使用目标语与他人进行交流。如此看来,外语教师依然需要在教学中激励外语水平较高但交际意愿较低的学习者在课堂之外参加真实的外语交际活动。交际意愿的情境性特征也说明可以通过改善环境因素来促进学习者的交际意愿。

## 3. 外语焦虑

焦虑是影响外语学习的重要情感因素之一。外语焦虑研究始于 20 世纪 70 年代初。Horwitz 等(1986)首先提出了外语焦虑(foreign language anxiety)概念,将其定义为"学习者因外语学习过程独特性而产生的与课堂外语学习有关、独特而复杂的自我意识、信念、情感及行为",并在此基础上构建了"外语课堂焦虑量表"。

早期外语焦虑研究主要关注外语焦虑内涵及其与其他焦虑的关系。之后,外语焦虑研究的内容、范围和方法不断拓展,取得了丰硕的成果(参

见施渝和徐锦芬,2013;李炯英和李青,2016)。根据外语焦虑的相关研究,我们可以得出以下共识:

(1) 外语焦虑的表现因人而异;

(2) 外语焦虑的作用并非完全是负面的,有时适当的外语焦虑可以促进语言学习;

(3) 外语焦虑受到环境因素及其他学习者因素的影响。

外语焦虑研究对外语教学的启示在于提出了如何降低焦虑的对应策略,并运用到教学实践中,有效降低了学生在外语学习中的焦虑。

## 第三节 外语学习过程研究

接下来,我们来讨论影响外语习得的第二类因素:学习过程因素。这里我们主要讨论原有知识、学习策略、学习者话语等方面的问题。

### 一、原有知识

原有知识(previous knowledge)一般包括三种:(1)母语知识;(2)对语言的一般知识;(3)世界知识。

原有知识,尤其是母语知识对外语习得的影响程度取决于学习者本人对这种知识的意识(awareness)程度。年龄小的学习者由于其母语本身的交际能力有限,掌握的交际功能有限,对语言知识的明确意识程度较小,受母语知识的影响相对较小;而年龄大的学习者,包括成年学习者,外语习得过程中受母语知识的影响程度就大一些。

20世纪五六十年代行为主义语言学理论占主导地位时,部分对比分析研究者认为,母语知识负迁移是构成外语学习困难的唯一原因,只要通过母语与外语异同的对比即可预测学习者学习困难所在。后来人们发现事实并非如此。部分错误分析(Error Analysis, EA)研究发现学习者外语错误中只有25%左右可以归结为母语知识负迁移干扰的结果,其他错误往往是由于过分运用一般认知手段,如类推、概括等引起的。一些研究者在研究了不同母语背景的学习者英语习得的顺序后得出结论:不同母语背景的学习者习得某一外语的顺序(sequence)是一致的。对这一结论,很多学者抱怀疑的态度。一是受试对象是在自然的目标语习得环境中学习外语的,其母语知识的迁移相对来说受到限制;二是所谓习得顺序的研究主要限于对某些数量有限的语素和句法结构的观察;三是把使用这些语素和句法结构的频率和准确性作为已习得的标准缺乏心理学上的支持。错误分析和对比分析中同样还存在着忽视词汇、语义和语用方面内容的倾向。

我们认为,语言作为一种认识世界的工具,某一语言中的词汇结构体系和语义结构体系反映了该语言社团认知世界的方法,同时也反映了该民族历史、文化发展的轨迹,集中体现着该文化传统的价值取向等信息。对于已掌握了某一语言的基本词汇和基本语法结构的外语学习者来说,其外语词汇和语义结构的学习必然会受到母语词汇和语义知识的影响;另外,不同民族有着不同的交际方式和话语结构,母语中已有的这方面的知识必然会以种种方式在不同场合不同程度地影响新的交际方式和话语结构的习得;而且,母语与目标语之间的距离与这种知识迁移有很大的关系。某些研究发现,母语为汉语的学生在学习英语中所犯的错误51%来自母语干扰;而母语为西班牙语的学习者学习英语时所犯的错误只有3%来自母语干扰(Ellis,1986:29)。由此可见,母语在外语习得过程中有着相当复杂的作用。如何利用学生的母语知识,促进正迁移,减少负迁移,是值得外语教师认真研究的课题。

## 二、中介语研究

中介语(interlanguage,IL)是近年来外语学习理论中出现的一个新概念。根据中介语理论,外语学习者所学的外语知识是一个逐渐积累和逐渐完善的过程,整个过程形成一种连续体,在这一连续体上的每一个时点都形成一个系统,具有其独特的特点。对中介语的研究可以了解学习者处于哪一个学习阶段,了解学习者采用的是哪些学习者策略(learner strategies)。这对认识外语学习的过程的特点,对设计教学计划和教学方法等具有十分重要的意义。

人类学习任何知识,都试图在所接触的事物中发现秩序,寻找规律。寻求秩序是人类的一个天性。人的大脑在吸收了新的信息后,原有的知识系统必然发生重组(restructuring)。学习外语与学习其他任何知识一样,整个过程是一个寻求规律、发现规律,并对原有规则系统进行重组的过程。词义、句法规则和语用知识的重组,无一不在影响着学习者整个外语知识系统的发展和完善。

在重组过程中,某种知识发展成为一种技巧,又逐渐成为一种常规(routine)。通过实践,技巧和常规形成了一种自动的(automatic)过程,成为一种能力(proficiency)。

一个复杂的信息接受和组合过程实际上形成一个层级系统,它由单个任务和若干部分组成,某一部分的实现依靠更多更小部分的实现和协调。如一个"话语"(discourse)就是一个典型的层级系统。第一层目标为表达某一特定的意图,说话者必须决定一个话题,选择一个特定的句法结构。而这一句法结构的实现又需要其他活动,如组织一系列短语来表达该意图的细节。要组成这些短语就需要在大脑中的语言知识系统中进行词汇检索,利用发音规律和合适的句法规则等。所有这些必须在实现高一层的目标前完成。

语言实践产生两种不同的结果:(1)使技巧更加完善,趋于自动化;(2)导致原有系统的重组,学习者重新组织其知识系统的内部框架。这一重组过程可能呈 U 形发展轨迹,在内部系统发展变化时可能呈下降趋势,但技巧渐趋成熟后会重新上升。

对外语学习者中介语的研究一般集中在以下几个方面:(1)母语和目标语的对比分析;(2)语言知识的迁移分析;(3)学习者外语错误分析。

1. 对比分析

对比分析(Contrastive Analysis,以下简称 CA),盛行于 20 世纪五六十年代。人们一度认为,通过对学习者母语和目标语的对比研究,可以预测到学习者可能遇到的困难,并推测学习者语言中可能发生负迁移的部分,从而将此在教学中加以重点突出,达到避免或减少学习者错误使用外语的目的。但从 60 年代末起,CA 的心理学理论基础受到怀疑和批评。有人指出,语言间差异大的部分反而容易被学习者掌握,差异不明显的部分却往往是学习者最容易犯错误的地方。CA 逐渐被错误分析(以下简称 EA)和中介语(以下简称 IL)研究所替代。到了 80 年代,人们开始重新审视和评价 CA 对语言研究和外语教学的重要贡献,探索 CA 研究的新领域,于是 CA 再次受到了人们的重视。

现代意义上的 CA 当以 1957 年 Lado 出版的《跨文化之语言学》(*Linguistics Across Cultures*)一书为标志。尽管 CA 作为语言研究的主要方法之一有很长的历史,但 Lado 对 CA 的研究很大程度上受到了 Weinreich(1953)和 Haugen(1956)对移民双语现象研究的启发。Weinreich 和 Haugen 研究的重点是移民习得的第二语言对他们的母语的使用和保持可能产生的影响;Lado 则恰恰相反,他要研究的是外语学习者母语对外语学习过程的影响。

Lado 提出了一个有名的公式:(目标语中)与学习者母语相似的成分对他来说是简单的;与其母语相异的成分对他来说是困难的。

这一公式的理论含义是:

(1)我们可以对学习者的母语和目标语进行对比;

(2)根据对比分析中的差异,我们可以预测会引起困难的语言项目和学习者可能犯的错误;

(3)我们可以利用这些预测来决定外语课程和教材中哪些项目应进行特殊处理;

(4)对这些特殊的项目,我们可利用强化手段(如重复和操练)来克服母语干扰,建立新习惯。

显然,CA 的心理学理论基础是行为主义心理学中的刺激—反应理论和联想(association)理论。在行为主义语言习得理论中,语言被看作是一种习惯。学习外语意味着学习一套新习惯。在学习新习惯的过程中,旧的习惯(母语知识)必然会对新的习惯(目标语知识)的学习产生影响。母语中与目标语相似的地方将促进目标语的学习,而母语中与目标语有差异的地方便对学习者习得目标语产生困难。差异越大,困难越大。这种原有知识对新知识学习发生影响的现象被称作"迁移"(transfer)。促进新知识学习的迁移称为"正迁移"(positive transfer),阻碍新知识学习的迁移被称为"负迁移"(negative transfer)。行为主义心理学认为,外语学习中所犯的错误是学习者母语习惯负迁移的结果。外语教师应该设法预测学习过程中什么时候会出现错误,通过比较学习者的母语和目标语,便可发现两者之间的差异并预测可能出现的错误,这样,教师就可以在课堂上通过重点讲解或练习等帮助学习者克服由于母语知识负迁移所导致的学习上的困难。

从 CA 研究最初的目的来看,其主要宗旨是为外语教学实践服务。

Lado 曾说:"一个对外语和学生母语进行过比较的外语教师将能够更好地了解真正的问题所在并能设法解决这些问题。"但到了后来,CA 的范围和规模扩大了。在 20 世纪 60 年代初期和中期,CA 达到其顶峰。美国及一些欧洲国家的许多大学成立了语言对比研究中心。《语言学习》(Language Learning)杂志创刊初期一连好几期刊登的皆是 CA 方面的研究成果。

从 CA 研究的历史来看,其对语言学理论和外语教学理论的贡献是不可磨灭的,主要表现在以下几个方面:

(1)形成了一套较为严密的对比分析方法。CA 在描述、选择、比较、预测等方面都有一套行之有效的工作程序;

(2)通过对不同语言的语言特征的描述和比较,发现了许多特殊的语言现象,丰富了普通语言学理论;

(3)积累了极为丰富的语言研究素材和参考资料;

(4)CA 使广大的外语教师更加深刻地意识到了不同语言之间结构和意义上的差异,在教学过程中自觉地运用学习者原有的知识促进其外语学习。

20 世纪 60 年代后期开始,CA 的心理学和语言学基础受到了挑战,应用语言学和语言教学受认知心理学的影响,逐渐转向对语言习得过程的研究。CA 对学习者错误的预测能力受到怀疑,CA 开始受到冷落。

对 CA 最主要的批评之一,就是它将"差异"(difference)与"困难"(difficulty)等同起来。批评者们指出,"差异"是语言形式上的,而"困难"是心理学上的一个概念,没有任何心理学依据可以将这两个概念等同起来。CA 倡导者中有一部分人曾经认为,所有的外语错误都是由母语知识负迁移引起的。母语与目标语之间差异越大,学习者困难越大,犯错误的可能性越大。然而,一些实验发现,学习者往往在母语与目标语表面上相似的地方更易犯错误。

从心理学角度看,CA 应该设法说明在什么条件下母语知识会对目标语学习产生干扰。Ellis(1986)指出,有两个重要的非语言因素对母语知识何时会干扰外语习得过程起着决定性的作用:一是环境(setting),二是学习的阶段(stage of development)。在自然的外语习得环境中,学习者将注意力集中在交际的内容上,力图"将自己的意思表达清楚"(get meaning across),在这种情况下,母语的负迁移影响较之注重语言形式的课堂教学环境要小。从学习阶段来看,在初学阶段,学习者由于缺乏足够的目标语知识而在表达中往往更多地依赖其母语知识,因此这一阶段有可能较多地出现母语知识的负迁移;到了中高级阶段,学习者掌握了一定的目标语知识,因而更可能依靠语言规则的类推原则等认知手段,这一时期的外语错误更多地来自对目标语规则的过度概括等。

从 CA 的语言学基础来看,其中也有许多问题。CA 主要在语音、语素和句法三个层次上进行。句法分析中的语法范畴限于语法单位(unit)、语法结构(structure)、类别(class)和系统(system)四种。CA 对句法的分析也主要限于句子层次以下的语法单位。Ellis 批评说,CA 本身应在一个理想的、共同的语言范畴基础上进行。CA 主要应研究不同的语言是通过什么语言手段来实现同一范畴的。然而,早先的 CA 却一直局限在以结构主义所描述的表层结构特征来对不同语言进行对比,其语言范畴缺乏心理现实基础。

迄今为止,许多 CA 研究主要限于不同语言音系系统和句法系统的比较,从语义和语用角度来对不同语言进行对比的工作才刚刚开始。Lado(1957)原来提出的 CA 研究目标为"对两种语言和文化进行对比以发现和描述操其中某一语言的人在学习另一种语言时所遇到的困难",文化对比与语言对比在 CA 研究中有着同等的地位。然而,Lado 的这一建议并未得到积极的响应,他本人在实际的 CA 工作中也多少忽略了这一目标。现在人们当然已经认识到了文化因素对外语学习的影响,但讨论还限于理论层次,对不同语言的文化背景进行对比的实实在在的工作做得较少,已有的对比也显得零碎、繁琐。

对 CA 的另外一种批评是 CA 预测学习者错误的能力有限。这实际上也是导致 CA 失宠的重要原因之一。

我们认为,CA 作为一种语言研究的方法,远没有达到完善的地步,但它已成为语言学理论研究的一个重要手段。CA 对学生外语学习困难的预测能力虽然没有人们原先期望的那么大,但 CA 对外语教学仍是一种不可或缺的辅助手段。虽然行为主义的刺激—反应理论遭到了批评和否定,但"迁移"这一心理学概念仍然有效。从大量的研究来看,迁移是学习者学习新知识的一个重要手段。迁移的范畴、内容、条件和方式必须通过 CA 才能真正弄清楚。从目前外语教学理论的发展趋势来看,人们越来越强调语法意识和跨文化意识的培养,CA 仍不失为培养这两种意识的最佳方法之一。

我们认为,70 年代人们对 CA 的有些批评是不公正的。有些人错误地认为,本国语干扰是产生学习困难的主要或唯一的原因,而当发现事实并非完全如此时,便对 CA 本身产生根本怀疑,这是没有道理的;CA 研究的确可以对测定学习者的学习困难、分析学习者中介语等起到很好的帮助作用,所以 CA 研究发展很快,研究范围也有所拓宽,研究领域发展到了对比语用学和对比话语结构分析等方面。对语用的比较研究主要集中在对言语行为的实现条件和交际程式的分析方面,旨在揭示母语在多大程度上影响交际能力的迁移和发展等。

2. 错误分析

由于人们感觉到了 CA 并不能预测学习者的全部错误,因此认为有必要对学习者错误进行系统分析研究,以确定其错误的来源,为在教学过程中消除这些错误提供依据。20 世纪 70 年代以前,EA 主要限于收集一些"普通错误",进行语言学上的分类。所以传统的 EA 的目标是与教学密切相关的。因为缺乏解释"错误"的理论框架,所以并未有人认真考虑过"错误"的定义并用心理学概念来进行解释。

Corder 是现代意义上的 EA 最早的倡导者。1967 年,Corder 受母语习得中错误分析的启发,发表了《学习者错误之重要意义》("The significance of learner's errors")这篇论文。Corder 指出,对学习者的错误进行分析有以下三个作用:

(1) 对教师来说,如果他对学生的错误进行系统分析,便可发现学习者在向目标语接近的过程中已到达了哪个阶段,还剩下多少需要继续学习的内容;

(2) 向研究者们提供学习者如何学习或习得语言的证据,了解其在学习过程中所使用的学习策略和步骤;

(3) 错误分析对学习者本人也必不可少,因为我们可以认为犯错误是学习者为了习得而使用的一种学习手段;它是一种学习者用来检验其对所学语言的本质所作假设的一种方法。

EA 的心理学基础是认知理论,与 Chomsky 的语言习得机制和普遍语法有密切关系。EA 的基本假设之一就是人脑中有一种处理语言知识的特殊机制,其主要目标之一就是要揭示普遍语法在多大程度上影响第二语言习得过程。

EA 的一般步骤是：
（1）选择语料；
（2）确认错误（区别 lapse 和 error）；
（3）对错误进行分类；
（4）解释（解释错误产生的原因）；
（5）评估（主要为教学服务）。

在错误分析中，研究者们发现了一个十分有趣的现象：本族语者不但对过分的外国腔反感，过分地道的外语更加令他们反感！Albrechten、Henriksen & Faerch(1980)等的研究表明，英国人对学习英语的外国人常常使用 sort of、kinda、know what I mean、you bet、pull the other one 等一类的言语填空词(fillers)表示反感，也许过分地道在他们看来是一种装腔作势。这也许是深层的社会心理因素在起作用，本族语者可能感到身份受到威胁，因此产生反感。同样，本族语者对过多的义释(paraphrase)也觉得不能容忍，如用 things that come on TV every week 来替代 serial 等。所以，如果说本族语者对语法和发音上的错误尚可容忍，那他们对语用方面的错误却不那么宽容。而语用方面的错误常常受到母语使用及本族文化的影响。如在苏联，人们可在街上拉住一位本国同胞，用命令的语气说："Give me a cigarette, comrade!"而在英语中就应用 would you, I wonder 等缓和词语(softeners)。

在 EA 研究中，人们常常争论这样一个问题：用什么标准来确定学习者的错误，本族语者的标准还是学习者个人的情况？

有人提出，中介语既然是一种语言，必然也会出现各种变体，本族语者中可能有"It has to be Henry.""It must be Henry."之类的变体，所以，学习者有时能说出与目标语一样的话语，有时不能，这是不足为怪的。另外，考虑到情景因素，有人提出了"逐渐扩散"(gradual diffusion)模式。该模式认为，学习者一般都要经历两个学习阶段：一是正确形式与错误形式同时并存的阶段，另一个是错误形式得到改正或自动消失的阶段。不过，第二阶段离不开第一阶段的存在。所以错误是外语学习过程中不可避免的一个阶段。

目前，人们倾向于认为：与其说学习者犯了一个错误，不如说是执行了一个错误的言语行为，这也许是为什么他们的话语有时显得突兀和粗鲁的原因。

语音、语法方面的规则相对稳定,错误往往容易辨认。语用却是一种倾向,规则不是十分明显。往往有这样的情况,即使有些学习者的英语在句法上得到了纠正,句子仍不符合英美人的语用习惯,因此,有人开玩笑说,这样的句子只能称为 discourse in English,而不能称为 English discourse。问题的关键仍然在于:判断错误的标准是什么?

我们认为,外语学习者学习外语的目的多种多样,语言掌握标准和使用标准就不应该是完全一致的。有些学习者的语言可以用本族语者的标准来衡量和要求,对其余的学习者就不一定。例如,用外语与本族语者以外的外国人交往、用外语与本国人(与学习者同一国家)交往等,其外语的标准程度就可以不以本族语者的使用习惯作为标准(主要指语用习惯)。外国腔的外语不仅有其生存的环境和条件,而且有生存的必要,因为从社会心理学的角度来看,有时有些学习外语和使用外语的人往往有意要突出自己的外国腔,以表明或强调自己的身份和特征。

刚开始研究 IL 时,人们认为外语习得过程有其固定不变的程序,与本国语影响和教学方法无关。Krashen 是这一观点的典型代表。这种看法显然受到儿童早期学习母语过程理论的影响,过分夸大了语言习得机制的作用。现在人们研究的注意力转移到了高级学习者的语言能力上。人们发现,很多语言能力问题不仅出现在外语学习者身上,本族语者也会遇到同样的困难。Hymes 提出的交际能力并非每个本族语者都有,外语学习者人人缺乏,本族语者同样可能缺乏交际能力。因此,有些语言能力,尤其是交际能力确实需要特殊的学习和训练。语言知识的掌握和内化,需要学习者有意识地注意、记忆和实践。

在如何对待学习者错误这一问题上,存在着两种截然不同的观点。一种是行为主义的观点,根据这种观点,错误是刺激—反应中的一种偏差,应通过新的刺激来对正确的形式加以强化(reinforce);另一种是认知主义的观点,根据这一观点,学习者的错误恰恰证明了学习者是一个灵活的有分辨和判断能力的决策者,在学习和交际过程中善于不断调整其目标和达到目标的手段。例如,回避(avoidance)、造词(coinage)和义释(paraphrase)就证明了其利用原有知识达到交际目的的尝试。所以,根据这一观点,出现错误没有关系,不必特地加以纠正,因为待学习者语言知识达到一定程度时,错误会自动消失。

我们认为,行为主义理论对待错误的观点固然过于机械,但认知主义对待错误的态度也未免过于宽容。我们首先应该区分两种不同的错误，一是理解错误，二是表达错误。这两种错误恐怕不仅是程度上的区别，在性质上也有差异。理解上的错误往往说明学习者对某一语言规则的无知，这就需要纠正。教师应该告知其正确的用法，使其成为学习者新的语言知识。表达上的错误也许由于两种知识系统和能力的差距所致。学习者不一定对某一规则无知，而很可能是因为这一知识本身对表达起到一个监控(monitor)的作用，或因为过分地利用了其学习策略，因而出现错误。这种错误往往过一段时间会自然消失。对学生的错误教师应提供两种反馈：一是让学习者接触正确的说法，使其自觉改正自己的错误；二是直接指出其错误，加以改正，这有助于培养学习者的"语法意识"。

Chaudron(1988)等人的研究表明，大多数学习者希望自己的错误得到改正。从长远的角度看，教师对学生错误意识的纠正能大大促进外语学习的进程。

EA 研究的最大贡献在于：(1) 使人们对 CA 的价值进行重新评价，认识到了 CA 研究对外语教学实践有一定的局限性；(2) 使人们改变了对错误本质的认识，把错误从需要避免、需要纠正的地位提高到了作为认识语言学习内部过程的向导的地位；(3) 形成了一套颇为有效的错误分析方法和程序。目前 EA 已成为 SLA 研究中一个重要的组成部分。

EA 当然也有其局限性，主要表现在：

(1) "错误"的定义和区分标准难以确定。虽然"错误"被定义为因对某种语言规则的无知而出现的语言使用上的偏差，但很难处理由于不了解目标语交际文化而出现的一些风格上的错误(语用错误)，也很难解释学习者采用交际策略(communication strategies)如 paraphrase、coinage、borrowing 等现象。另外，例如英语已成为一种国际性语言，其用法缺少一种统一的标准，我们究竟根据哪种变体来判别某一用法是否"错误"？

(2) "错误"的分类缺少统一的标准。有人把"错误"分为语内(intralingual)和语际(interlingual)两种，但有些错误却无法归入其中任何一类，如由于教师过分强调某一语法规则而导致学生不恰当地使用这一规则的情况(因教师过分强调操练英语中的现在进行时，因而学生矫枉过正，造出如"I'm knowing him."之类的句子)。对"错误"的分类直接影响对"错误"原因的解释，但由于引起错误的原因错综复杂，分类也就成了一个难题。

(3) EA 很难说明"回避"出现的情况。"回避"是一种交际策略。交际策略一般都是在有意识的情况下采取的,但意识的程度不一样,因此很难认定"回避"在有些场合是否就等于"错误"。

尽管如此,EA 取得了许多令人瞩目的成就,在很大程度上使我们对学习者"错误"的本质有了比较深刻的认识。其中一些颇有价值的发现,包括:

(1)"错误"对语言交际中的可理解性(intelligibility)的影响并没有外语学习者想象的那般严重。当然,错误的数目增多,可理解性也就相应减小;

(2) 对可理解性的影响不仅取决于错误本身的性质,还取决于语言环境在多大程度上帮助听话者理解说话者所要表达的意义;

(3) 一些研究表明,一般情况下,词汇方面的错误比起语法方面的错误来更可能影响交际。语音上的错误,除非十分严重,对交际的影响最小。当然,这三种不同错误中各有严重程度上的差别;

(4) 语法中,"整体"(global)错误比"局部"(local)错误更易影响交际。整体错误指影响某个句子总体组织结构的错误,如误用连词、主要词组语序颠倒等;局部错误指其影响仅限于小范围内成分的错误,如某一词尾的省略或某一冠词的误用等;

(5) 经常运用交际策略的学习者,其语言常引起更多理解上的困难。这可能并不是交际策略直接引起的,而是由于这些策略说明学习者表达上有特殊的困难;

(6) 学习者话语的流利程度如过多地受迟疑、自我纠正等的影响,也会产生理解上的困难;

(7) 一般来说,错误引起的"反感"(irritation)主要取决于交际的效果,而不是某种独立的错误严重程度的判别标准(参见 Littlewood,1984)。

3. 中介语

与中介语相近的概念最早出现在 1967 年 Corder, P.的《学习者错误之重要意义》("The significance of learners' errors")一文中。在这篇论文中,Corder 把学习者尚未达到目标语语言能力的外语能力称为"过渡能力"(transitional competence)。当时一种较为普遍的认识是:学习者语言知识应被看作是一个统一的整体,新知识被融进这一整体并系统地与母语知识进行重组。

1971年,Nemser在一篇论文中提出"相似系统"(approximate system)的概念。1969年,Selinker在其论文《语言迁移》("Language transfer")中首先使用了interlanguage一词。1972年,Selinker发表了题为"Interlanguage"的论文,确立了interlanguage这一概念在SLA研究中的地位。

IL这一术语表达两个不同但相关的概念:一是指学习者在某一阶段所建立起来的目标语知识系统;二是指由此相互连接而形成的一种连续体。

IL研究的目标是:寻找外语自然习得过程的规律;为课堂教学提供选择材料并组织和安排材料方面的理论依据。

IL研究的主要方法包括:错误分析和策略分析。具体的研究工作包括:(1)纵向研究(longitudinal studies),即对某一(些)学习者学习外语的过程进行跟踪调查;(2)交叉研究(cross-sectional studies),即同时对处于同一学习阶段的学习者的IL进行研究。研究的重点为:(1)词素研究(morpheme studies),即研究学习者习得语素(morpheme)的顺序;(2)句法研究,即研究学习者习得不同语法结构的顺序等。

根据有关学者的观察,中介语主要有以下三个特征:

(1)开放性。中介语是个开放的体系,具有逐渐进化的特征,其发展具有一定的阶段性。

(2)灵活性。中介语是一个灵活的、不断变化的体系,新的语言规则进入中介语系统后有极强的扩散能力,中介语系统处于不断的重组之中。

(3)系统性。中介语在任何阶段都呈现出较强的系统性和内部一致性。

Selinker(1972)提出,学习者在中介语构建过程中主要使用以下几种手段:

(1)语言迁移;

(2)目标语规则的过度概括;

(3)训练迁移,即通过教学习得某一规则;

(4)外语学习策略;

(5)外语交际策略。

Widdowson把以上几种学习过程统称为"简化"(simplification)过程。简化能力属于人类正常语言交际能力的一部分。因此,IL研究对揭示人类语言交际能力的本质也具有相当的启发意义。

IL 研究者们还注意到了外语学习过程中的另外一种有趣的现象：僵化(fossilization)。它指的是学习者在中介语连续体尚未达到目标语状态时便停止发展，某些语言错误已作为一种语言习惯固定下来，进一步的学习也无法改变这些错误习惯。人们曾试图从生理、认知和社会心理的角度来解释这一现象，但对僵化的形成以及如何避免僵化的问题却还有待于进一步的研究。

IL 研究无论是对学习者假设证明(hypothesis testing)还是对学习内部过程(internal processes)的研究都是对心灵主义(mentalist)母语习得理论研究方法的直接借鉴。其中一个 IL 研究者必须设法解释的问题是：根据 Chomsky 的观点，儿童的语言习得机制在"青春期"后便失去作用，那么在"青春期"后学习外语的成年人是利用什么来处理语言素材输入的呢？

Selinker 认为，成功的外语学习者是继续利用其语言习得机制的。这种语言习得机制在"青春期"后被 Lenneberg 所称的"潜在的语言结构"(latent language structure)所替代。学习者正是利用这种"潜在的语言结构"把普遍语法转化为目标语的语法。这是一种"重新激活"(reactivating)潜在语言结构的过程。Selinker 提出，大多数学习者无法达到本族语者的语言熟练程度是因为他们过分依靠了潜在的心理结构或一般的认知机制，未能充分利用普遍语法。

按照 Selinker 的观点，只有按照普遍语法去习得外语才有可能达到自然的熟练程度，任何利用一般的认知机制或潜在的心理结构的学习方法只会引起诸如"僵化"之类的失败。这一理论实际上就构成了 IL 理论的一个致命弱点。按照这一观点，外语学习过程完全等同于母语习得过程，习得的程序是由普遍语法预定好的，学习的过程就是不断做出假设并对此进行证明的过程。外语学习过程不需要有悖于普遍语法知识的认知手段参与。学习者的原有知识和其他知识只会"影响""正常"的习得过程。这实际上是把外语学习者和外语学习环境过分理想化了。外语学习者除非是年龄很小的儿童，或是文盲，对已有的语言知识没有任何明确的意识程度，否则其原有的语言知识和认知习惯必然会对外语习得过程产生影响。这也就是中介语何以有如此大的差异(variability)的原因所在。Corder 提出，中介语语法的性质在一定程度上取决于学习者已有的语言知识以及对该语言知识意识的精确和深刻程度。这是因为，我们对任何新经验的理解和接受往往要受制于原来获得知识的经验。中介语的差异可以由学习者个人的差异、学习环境和所涉及的语言这样三个变项得到解释：

（1）学习者年龄越小，其中介语系统相似点就越多。这是因为他们使用语言的功能有限，学习策略有限，同时对语言的意识程度不高；

（2）在其他条件相同的情况下，学习环境越倾向于交际性，学习者中介语相似点越多。这是因为，学习者在真实的交际场合注意力更多地集中在表达意义上，更倾向于使用交际策略；

（3）如果人类语言确有共性，而且如果语言学习过程是一个由简单向复杂的系统过渡的过程，那么，不管学习者有何种母语背景，其所学的中介语的起始阶段一致性较多。

根据 Corder 的见解，我们可以预测，中介语最大相似性应该出现在儿童在非正式环境中学习任何外语的初始阶段；而中介语最大差异应出现在不同母语背景的成年人在正式环境下学习不同的外语。

由此看来，学习者个人的差异、原有知识、学习策略、学习环境等是中介语性质的重要决定因素。中介语研究的一个基本目标就是要揭示这些不同的因素对中介语性质影响的程度和影响的性质。

IL 研究中另外两个颇引起争议的问题是：中介语的始点（starting point）是什么？外语习得究竟是一种"重组"（restructuring）还是一种"重新创造"（recreation）的过程？

从 interlanguage 这一术语本身的含义来看，inter 是"在……之间"的意思，interlanguage 的最初研究者们是把它看作一种介乎于学习者母语与目标语之间的一种学习者语言变体，其内在的假设就是，中介语的始点是学习者的母语，然后随着目标语知识的不断摄入，中介语逐渐向目标语靠拢，外语习得过程就是一种以目标语为标准的不断调整和重组的过程。这一理论的另一个隐含的假设就是中介语系统的复杂性在不同的阶段是一致的，因为新知识的吸收、新假设的证明必然以排除旧的错误和假设为前提。Corder 对 Selinker 最初的中介语研究的批评之一就是他忽视了中介语连续体的复杂性呈渐进性状态这一特征。Ellis（1986）认为，中介语构建过程其实是一个语言重新创造的过程，其始点并不是母语，而是学习者一开始所掌握的一些词汇以及有关如何在没有语法知识的情况下将意思表达清楚的知识。这种知识是学习者一般语言知识中的一部分，随时可以运用。这一点可在"照顾式语言"（caretaker speech）和"洋泾浜"语等简化代码中得到证明。随着学习者对目标语知识的增加，有关目标语的知识逐渐系统化，逐渐向本族语语言能力的状态接近。所以在 Ellis 看来，外语习得过程是一种重新创造。

我们认为，外语习得过程是一个极为复杂的心理过程。学习者的原有知识，不仅是一般的语言知识，还包括具体的母语知识以及其他世界知识，都对目标语学习过程产生影响。从人类知识记忆、贮存的方式角度看，一方面，新的知识在被吸收时要受到原有知识结构的限制，另一方面，新的语言知识一旦成为原有知识结构的一部分，就必然引起原有知识结构的重组，并影响今后其他新的语言知识的学习。这样看来，外语学习过程是一种知识结构重组的过程。重组的结果就是一种新的结构，也就是一种重新创造。那么，母语知识系统与外语知识系统是否形成两个语义中心？根据脑科学最新研究成果，人脑中只有一个语义中心，这一语义中心的存在是以母语知识为手段的，外语学习过程主要不是建立新的语义信息中心，而是建立一种新的语言形式与语义之间的联系，从这一意义上来讲，母语与外语是对应于同一语义系统的两个不同的规则系统。当然，不能否认，外语学习过程中，其特殊的语义结构和规则会影响原来语义中心的结构，从这一意义来讲，外语习得过程是个知识结构的重建过程。

有关这方面的争议还远未结束，这也是中介语研究中今后需要进一步深入探讨的课题之一。

中介语的研究为我们进一步了解外语学习的特点提供了新的视角。但中介语研究还有很多问题。中介语研究的局限主要反映在以下几个方面：

（1）研究限于词素、句法方面，对语义和语用知识习得研究不够。而且，根据词素研究来确定语言习得的顺序并不科学，因为将学习者使用某一词素的准确性作为习得的标准并没有心理学证据作为支持；

（2）忽视学习者学习外语的自我标准。IL 研究以目标语作为参照系，对学习者本人所参照的准确标准研究不够；

（3）忽视中介语与其他语言变体不同的标准；

（4）研究的方法，如纵向研究和交叉研究本身还有一些技术性的问题未能解决，所得出的结论并不完全可靠。

## 三、学习者话语

中介语的相关研究表明,外语学习需要经过一系列的阶段,以中介语为中心,对学习者话语的研究能够更加完整地展现学习者的外语学习过程。上述对外语学习过程的研究,无论是错误分析、对比分析还是中介语研究,焦点主要集中在学习者的语法习得过程,对语义和语用关注较少。在外语学习过程中,目标语言既是学习对象,同时又是进行外语学习的中介工具,整个过程的不同阶段也体现出不同的特征,如沉默期、公式性语言的运用、语法结构或意义的简化(simplification)、第一语言的使用等都是学习过程常见的现象。

1. 沉默

许多在自然环境下习得第二语言的学习者要经历较长的沉默期,相比之下,教学环境下的外语学习者由于教师的引导和激励措施,沉默期相对缩短和界限模糊。沉默期存在与否以及存在时间的长短也会体现出个体差异。Gibbons(1985)对 47 名小学外语学习者的调查显示,虽然每位学习者平均要经历 2 周的沉默期,但并非所有的学习者都会经历沉默期,有的孩子从一开始就可以使用公式性的语言来进行表达。造成沉默期差异的原因通常来源于社会和认知两个方面(Saville-Troike,1988)。例如,有些学习者从学习风格上属于交际型学习者,习惯于在与他人的交际互动中学习语言,这样的学习者通常沉默期较短;而另一部分学习者则属于自我引导型学习者,习惯于独立学习,往往出现较长的沉默期。

与沉默期有关的另一个问题是沉默期内外语水平是否会得到发展。在 Krashen(1981)看来,这段时期内的学习者主要通过听来获取目标语输入,因而对语言能力的发展依旧是有帮助的。Iddings 和 Jang 的研究进一步证实了这一点,他们的研究对象从沉默慢慢过渡到主动开口表达,可见沉默期是许多学习者外语学习过程中的一个特殊阶段,学习者虽然没有与他人交流,但并不排除他们以私人语言的形式进行语言学习,包括在沉默期内会重复同学的话语,回忆学过的词语、预演会话表达等,并且逐渐发展为使用一两个单词、继而使用公式性语言表达自己的阶段(Saville-Troike,1988)。由此可见,沉默期对许多外语学习者而言是语言学习过程中必然经历的阶段,这个阶段依然会带来语言学习的发生。

2. 公式性语言

公式性语言主要是学习者通过记忆而学习到的语言形式,通常表现为固定的语块,缺乏依据语言规则对语言进行的创造性运用,例如"I don't know."、"Thank you!"等都是典型的公式性语言。对初学者而言,公式性语言具有非常积极的意义,可以帮助初学者克服语言能力的限制,开口表达,也为学习者根据语言规则创造性地构建话语打下基础。但从另一个角度来看,如果学习者在外语学习中过度依赖记忆性的公式性语言,便不能很好地发现和体验语言规律,从而创造性地使用目标语言。虽然学界对公式性语言的作用并没有达成一致,可以肯定的是,公式性语言在学习者学习过程中同样是非常常见的现象。

3. 语法和语义简化

除了使用公式性语言,学习者还会创造性地使用目标语言,但受语言能力的限制,在使用过程中对语法结构和语义都进行了一定的缩减。例如,当被问"Are you coming with me?"时,回答可能被简化成"No coming."。语法结构上的简化主要表现为功能虚词的省略,语义简化表现为学习者对某些语义实词的省略,而这些词通常会出现在母语使用者的话语中。简化是中介语的常见特征,尤其在自然环境下的二语习得中较为普遍,在以课堂教学为主的外语教学环境中相对较少,原因在于课堂环境下学习者的学习通常进行句型的练习,缺少真实的交际行为(Corder,1976)。在交际教学法的影响下,以交际为目的的活动越来越多,目标语在课堂教学中同时作为学习对象和教学中介,学习者的表达中也会出现简化现象。简化现象是学习者创造性地使用目标语的表现,也是中介语交际的特征之一。

4. 母语使用

是否允许学习者在外语学习中,特别是课堂内使用母语进行交流一直是一个比较有争议的问题,但从实证研究的结果来看,在课堂内使用母语交流是非常普遍的现象,即便是在浸入式课堂中也是非常常见的。然而学习者的母语使用与交际对象和情境有关,通常发生在学习者之间,他们几乎不会和教师使用母语进行交流;在学习者之间的同伴互动中,母语使用也受到任务类型、活动内容、同伴关系等的影响(Broner,2001)。

近年来的研究逐渐展示了母语在外语学习中的积极作用,一种观点认为母语为学习者提供了认知资源,特别是对于初学者来说,他们在外语学习的初始阶段需要用母语了解作业、活动要求等来帮助他们更好地学习。例如,Stapa & Majid(2009)研究发现学习者能够使用母语更好地构思写作思路;Scott & Dela Fuente(2008)则发现学习者如果被允许使用母语进行交流,他们在活动中能够更好地合作。母语使用的主要情境包括元语言的使用,即学习者通常会使用母语来描述活动要求,或者在活动过程中学习者彼此之间交流沟通出现的问题。

社会文化论为外语学习过程中母语的使用提供了新的解读视角,将母语看作非常重要的调控工具,通过活动中的他人调控或者自我调控的私人语言来起到中介作用。当然,中介作用的语言可以用目标语来完成,但学习者通常会选择用母语来进行。除了中介作用外,母语的使用还可以帮助学习者更好地输出目标语,起到脚手架的作用。

母语的使用同样是外语学习过程中不可缺少的环节,母语使用在外语学习中的主要作用包括:首先,人际交流功能,是学习者社会化的一部分;其次,母语是重要的元语言形式,帮助学习者更好地理解学习活动的目标、内容和过程;第三,解决因为学习者外语能力的限制而导致的资源紧缺问题。

上述学习者话语为了解学习者的外语学习过程提供了更多的切入点,对学习者话语的分析角度也可以从认知和社会文化两个视角来进行。从认知视角来看,外语学习是学习者的内在思维活动,学习者不同的话语形式为学习者提供了输入和产出机会,无论是输入还是产出都能够帮助学习者重新塑造中介语。从社会文化视角来看,中介语的发展必须经过一系列的阶段,这些阶段是难以跨越的,不同的话语形式作为调控工具,在语言学习中起到很好的中介作用。除了了解学习者话语的特征,对学习者话语的研究可以关注产生学习者不同阶段不同情境下话语特征的影响因素,以促进学习者中介语的发展。

## 第四节 外语学习者策略分析

开学习者策略研究之先河的当数 Aaron Carton。1966 年,在 Carton 发表的《外语学习中的推理法》("The method of inference in foreign language study")一文中,他首次提到了不同的外语学习者运用不同的推理方法学习外语的现象。1971年,Carton又发表了一篇论文,详细讨论外语学习者推理策略。Carton区分了三种不同类型的学习者推理策略:(1)语内(intralingual)线索推理,即利用对目标语已有的知识进行推理;(2)语际(interlingual)线索推理,即利用其他语言的知识进行推理;(3)语外(extralingual)线索推理,即学习者利用对真实世界的知识进行推理。Carton指出,语言学习过程就像一个解决问题的过程,学习者个人的经验和知识在语言处理过程中起着决定性的作用。

1971年,受Carton研究成果及学习理论研究的启发,Rubin开始着手研究成功的外语学习者的学习策略。1975年,Rubin发表了她的研究成果。Rubin发现,成功的外语学习者在心理特征和学习方法上有着许多惊人的相似之处,其中包括:(1)心理特征,如冒险心理、对歧义和模糊的容忍等;(2)交际策略,如迂回表达、运用副语言手段等;(3)社交策略,如寻找交流和实践的机会;(4)认知策略,如语义猜测、推理及对语言形式进行分析、归类、综合和监控等。

1981年,Rubin提出划分外语学习者策略类别的标准:对外语学习者发生作用的直接程度。按照这一标准,Rubin把学习者策略分成两个大类:(1)直接影响外语学习的学习过程,如解释和证实、监控、记忆、演绎、概括和实践等;(2)间接影响外语学习的学习过程,如创造实践和使用交际技巧的机会等。

1985年,Naiman等人根据Stern(1983)提出的外语学习者必需的十大学习策略,对外语学习者的个人性格、认知风格和策略进行了研究。根据被调查者的问卷答案和建议,Naiman对Stern提出的十大策略进行了修正,列出了成功的外语学习者所采用的五大策略:

(1)通过寻找和利用有利的学习环境积极参与语言学习过程;
(2)建立语言作为一个形式系统的意识;
(3)建立语言作为一种交际和交往的手段的意识;
(4)接受并妥善处理外语学习过程中的情感需求;
(5)通过推理和监控,扩充和修正自己的外语系统。

1987年,Wenden和Rubin编辑出版了《语言学习中的学习者策略》(*Learner Strategies in Language Learning*)论文集。内容涉及学习者策略研究的历史分类和方法、学习者策略的具体研究、如何训练学习者的学习者策略等。同年,Candlin 和 Murphy 编辑出版了另一部研究学习者策略的论文集——《兰开斯特英语教育实用论文集》(*Lancaster Practical Papers in English Language Education*)。由此可以看出当时人们对学习主体研究的浓厚兴趣和发展趋势。

1990年,O'Malley 和 Chamot 出版了《第二语言习得中的学习策略》(*Learning Strategies in Second Language Acquisition*)一书。这是一本以认知学习理论(cognitive learning theory)为框架论述外语学习者策略的著作。该书详细介绍了当代认知学习理论对外语学习过程的研究成果,并试图将认知理论与外语习得理论结合,解释学习者策略的实质。该书还对学习者策略研究方法和学生的学习策略训练等提出了许多有益的建议。

从众多有关学习者策略的理论研究中,我们不难发现这样一个明显的、新的认识倾向:在整个外语学习过程中,学习者是一个积极主动的参与者,是外语学习的主体。在接受语言输入时,对其进行分析处理并从中"悟"出规则,加以吸收。在语言输出时,在对自己的语言行为进行自我监控等一系列过程中,学习者始终处于一个异常活跃的状态中。研究表明,每一个外语学习者在试图完成某一学习和认知任务时,都会自觉或不自觉地调动自己所有的原有知识和认知策略,并且学习者策略在很多方面呈现出惊人的一致性。因此,对学习者策略的研究不但可以充实应用语言学理论,对实际的外语教学和学习者的学习过程起到启发和指导作用,而且对研究人类学习语言以及其他知识时的认知方法具有积极的意义。

## 一、学习者策略的定义和分类

什么是学习者策略?

根据 O'Malley 等人的定义,学习者策略指学习者为有效地获取、贮存、检索和使用信息所采用的各种计划、行为、步骤、程式等,即为学习和调节学习所采取的各种措施。

根据 Faerch & Kasper(1983)等人的见解,学习者的外语知识可以分为两种类型:陈述知识(declarative knowledge)和程序知识(procedural knowledge)。陈述知识指"内容知识"(knowing what),由内化的外语规则和记熟的语言板块构成；程序知识指"方法知识"(knowing how)，由学习者用来处理外语语料而采用的各种策略和程序组成。程序知识又可进一步分为社交行为策略和认知行为策略；认知策略包括使新的外语知识内化和自动化，以及利用外语知识和其他知识用外语进行交际时所涉及的各种心理过程。这些过程既包含外语的学习，又包含外语的使用。学习过程说明学习者如何通过对输入的注意和通过现有知识对其进行简化而积累新的外语规则并使现有知识渐趋自动化。这一过程也可以解释所谓的自然习得程序。外语使用所涉及的过程包括"输出策略"(productive strategies)和"接受策略"(receptive strategies)以及"交际策略"(communication strategies)。前两者指学习者以最小的努力有效而清晰地利用现有的外语知识；后者指学习者无法按原定的计划实现其交际目标时不得不调整交际目标或寻找另外表达这一交际意图的方式。因此，交际策略是在无法实现某一既定输出计划情况下使用的。

如果我们把外语习得过程主要分为"形成假设"(hypothesis formation)、"检测假设"(hypothesis testing)和"自动化"(automatization)三个阶段的话，每个阶段的学习策略各有不同。(1)形成假设阶段，学习策略包括：1)简化，其中又包括规则泛化和负迁移；2)推理，其中又包括语内推理和语外推理。(2)检测假设阶段，学习者策略包括：接受性策略、输出性策略、元语言(metalingual)策略和相互作用(interactional)策略。(3)自动化阶段，学习策略有：形式实践(formal practice)、功能实践(functional practice)等。

通俗地说，所谓学习者策略实际上就是学习者在获取学习机会、巩固学习成果、解决学习过程中遇到问题时作出的种种反应和采取的策略。

在学习者策略分类问题上，一直存在着不同的看法，这实际上主要是由于人们分类时所采用的依据和标准不一致所造成的。

前面我们提到，根据 Rubin 提出的是否对学习过程产生直接影响这一标准，学习者策略可以分为：(1)学习策略；(2)交际策略；(3)社交策略。学习策略是对学习者所构建的外语系统的发展产生直接影响的策略。而后面两种策略(交际策略和社交策略)是对此产生间接影响的学习者策略。

学习策略是学习者策略中的一个重要组成部分。根据近年来对学习策略的研究，人们发现有必要区分两种不同性质的学习策略，一是认知学习策略，二是元认知(metacognitive)策略，或称协调策略。所谓"元认知"

就是有关认知过程的知识和通过计划、监控和评估等方法对认知过程的调整或自我控制;而所谓的"认知"就是学习者赖以获得知识和概念的大脑活动过程和策略。

在学习者学习策略内,Rubin 列出了六种对外语学习有直接影响的一般性策略:

(1)求解和证实,指学习者用来证实他们对新语言知识的理解的策略。如要求对方举例说明某一词或短语的用法、重复某词以证实理解的准确性等;

(2)猜测和概括式推理,指学习者利用原先获得的语言或概念知识来获得对语言形式、语义或说话者意图的明确假设,如通过关键词、关键结构、图表和上下文等猜测词义;通过有关交际过程的知识,如通过说话者/听话者、交际场所、话题、语域等猜测词义等;

(3)演绎推理,指学习者寻求和利用一般性规则来学习外语的一种解决问题的策略,如比较母语与外语的异同、寻找同现规则等;

(4)实践,指学习者旨在帮助记忆和检索语言使用规则的练习,如重复某一句子直到熟练、仔细听讲并认真模仿等;

(5)记忆,指与实践相似但重点在于记忆和检索的过程,如做笔记、大声朗读、复习某一语言项目等;

(6)监控,指学习者发现(语言和交际方面的)错误,观察某一信息如何被听话者接受和理解并作出相应反应的策略,如纠正自己在语音、词汇、拼写、语法和风格方面的错误等。

学习策略中另一种不同性质的策略是元认知策略。

元认知策略用于监督、调节和自我调整语言学习行为。如 O'Malley 列出的计划策略中就包括自我调节、预先准备、预先组织、选择注意目标、减缓输出等。

以上策略对语言学习过程产生直接影响。下面两种策略(交际策略和社交策略)被认为对语言学习过程产生间接影响。

交际策略重点在于参与某一言语交流活动,表达某一意义或理解说话者意图等。学习者一般在他们的语言知识不敷交际目的之用或遇到被听话者误解时才采用交际策略。

从学习过程来看,交际策略非常重要,因为借助交际策略,学习者才能保持交际渠道的畅通。常见的交际策略包括迂回表达、运用同义或同源词、使用交际套语、利用交际环境阐释要表达的意义等。

社交策略指学习者为创造巩固所学知识和获得语言输入而参加的各种交际活动。这些活动本身并不对学习过程产生影响,它们仅仅给学习者提供实践环境和机会。

将以上的分类列成表式,我们得到:

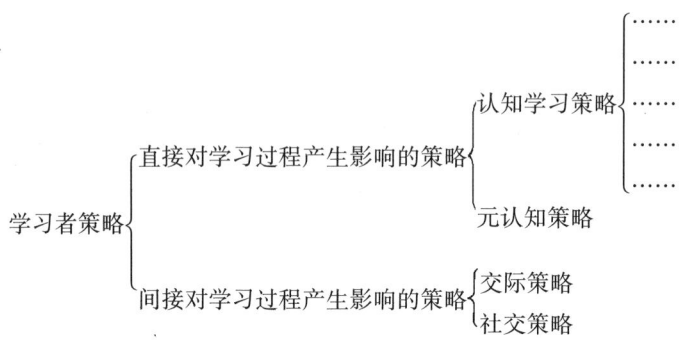

由此我们看出,这种分类方式的优点是直接明了、概括性强,缺点是无法区分输入和输出策略,交际策略和社交策略中间还缺少协调策略的成分,出现了分类标准不一致的情况。

Naiman(1978)等人对学习者策略进行分类,依据的是另外一种标准,即学习者对外语本质和过程的认识和态度。根据 Naiman 等人的观点,学习者策略可以分为下面五类:

(1) 积极主动的参与态度;
(2) 把语言作为一个系统;
(3) 把语言作为一种交际和交往的工具;
(4) 控制情感因素;
(5) 对外语表达进行监控。

具体的内容是:

(1) 积极主动的参与态度,指:1) 积极地对学习机会作出反应,寻求和利用学习环境;2) 在正式的课堂教学之外寻找相关的学习机会;3) 实践。

(2) 把语言作为一个系统,指:1) 把母语和外语进行对比分析;2) 对目标语进行分析并作出推理;3) 充分利用"语言是个系统"这一事实,如将词典上的新词与同类词联系起来学习等。

（3）把语言作为一个交际和交往的工具,指:1)强调熟练比精确更为重要;2)寻求与本族语使用者交流的机会。

（4）控制情感因素,包括:1)克服怕羞感;2)敢于面对错误;3)知难而上。

（5）监控外语表达,指通过推理和请求本族语者提供反馈等方式不断修正自己的外语知识系统。

Naiman 等人的分类优点是简洁,从语言和语言学习的本质特征出发,抓住了问题的实质;缺点是分类过于宽泛,内容不是十分明确。

以上我们可以看出,分类的标准和出发点不一样,分类的结果就不一样。例如,如果我们从语言的听说读写四项技能角度对学习者技巧进行分类,又可分出四种不同的学习者策略。

当然,分类并不是我们研究某一现象的目的,而是为了更好地认识这一现象。因此,对外语学习者策略的分类关键还要看我们研究的兴趣和重点,看我们对某方面问题的认识角度。

学习者策略的研究,从 Rubin 等人开始,主要是对成功的外语学习者的学习行为进行观察和调查着手的。后来,研究者们的研究对象是各种各样的外语学习者,研究方法也包括提问、问卷调查、阅读学习者学习日记等。也有的研究者采用"内省"(introspection)的方法,研究本人或他人在完成外语学习任务时所采取的学习者策略。

## 二、交际策略研究中的一些问题

"交际策略"这一术语最早出现在 Selinker(1972)讨论中介语(interlanguage)问题的论文中。此后,特别是在 20 世纪 70 年代后期和 80 年代初期,涌现了一大批以交际策略为研究课题的论文和专著。这些研究根据研究者的研究兴趣及视角可分为两个方向:一个以 Corder、Tarone、Faerch 和 Kasper 等人为代表,他们主要从中介语和错误分析角度探讨交际策略的意义、分类、交际作用等问题,其中还包括 Tarone、Bialystok 等人从实验的角度对以上问题以及影响交际策略的有关因素的考察和研究;另一个方向以 Rubin 和 O'Malley 等人为代表,他们主要从学习者角度,通过对成功的外语学习者学习行为的观察和分析,描述导致他们成功的外语学习和交际策略,以便使这些策略也可以为其他一般的外语学习者采用。

1. 交际策略的定义

Selinker(1972)提出,中介语的形成和发展受到五个方面因素的作用。它们分别是:(1)母语迁移;(2)目标语规则泛化;(3)训练迁移;(4)学习策略;(5)交际策略。

Selinker虽意识到了学习者交际对中介语形成的作用,但并没有对交际策略的内涵和外延作出明确的界定。

Corder(1978)在其《交际策略》("Strategies of communication")一文中给"交际策略"下了这样的定义:

> 说话者在遇到(交际)困难时运用的一套成系统的技巧(technique)。

Corder的定义有几点值得注意:(1)交际策略有一定的系统性,并非随意的或杂乱无章的;(2)交际策略是在说话者语言知识不足而引起表达上的困难时所采用的;(3)交际策略是一套技巧,技巧运用的熟练程度和频率因人而异。

Corder同时指出,交际策略应该包括接受(理解)和表达两个方面。然而绝大多数对交际策略的研究仅限于表达方面,几乎没有涉及理解的交际策略。从Corder本人对交际策略的定义来看,他也受了这一倾向的影响,并未能明确指出交际策略的双向性这一特点。

Faerch和Kasper(1983)指出,交际策略有两个明显的特点:第一,它是针对某一问题的(problem-oriented),即交际策略是在说话者因语言知识不足而无法执行其原定计划时采取的某些行动;第二,它是在说话者能意识得到的情况下采取的,说话者首先意识到了问题的存在。不过,Faerch和Kasper指出,意识性并不是判定交际策略的绝对标准,因为意识有程度之分,而且各人意识程度也不一样。因此,交际策略是"潜在可意识到的"(potentially conscious),可以通过某种方式使说话者增强对它的意识程度。

Faerch和Kasper对交际策略的定义是:

> 交际策略是用来解决对某一个人在达成某一特定交际目的时形成的某一问题的潜在可意识的计划。

Faerch和Kasper特别强调,他们在这一定义中用了"某一个人"而不用"学习者",隐含着这一定义同样适用于母语使用者。鉴于他们的研究兴趣是外语学习者运用中介语进行交际的情况,因此重点放在外语学习者的交际策略上。

Tarone(1981)在界定交际策略时将"相互作用"作为定义交际策略的标准之一,引起了争议。Tarone 认为交际策略实际上是用来填补外语学习者目标语知识与本族语者语言之间的空缺的,其特点是交际双方"为达成意义一致的协商"(negotiation of an agreement on meaning)。Faerch、Kasper 和 Ellis 等人不同意 Tarone 的这一观点,理由是这样的定义无法说明独白中交际策略的使用情况,况且交际策略的使用在实际交际过程中并不一定充分显露。

Ellis(1986)博采了各家对交际策略的定义之长处,提出了相对完整的关于交际策略的定义:

> 交际策略作为语言使用者的交际能力的一部分,是一种语言心理计划。这种计划具有潜在的可意识性,可作为学习者对无法完成的某一表达计划的替代。

Ellis 这一定义的最大特点是将交际策略的地位提到了"说话者交际能力的一部分"这一高度。这显然是受到了 Canale & Swain(1980)关于交际能力由语言能力、社会语言能力、话语能力和策略能力(strategic competence)组成的观点的启发和影响。这对进一步认识语言能力和交际能力的本质等具有十分重要的意义。

Ellis 这一定义的缺点也很明显:(1)未说明语言理解过程中也可能使用交际策略;(2)使用"学习者"一词,明显排斥了母语使用者交际策略的情况。

当然对以上两点批评也可用"研究兴趣"和重点加以反驳,因为毕竟交际策略研究的对象主要是外语学习者,研究的目的毕竟是为了进一步揭示外语学习过程的本质特征。另外,外语表达方面的交际策略和其他行为与外语理解相比,可观察性和可证实性要大得多。

因此,从交际策略的定义可以看出,以往的交际策略研究虽取得了一定的进展,但仍有不少问题,存在着许多局限性。对交际策略定义的讨论同时也给了我们一些启发,对有些问题,如母语交际中的交际策略与外语交际中的交际策略有何异同、交际策略是如何发生迁移的、外语策略能力与语言能力之间是一种什么关系、理解策略与表达策略是否一致等,可以作为我们今后交际策略研究的重点,以揭示交际策略的一些本质特征。

2. 交际策略的分类

交际策略的分类问题上也存在着分歧。

Tarone(1981)将交际策略分成以下几类:

(1) 转述(paraphrase)

　　1)近似表达(approximation);

　　2)造词(word coinage);

　　3)迂回(circumlocution)。

(2) 借用(borrowing)

　　1)从母语直译(literal translation);

　　2)语言转换(language switch)。

(3) 求助(asking for assistance)

　　学习者直接向听话者询问某一正确表达法。

(4) 手势语(gestures)

　　运用非语言交际手段替代言语交际。

(5) 回避(avoidance)

　　1)回避某一话题(topic avoidance);

　　2)放弃表达某一信息(message abandonment)。

Tarone 分类的优点是简洁、明了,缺点是其分类的依据不明确,似乎是各种不同交际手段的列举。这种分类也不能反映出各种策略对交际过程的作用或影响。

Bialystok(1990)根据交际策略所依据的不同语言将其分成两大类。一类是以母语为基础的交际策略(L1-based strategies),其中包括:(1)语码转换(language switch);(2)本国语项目外语化(foreignizing);(3)母语直译(transliteration)。另一类是以外语为基础的策略(L2-based strategies),其中包括:(1)语义替代,即用熟悉的具有相同语义特征的词汇代替某个生词;(2)描述,对某一事物的一般物理属性、特征和功能特点进行描述;(3)创造新词。Bialystok 将非言语行为单独作为一类交际策略。

Bialystok 的分类吸收了 Tarone 等人分类的优点,但她的分类标准主要根据交际策略所依赖的知识来源。Bialystok 认为,其分类的最大优点在于可以使人们对不同的交际策略的功能一目了然。这是因为,一般情况下,学习者在与本族语者交往时,以目标语为基础的交际策略比以母语为基础的交际策略更为有效。这一分类的另一个好处是可以使研究者或教师根据学习者所采用的不同交际策略判别其目标语的熟练程度。一般来说,对目标语形式规则掌握得较好、善于运用交际策略的学习者更多地运用以目标语为基础的交际策略。

Bialystok分类的最大缺点是忽略了回避之类策略的归属,因此其分类是不完整的。

对交际策略分类相对比较完整的是Faerch和Kasper。他们的特点是将交际策略放在整个输出过程这一框架内进行考察。他们首先将交际策略分为减缩(reduction)策略和成就(achievement)策略。当学习者遇到表达困难时,他通常有两个选择,一是回避,二是设法解决。回避的方法是采用缩减策略,包括形式减缩和功能减缩,以此调整原来的交际目标;设法解决即采取成就策略,包括两类,一类是补偿策略(compensatory strategies),另一类是检索策略(retrieval strategies)。补偿策略中又可分出两种不同的类型:(1)非合作策略(non-cooperative strategies),即不依赖于交际另一方帮助的交际策略,如语码转换、外语化、直译等,它们均为以母语为基础的交际策略;以外语为基础的非合作策略包括替代、转述、造词、重组等;还有另一类即所谓的非语言行为类交际策略。(2)合作策略,即通过交际另一方的帮助而达到交际目的的策略,包括直接求助(如问"What is this?"等)和间接求助(如通过停顿、眼神等表示需要帮助等)两类。检索策略指学习者通过某些手段回忆因记忆问题遗忘的某些外语项目,其中包括:(1)等待(waiting);(2)利用语义场(using semantic field);(3)使用其他语种(using other languages)等。

Faerch和Kasper等人的分类主要是根据交际策略对外语学习的作用来进行的。他们认为,减缩策略因通过回避而改变了原交际目标,因而一般不会产生习得,而成就策略因其涉及形成假设并利用反馈对假设进行验证,因而有可能促进外语的习得。从这一意义上来看,Faerch和Kasper的分类有一定的合理性。当然,其中仍然不可避免地存在着有重叠和含义不清的地方。

前面我们已经提到,交际策略的分类问题涉及对交际的本质问题的认识。对交际策略的不同看法和不同的研究角度及方法就有可能产生不同的分类标准。因此,交际策略的分类问题还有待于进一步的研究。

3. 交际策略在外语习得中的作用

另外一个交际策略研究中颇有争议的问题是:交际策略对外语学习者的外语习得究竟起到一种什么样的作用?

Rubin 等人在研究成功的外语学习者策略时将学习者策略分为直接影响外语学习过程的策略和间接影响外语学习过程的策略两大类,这两类策略主要是创造实践和使用交际技巧的机会。因此,在 Rubin 的研究框架里,交际策略被看作一种获得外语实践机会的间接影响外语习得过程的学习者策略。

Faerch 和 Kasper 等人认为交际策略中只有成就策略促进外语习得,因为采用成就策略意味着冒险,而冒险恰恰是外语知识自动化的必要条件之一。Tarone 对这一看法持有异议,她认为,一般来说,交际策略的话语功能是使本族语使用者能帮助外语学习者正确表达他所想表达的内容,因此,所有交际策略都能起到扩充语言手段的作用。另一支持这一观点的理论是交际策略的主要目的是保持交际的进行,即使学习者不能学到某一特定的外语词项或结构,他仍然获得了接触其他结构或词汇输入的机会。

Ellis(1986)认为,过分成功地利用交际策略会抑制习得。有些学习者由于过分熟练地使用各种各样的交际策略而不感觉到有必要对新的目标语知识形成假设并加以验证。Ellis 的这一看法值得外语教师引起重视,在鼓励和培养学习者运用交际策略的时候要防止"本末倒置"的现象。

在有关交际策略对外语习得影响的讨论中,另一个值得注意的问题是:交际策略对中介语的影响主要体现在哪一方面?词汇方面,语法方面,抑或两者兼而有之?可能有人会认为交际策略主要对词汇习得有影响,这在本族语者使用交际策略时比较明显,但交际策略亦会导致本族语者学会新的语法规则这一说法好像有悖于我们的直觉。所以,如果认为交际策略对外语学习者中介语的影响表现在词汇和语法两个方面,这就意味着交际策略对本族语使用者和外语学习者有不同的作用。这些问题的讨论非常有意义,但有些观点至今还缺乏具体实验的论证。

4. 影响学习者使用交际策略的主要因素

对学习者和本族语者交际策略的有关实验显示,交际策略的作用与许多因素密切相关,最主要的包括语言程度(language proficiency level)、问题来源(source of the problem)、性格(personality)和学习环境(learning situation)等。

Tarone(1977)研究发现语言程度差一些的学习者更多地使用减缩策略。Ellis(1983)也注意到有一个被试者在学习外语初期较多地使用减缩策略,以后随着外语程度的提高,越来越多地使用成就类交际策略。Ellis在对学习外语的儿童和本族语儿童的交际策略的交叉研究中还发现,这两者使用交际策略的区别在于前者更多地使用减缩策略,后者更多地使用转述。Bialystok发现目标语程度高的学习者更多地利用以目标语为基础的交际策略,而程度较低的学习者更多地利用以母语为基础的策略或减缩策略。

不同来源的困难也会影响对交际策略的选择。这方面的研究相对较少。Tarone(1977)发现当学习者母语与目标语中同源词较多时,语码转换出现的次数较多。另外有人发现选择回避策略的概率与语法结构的难易程度有关。

无论是直觉还是实验都表明,不同性格的学习者对交际策略类型的选择很有关系。Tarone(1977)在实验中发现,不同的学习者讲述同一故事的方法有差异。例如,有一位学习者无论用母语还是用外语讲述故事都极快,不大注意细节,而另一位学习者则经常带有少许附加说明并请求帮助。Tarone认为这种选择交际策略的偏好与学习者的性格有一定的关系。

另外,学习环境也会影响学习者交际策略的选择。例如,课堂中的交际要比自然环境下的交际较少要求使用交际策略。有的研究者发现美国一些在大学里学习俄语的学生更多地使用回避策略,而在自然环境下学习的学习者较多地使用转述。我们倾向于认为,影响学习者对交际策略选择的因素是多方面、多层次的,是各种因素共同作用的结果。学习者本人的特点、学习环境、交际对象、交际目标等都是影响交际策略选择的重要因素。认定只有某种因素影响交际策略的使用是片面的、不科学的。

环境因素对交际策略使用的影响反映了外语学习的社会文化视角,

该视角下外语交际策略的实证研究(如 Rampton,1997;Williams, et al., 1997)发现交际问题有时来源于信息缺失(information gap)、身份构建等社会文化因素。因此,要更好地了解交际策略,还需要突破语法、词汇等语言问题的限制,拓展交际策略的研究范围。Kasper(1997)的"语用交际策略"(pragmatic communication strategies)和 Savignon(2002)的"社会文化策略"(socio-cultural strategies)都是对交际策略研究范围的延伸。

5. 交际策略研究对语言学和外语教学研究的启发

从以上我们对交际策略的讨论中可以看出,交际策略涉及许多有关语言能力和语言使用方面的理论问题。交际策略的研究对普通语言学理论既是一种贡献,同时又是一种挑战和启发。它要求语言研究者们不得不对有些语言学概念进行重新思考。例如,在讨论"交际能力"这一概念时,要考虑到策略能力的问题。语言使用者要在某一特定的语言环境中达到其交际目的,除了需要必要的语言知识外,还必须有一定的社会文化知识,同时还必须具备一定的策略知识,因为在语言交际中,常会由于交际者缺乏某一特定的语言表达手段而需要利用其他交际手段来保持交际渠道的畅通。

语言交际包括理解和表达两个方面。人脑中处理语言接受和语言表达的机制是不一样的,理解和表达也是两种不同的语言信息处理过程,因此很可能语言表达中的交际策略与理解中的交际策略大不相同。即使在语言表达中,口头交际与书面交际也各有特点,因而交际策略的使用也会呈现出差异。国外有关交际策略的研究主要限于外语口头表达方面,本族语使用者的交际策略、语言理解中的交际策略、书面交际中的交际策略等几乎无人涉及,值得进一步探讨。

最后,我们来谈谈外语学习者策略研究与外语教学理论和实践的关系问题,顺便谈谈国外外语教学理论研究对我国外语教学的一些启发。

21世纪初以来,外语教学理论研究受各种语言学理论和心理学理论的影响颇大,研究的重点主要还是在教学过程、教学环境和教学方法上,在很大程度上忽视了外语学习主体——外语学习者本人在外语学习过程中的主观能动作用。Chomsky 提出语言能力,主要着重的是这一能力的先天性,忽视学习主体的认知能力在后天语言环境中的积极主动作用;Hymes 提出交际能力,研究的重点是交际能力的内涵和相关的社会因素,并不关心学习者如何在社会交往中获得这种能力并利用这种能力获得更多的语言知识。外语教学理论研究实际上应该始终把对外语学习主体的研究摆在重要的位置,研究其生理、心理、认知和社会特征可能对外语学习带来的各种影响,并在教学实践中正确处理教与学的关系。

学习者策略研究及其研究成果使我们对语言和语言活动的认识更加深了一步。

语言学习是一个十分复杂的社会和心理活动。说它是社会活动,因为无论是从获得语言输入,还是保证输入和输出的质量角度来说,都需要学习者积极主动地与他人保持良好的社会关系,具备一定的交际能力;说它是心理活动,因为为了消化和吸收语言素材,保证社会交往进行,学习者需要利用各种认知技巧解决问题、贮存信息、调用原有知识等。

认知心理学认为,新的信息的接受一般要经过四个阶段:(1)选择,选择环境中感兴趣的特定信息,将此贮入工作大脑(短时记忆);(2)习得,学习者积极地将短时记忆中的信息转为长期的记忆;(3)建构,学习者努力在贮存于短时记忆中的信息间建立起一种联系,此时大脑长期记忆中的有关信息可以被用来帮助理解和巩固新获得的信息,并提供组织新信息的框架;(4)综合,学习者在长期记忆中寻找信息,将此转化为短时记忆。选择和习得决定学习的数量,而建构和综合决定学习的内容和组织方式。

外语学习过程实际上也是一种新信息的摄入和组织过程。学习者原有的知识显然要对新知识的吸收产生影响,因而产生一系列的重组。学习者选择、习得、建构和综合新的语言知识的过程实际上就是一个运用认知学习策略的过程。

外语学习者策略研究,对我们外语教学大纲的制定、教学原则的确定都有一定的启发意义。

语言是形式系统,是交际工具。因此,制定外语教学大纲应贯彻系统原则和交际原则;同时,考虑到语言学习中的情感、认知和文化因素,我们又必须坚持情感原则、认知原则和文化原则。

外语教材的编写、练习的设计除了应贯彻以上五大原则以外,还应注意学习者的记忆特点,注意材料和练习的趣味性和科学性。

外语学习者策略是可以加以训练的。教师的职责,一是教给学生知识,二是教给学生如何获取知识的知识。一是"鱼",二是"渔",外语教学过程中,"渔"就是培养学习者的学习策略。

学习者策略研究对我们外语教学的启发是：(1)学习外语的过程是个积极的过程,学习者的原有知识和现有外语知识对任何一个阶段的外语习得均有很重要的影响,教师要善于引导学生充分利用原有和现有的知识,获取新知识,巩固现有知识;(2)可以对学习者的学习策略因势利导,学习策略与语言学习能力有关,充分利用学习策略能提高语言学习能力;(3)交际策略属于人类一般交际能力的一部分,然而过多地利用交际策略在某些场合又会影响交际的正常进行,同时也影响新的外语知识的学习。因此,外语教师应在对学习者交际策略进行充分研究的基础上,帮助学习者正确、恰当地使用交际策略。

在我国,外语教学理论研究还处在一个引进和借鉴的阶段,缺乏自己的外语教学理论体系。传统翻译法和后来流行一时的以结构主义语言理论为基础的情景法和直接法等实际上是把学习者作为语言知识的被动接受者和受"刺激—反应"支配的语言习惯承受者。教学方法呆板,课堂教学乏味,极少关注学习者的不同社会背景和个人认知特点,结果,大部分学习者视外语学习如劳役,事倍功半,造成巨大浪费。然而,就在这种背景下,还是有不少学习者成功地掌握了一门或多门外语。我们应该好好地系统地研究一下他们成功的原因,研究一下他们的学习行为。另外,我国学术界许多老前辈留下了很多年少时学习外语的珍贵回忆,我们应该好好加以整理、发掘,建立我们自己的外语教学理论。

以上我们从学习者的生理和认知因素、情感因素、学习过程等角度论述了外语学习主体研究的一些重要研究成果和发展趋向。从实际的外语教学来看,对学习者主体的研究可以使外语教师更好地了解学习主体,从而设计出更好的外语教学方法,编出更适合学习者主体需要的教材和练习等。近几年来,国外对学习者主体的研究代表了当代应用语言学研究的一个重要发展趋势,取得了引人注目的进展,并且在外语教学大纲的设计中也出现了相应的探索,如 Clark 等人提出的协商式大纲(negotiated syllabus)就是一个突出的例子。该大纲的主要特点在于学习者主体也参与了学习内容、学习方法、测评方式等的选择。所谓"协商",就是学生与教师共同协商外语学习的目标及途径等。这种大纲充分考虑到了学习者的需求、差异和能力等种种因素。且无论协商式大纲的前景如何,这种从学习者主体特点出发而设计的教学大纲实际上正代表了当代外语教学理论与实践的一个值得注意的发展趋向。

# 第四章

# 外语交际能力及其培养

## 第一节　外语交际能力的概念

### 一、交际能力

"交际能力"这一概念最初是由美国社会语言学家 Hymes(1972)针对 Chomsky 的"语言能力"提出来的。

20 世纪 50 年代末,Chomsky 继承和发展了笛卡尔等人的心灵主义理论传统,在彻底否定行为主义语言理论的基础上,大胆提出了"语言能力"的概念。Chomsky 认为,语言能力是某种远比语言本身抽象的知识状态,是一套原则系统、一种知识体系。在 Chomsky 看来,语言能力并非一种处事的能力,甚至也不是一种组织句子和理解句子的能力。

然而,在 Hymes 看来,语言能力恰恰是一种处事的能力,即使用语言的能力。语法知识是源,并非一种本身就存在的智力结构的抽象认知状态。Hymes 认为,语法知识的使用才是关键的问题,它属于交际能力的一部分。

Hymes 提出的交际能力可以理解为一个人对潜在语言知识和能力的运用。他认为,交际能力包括以下几个方面的参数:(1) 合乎语法,某种说法是否(以及在什么程度上)在形式上可能;(2) 适合性,某种说法是否(以及在什么程度上)可行;(3) 得体性,某种说法是否(以及在什么程度上)得体;(4) 实际操作性,某种说法是否(以及在什么程度上)实际出现了。换句话说,Hymes 理解的一个人的交际能力包括语法(合法性)、心理(可行)、社会文化(得体)和概率(实际出现)等方面的判断能力。

必须承认,Hymes 关于"交际能力"的理论,给不满足于仅仅对语言作形式和结构分析的语言学家们以极大的鼓舞和启发,大大拓宽了人们语言研究的视野。社会语言学研究也因此出现了勃勃生机。受影响更大的是外语教学界。人们在充分意识到了受结构主义语言学影响而发展起来的外语教学法流派,如直接法、听说法等的明显局限性以后,以极大的热情接受了有关交际能力的理论,并在结合英国功能语言学派的语言理论基础上,设计和编写了以交际能力为理论基础的各种外语教学大纲和教材,形成了一股势不可挡的外语交际教学法趋势。

但是,有两点必须指出:(1) Hymes 提出的"交际能力",在理论上并非 Chomsky"语言能力"的对等物。他们两人对"能力"的理解完全不同,两种"能力"处于不同的层次。Chomsky 的"语言能力"高度抽象,Hymes 的"交际能力"却倾向于实用性和实际操作性。因此,可以说,Hymes 提出"交际能力",至多是受了 Chomsky"语言能力"的启发,"交际能力"不是对"语言能力"的补充,也不是对"语言能力"的否定。造成"语言能力"和"交际能力"为一对矛盾或两个互补概念的原因在于对"能力"一词不同的理解以及 Chomsky 本人对语法能力(grammatical competence)和语言能力(linguistic competence)的混淆使用。(2) Hymes 对外语交际教学法的影响也仅限于理论方面。Hymes 对交际能力的定义并不十分明确,交际能力涉及的方面也不全面。从语言学史角度来看,英国功能语言学理论对现代意义上的交际教学流派的形成和实际内容似乎影响更大、更深刻。之后,Canale(1980)、Bachman(1990)陆续提出了交际能力的构成模式,增加了策略能力和语用能力,从不同角度对交际能力进行了丰富和完善。

从一般意义上来说,交际能力是一个人运用各种可能的语言和非语言(如身势语、面部表情等)手段来达到某种交际目的的能力,这种能力实际上体现了一个人的整体素质。它涉及许多方面,其中包括:

(1) 语言知识,即组词成句、组句成篇的能力;

(2) 认知能力,即一个人对事物的认识水平、智力水平、反应能力和有关世界知识的掌握等;

(3) 文化知识,指一个人对文化观念和习俗的知识;

(4) 文体知识,指一个人根据交际对象和交际目的,选用不同风格的词语和句篇等进行交际的能力;

(5) 其他知识,包括副语言(paralinguistic)知识,如身势语、面部表情等;

(6) 情感因素,一个人对他人及事物的社会态度、交际动机、个人品质以及性格和习惯等。

由此可见,交际能力是一个复杂的概念,它涉及语言、修辞、社会、文化、心理等诸多方面的因素。根据 Leech(1983)语言交际理论,语言交际过程至少受到以下三大方面的制约:

(1) 输入限制(人际修辞,由社会因素决定);
(2) 语法限制(语法规则,包括语义、句法和语音方面的限制);
(3) 输出限制(语篇修辞、组词成句、组句成篇的原则)。

交际能力的最大特点之一就是其涉及范围的广泛性。各种因素处于不同层次,互相作用,互相制约,形成一种极为复杂的知识和技能体系。

交际能力的另一个最大特点是它的相对性。所谓的"相对性"就是说交际能力并没有一个具体的标准。"达意"(getting meaning across)也许是交际能力的最低要求。不存在交际能力的最高限度。

同样的交际意图,由于语言使用者使用了不同的语言形式和表达方式,便会产生不同的交际效果,反映了语言使用者不同程度的交际能力。即使是同一个语言使用者,在不同的场合和语言学习阶段也会表现出不同程度的交际能力。

从前人们在讨论交际能力时往往将重点放在口头表达方面,这便导致了交际能力讨论的两大缺陷:(1)忽视书面语交际能力的研究;(2)忽视理解能力的研究。作为语言交际两大方式之一,书面语交际能力应受到相当程度的重视,这不仅因为现代社会生活对书面语交际能力有着更为迫切和现实的需要,还因为书面语交际在本质和方式上有着重要的差异,它应该成为交际能力重要的一部分来加以研究。另外,如果把语言交际过程看作是一个信息交流的互动过程,那么,这一过程不仅包括表达部分,即发出信息,还包括理解部分,即接受信息。语言表达和理解是一张纸的两面,两者不可分割。语言理解能力在某种意义上来讲比表达能力更为重要,这是因为:(1)根据心理语言学语言习得研究,语言理解能力的获得先于表达能力;(2)语言理解是语言表达的先决条件,没有充分的理解便不可能有有效的表达;(3)语言理解能力也是进一步提高语言表达能力的重要途径。当交际中语言表达和理解能力都有一定不足时,策略能力显得非常重要。

因此,交际能力是指一个人运用语言手段(口头语或书面语)和副语言手段(身势语)来达到某一特定交际目的的能力,不仅包括理解和表达两个方面,还包括运用交际策略进行意义协商的能力。这样,我们说要培养学生交际能力,实际上就是要培养学生听、说、读、写等方面的综合能力和交际策略意识。

## 二、外语交际能力及其与母语交际能力的关系

那么,我们所说的外语交际能力与母语交际能力又有什么不同呢?

我们认为,外语交际能力在其本质和内容上与母语交际能力是一致的,所不同的主要在其获得的方式、程度、要求以及涉及的因素方面。

我们前面提到,一个人的母语交际能力获得的过程实际上是一个社会化的过程,即一个母语使用者的交际能力的获得与他的社会活动和社会环境有密切的关系。

与此相比,外语交际能力的获得则遵循一种完全不同的途径。

一般情况下,外语学习者基本上是在掌握了母语的一般交际能力的基础上开始学习外语的。母语交际能力对外语交际能力的获得必然会产生重要影响。我们前面已经提到,语言知识会发生迁移,一种是正迁移,一种是负迁移。正迁移促进外语交际能力的提高,负迁移干扰和阻碍外语交际能力的获得。由于人类交际手段的相对一致性,交际能力的正迁移是必然发生的。也就是说,除去作为语言系统内部语言单位构成方式及相互关系等方面的差异,根据交际对象、交际目的的不同对交际手段和方式作出选择判断的依据在各种语言之间呈现出较大程度的一致性。因此,交际能力在很大程度上是会出现正迁移的。这就意味着具有良好的母语交际能力的外语学习者,其外语交际能力的获得相对容易一些。同样,如果学生母语与目标语的语言结构相近,文化背景相似,交际能力的正迁移发生的概率和规模就越大。然而,人类交际原则和交际模式等在多大程度上一致尚未有人认真研究过。相反,引起人们兴趣和注意的倒是不同文化交际模式和方式上的差异。体现在对外语交际能力的获得影响上就是误将母语交际模式套用于相应的外语交际场合,因而违反外语交际惯例,这也就是所谓本国语交际能力的负迁移。显然,在对待外语交际能力的培养问题上,我们必须充分注意到外语学习者这一认知基础的不同,认真研究母语交际能力对外语交际能力获得的正负作用程度。为使母语交际能力对学生获得外语交际能力发挥积极作用,并最大限度地

减少其负迁移作用,这就需要我们:(1)对交际能力涉及的各方面因素作更加深入的调查研究;(2)对各种不同文化的交际模式和方式进行对比研究,尤其是对学生目标语与母语的异同进行对比,预测学生可能出现的误区,有意识地突出母语与目标语交际能力上不同的方面。

外语交际能力与母语交际能力的不同还体现在程度和要求上。研究表明,成年外语学习者无论采取何种学习方法,其外语交际能力始终只能达到与本族语者相似(native-like)的程度,其语音、词汇、句法、惯用法等总有某一方面与本族语的特征有差异。有例为证:举世公认的英语语法研究权威 Otto Jesperson 用英语写英语语法著作,每次写完以后,总对自己的语言表达放心不下,总要请他的英国朋友帮他在语言上把关。我国的著名翻译家、作家叶君健先生,曾用英语创作许多文学作品,但据他本人承认,其英语在一定程度上带有 Chinese English 的味道(参见《外语教育往事谈》)。这就说明,对外语学习者的外语交际能力的培养不可有不切实际的期望。交际能力是相对而言的;另外,根据交际目的的不同,对外语交际能力的要求也有不同的侧重点——这点将在有关 ESP 等的讨论中有充分的说明,这里略去不述。

目前,中国学生的外语交际能力有两个明显的不足:(1)缺乏本国语交际规则的明确知识,因为他们并不知道针对不同的文化背景的人应尊重对方的交际习惯,不应以自我为中心;(2)缺乏对外语交际规则和交际模式的明确知识,因为他们不知道外语的语言交际中有时有一定的程式。前一种情况,过失在于学生的母语教学;后一种,过失在于外语教学本身。

中国的语文教学历来注意书面表达,忽视学生口头语能力的培养。学生口语能力、演讲能力主要靠自我领悟或模仿。中国汉语研究界也缺乏对汉语交际模式的研究。语文教学几乎没有这方面的成果可以加以利用,这对外语教学是个很大的不利因素。学生不知道外语表达法与功能之间的对应关系,责任在外语教学和外语教学方法上。外语教师有责任为学生辨析母语与目标语形式和功能上的差异,强化学生的"跨文化意识",从而获得真正的外语交际能力。

## 三、交际教学法与培养外语交际能力的最佳途径

交际能力的提出为交际教学法的盛行提供了理论依据。那么,当前

流行的外语交际教学法是否能适应培养学生外语交际能力的需要？

交际教学法主要有两方面的理论基础。(1) 语言交际理论：1) 语言是由其基本单位组成的系统；2) 语言最基本的功能是交际；3) 语言结构反映其功能和交际用法；4) 语言的基本单位并非仅是语法和结构特征，而是体现在话语中的功能和交际意义中的范畴。(2) 学习理论：1) 交际原则，真正涉及交际的活动，提高学习效率；2) 任务原则，语言用来完成任务的活动，提高学习效率；3) 意义原则，使用学习者感兴趣的语言材料，加快学习过程。

根据以上理论基础，交际教学法认为，外语课堂应是一个充满"交流"的场所。语言成为交际手段，也就是"用语言去学"(using the language to learn)，外语知识和交际能力的获得就依赖于听、说、读、写等具体的交际活动。

从各种外语交际教学大纲和意念大纲及交际教学教材来看，交际教学法着重语言的功能，意念大纲实际上就是对语言功能的分类细表；语法成为服务的手段，失去了独立存在的必要，语法教学的地位相对下降。交际教学法最大限度地强调语言的功能和意义，强调语言形式的表达意义的功能，将达意作为外语教学的主要目标，情景主宰一切。这一做法的极端便是排斥语法教学在外语教学中的应有地位，片面强调语言使用的技巧，忽视语言知识的系统性和整体功能。因此，交际教学法并不是培养学生外语交际能力的最佳途径。

我们知道，Hymes 对能力的理解包括两个方面：一是知识，二是使用。这适用于交际能力的四个参数，如语法知识和使用、可行性知识及使用等。知识是使用的前提，尽管这种知识可能是不明确的，而使用是知识存在的体现。一个人可能掌握了一定的语言知识，但不一定能够准确地使用这种知识。同样道理，一个人也可能有恰当使用语言的能力，但缺乏足够的语言知识对语言进行分析，从而影响进一步的语言使用。这两种情况都是缺乏交际能力的表现。

我们认为，一个人的语言知识如果经过分析，那么就有可能在某种程度上使用这种知识，而对未分析过的知识，人们也就不可能(有意识地)进行使用。学生可能平时掌握了许多与语境密切相关的成语和熟语，但不一定能把它们分析成语法知识。如果过分强调语言表达形式与语境的关系(也就是语境对意义的显示和制约作用)，过分强调情景教学，就可能阻碍学生掌握语言单位之间相互关系的进程。

　　当然这主要还是一个程度问题,即使是仅仅通过语言形式的分析,学生也可获得一定程度的交际能力,这也许能解释"语法—翻译"教学法为什么也培养出了许多高水平的外语人才。另外,对语言知识的掌握也并不完全依赖于对语言单位的分析,如果是语言知识分析的程度越高,语言使用能力就越强的话,那么结构主义教学法不就应该成为最有效的交际能力的培养方法了吗?

　　我们认为,语言的可分析性是有一定的限度的。语言是约定俗成的产物,语言使用在某些特定场合带有一定的偶然性。语言交际与语境有重要的关系。语言中有许多结构和用法是无法单从形式上加以分析和解释的。

　　Widdowson(1989)指出,本族语使用者知识中,许多是语法之外的不需要也不可能进行分析的词块。有些词块的分析性较大,另外一些则相对较小或几乎没有。本族语使用者并不总是充分利用句法规则的创造潜能,否则就会出现"过度使用语法规则的情况,造成语法错误"。如英语中成语"Look before you leap.",如果说成"Before you leap, look.",就过度使用了语法规则,不符合本族人的语言习惯。因此,外语学习者交际能力的缺乏包括两个方面:(1)对语言可分析性限制的无知;(2)对语法使用变化的无知。

　　Widdowson认为,所谓交际能力,实际上就是掌握了一大批部分装配好的结构(半成品)、公式性套语和一套规则,并能够根据不同语境进行必要的调整的能力。从这一意义上来看,交际能力是一种适应能力。规则不是生成性的,而是调节性的、服从性的。

　　Widdowson指出,语言交际中最重要的是词汇与语境直接结合产生意义。如果语境不足,词汇意义不能自现,这就需要语法规则来对词汇进行调节。

　　这里,Widdowson并不是夸大词汇和语境的作用,恰恰相反,他认为语言交际中语法具有举足轻重的作用,只是想提醒人们在强调语法的同时,不要忽视词汇和语境的作用。

　　研究表明,语境的作用与语言知识的分析能力是成正比的。直接法、情景法、沉浸法乃至交际教学法之所以不能达到预期的培养交际能力的目的,是因为它们过分强调了语境的作用,而在一定程度上忽视了语言知识分析能力的培养。

那么,是不是可以说,交际能力培养的最佳途径实际上就是结构主义教学法与交际教学法的折衷和协调呢?

不完全如此。

从前面的讨论中我们知道,学习外语的目的是获得交际能力,而交际能力的提高依赖于语言知识和各种非语言知识的逐步积累。外语教学中在强调语言知识传授的同时应向学生传授与语言知识有关的各种其他知识,包括语境知识、世界知识,并特别注意培养学生的跨文化意识。我们认为,任何目的的外语教学都应始终贯彻这样几条重要原则:(1)语法原则,把语言知识的传授放在一定的地位;(2)交际原则,把语言结构与语境和功能结合起来,使学生了解语言结构的多样性和语言功能表达的多种可能性;(3)文化原则,采用对比分析方式,使学生了解不同语言的文化背景,学会不同文化的交际模式,增强语言使用的跨文化意识。

更为重要的是,针对不同的学生,按照不同的教学要求,在贯彻以上外语教学的基本原则时,应有一定的灵活性。机械地、一贯地、反复地使用一种外语教学方法,如交际法或暗示法等,从根本上违反了外语学习的基本原则。例如针对年龄相对较小、母语知识分析能力及非语言知识相对缺乏的外语学习者,在其初学阶段,可强调语境的作用,尽量让学生在自然的语言环境中学会交际,掌握语言知识,从而获得一定程度的外语交际能力。随后可根据学生的实际情况,增加语言知识分析的分量,提高外语交际能力。针对成年外语学习者的特点,应充分利用其已有的母语知识和其他知识,增强其语法意识和跨文化交际意识,并在较为真实的交际环境中巩固其所学的语言知识,使其反过来为交际能力的进一步提高发挥作用。

## 四、外语交际能力的培养与学生的整体语言能力

最后我们简要谈谈外语交际能力的培养在学生整个语言教育过程中的地位与作用。

我们这里提语言教育,是因为语言学习过程不仅是一种知识、一种技能的学习,而且是学生整个知识结构和人格修养的调整和完善。母语教

育固然在学生的整个教育过程中有举足轻重的作用,但外语教学的作用也不可忽视,这是因为:

（1）外语教学能使学生对母语知识的理解和认识更加深刻和全面,从而进一步促进母语交际能力的发展；

（2）外语作为另一种交际工具,听、说、读、写使学生能够更广泛地获得各种知识,提高本人的整体素质；

（3）通过外语学习,使学生具备一种跨文化交际意识,可辩证地理解外族文化,有利于克服狭隘民族主义和自我文化中心思想。

我们提出要考虑外语教学在学生整个语言教育过程中的作用,还因为,在我国现行的教育体系中,母语与外语教育是完全分割的。两者既然有如此密切的互相作用的关系,母语教育与外语教育却"老死不相往来",这无论对汉语教学视野的开拓,还是外语教学效果的提高,都是十分不利的。我们希望更多的外语学者和教师进行更多的汉语与外语教学特点的对比研究,从而更深刻地揭示母语交际能力与外语交际能力的相互关系,提高外语教学质量,同时也呼吁汉语学者和教师能开阔思路,结合外语教学的研究成果,使汉语教学与外语教学在一定程度和某个阶段上有更多的结合点。

接下来,我们就语言知识(语法和词汇)、听力、阅读等课程的教学理论问题、"跨文化意识"的培养,以及外语交际能力的几个主要方面进行讨论。

## 第二节 外语语法教学

### 一、语法的定义和种类

法文版《语言学词典》在"语法"一项下列出了该词的以下四种定义：（1）对语言的一般描述,主要是对其组织原则的理论描述,包括音位学（音位及其组合规则）、句法学（词和词组的组合规则）、词汇学和语义学（词汇的意义及其组合规则）,这一意义上的语法是语法能力的模式；（2）与音位学相对的一个术语,研究语素、语素的变化和组合规则等；（3）仅对语法语素（冠词、连词和介词等）作出的描述,不包括一般语素及其组合规则;(4)在转换语法中,语法指某一个人理想的语言能力,即理解某些词的意义之间关系的能力。

从语法教学的传统以及历来的语法教学之争来看,第二种定义基本符合一般语言教师大脑中的语法概念。第一种定义是现代语言学发展所形成的对语法的最新认识。第三、第四种定义范围过于狭窄。本文讨论语法教学和教学语法,主要是第一、第二种意义上的语法。

语法的种类很多。从历史的角度,我们可以把语法分为规定性语法(prescriptive grammar)和描写性语法(descriptive grammar)。规定性语法又可称作传统语法(traditional grammar)。这一区分的理论基础是它们的指导原则的不同。传统语法学家编写语法的主要目的是"正本清源",消除"谬误",他们无视语言现象的变化,对语言使用规则作出硬性的规定;而描写性语法则以语言事实为依据,客观地记录语言事实,不作好坏优劣的评判,而只是系统地阐述生成句子和理解句子的规则。

从语法描写的对象来看,语法又可分为共时语法(synchronic grammar)和历时语法(diachronic grammar)。共时语法描写某一时期内的语言规则;历时语法描写语言规则变化发展的历史。

从描写方法来看,我们又可分出比较语法(contrastive 或 comparative grammar),即对两种或两种以上的语言的语法规则进行对比分析,指出其异同,为语言研究或学习提供材料。

从描写的目的来看,我们又可分出教学语法(pedagogical grammar)、参考语法(reference grammar)以及语言学语法(linguistic grammar)。教学语法是专为教学目的而编写的语法;参考语法是为语言教师或研究者教学、研究以及学生学习语法提供参考的语法书,包括学校语法(school grammar)、大学语法(university grammar)、使用者语法(user's grammar)等。语言学语法是语言学家基于他们对语法概念的理解而撰写的语法,如格语法(case grammar)、层次语法(stratificational grammar)等。

根据教学语法的编写方式,我们又可分出独立的教学语法,如《语法教程》之类的语法教科书和结合在精读课本中的语法。

如果我们将以上各种语法列成一个图表,也许可以更清楚地看出它们之间的相互关系:

毋庸置疑,对语法的不同认识、对语言本质的不同理解,以及对外语

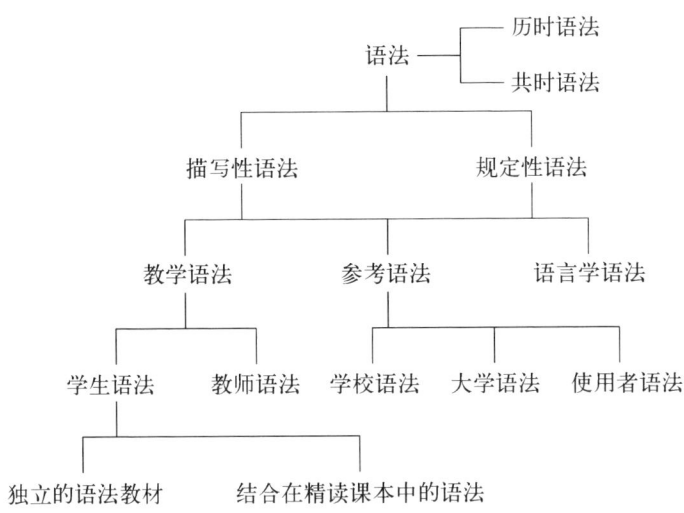

教学原则的不同看法,都会导致不同的语法教学观,产生不同的教学语法。

## 二、语法教学的历史回顾

下面我们简要地回顾一下语法教学在外语教学实践中几度起落的过程及其原因。

五百多年以前,在欧洲,拉丁语是学校里必修的一门课程。后来,由于政治变化的原因,法语、意大利语和英语替代了拉丁语的地位,但拉丁语仍然是小学生进校后训练记忆和思维能力的一门重要课程。当时在英国,有些小学干脆就被称作 Latin School 或 Grammar School。学生在学校里学习拉丁语,主要学习和操练其语法规则、词的变化规则等。翻译是拉丁语课的重要组成部分。即使学生阅读维吉尔、奥维德和西塞罗等人的著作时,他们也主要通过对作品的语法结构和修辞手法的分析来进行。这种拉丁语的教学方法在 16 至 18 世纪的欧洲是最为流行的外语教学方法,在外语教学史上称为"语法—翻译法"(Grammar-translation Method)。这种教学法以语法为中心,学习外语就意味着学习和记忆语法规则,并通过大量的翻译练习来强化记忆。

语法—翻译法的主要特点可以归结为:

(1) 外语学习的目的是阅读其文学作品或从外语学习中获得思维能

力的训练。语法—翻译法主要通过对语法规则的详细分析,把语法知识应用到翻译外语句子和文章的实践之中。所以,语法—翻译法认为语言学习实质上就是学习一套外语语法规则。

(2)阅读和写作是学习的重点,听说能力不受任何重视。

(3)词汇选择主要根据课文,课文后面列词汇表,附以母语的逐字解释。每课课文后有语法规则讲解部分,并附有大量翻译练习。

(4)句子是语法教学中的基本单位。

(5)强调精确性。

(6)语法通过演绎的方法向学生传授,即先向学生介绍语法规则,然后通过翻译练习加以巩固。

(7)学生的母语为教学用语,母语和外语有关方面的对比也使用母语。

由此可见,在传统的外语教学中,语法教学占据着中心地位。人们普遍认为掌握语言就是掌握语法,而掌握语法的方法就是通过大量的翻译练习。这种教学法的主要弊端也很清楚:它忽视了口语和听力训练,学生得不到听说训练,口头交际能力差;过于追求语法的精确性,忽视了学生的语言创造能力,不能充分发挥语言学习者语言学习的主观能动性。

到了19世纪中期,欧洲各国之间交流的加强对口语能力提出了更高的要求,语法—翻译法开始受到了挑战。部分外语教学专家开始编写一些会话课本,另一些人则通过对儿童母语习得过程和特点的观察,提出外语教学中应强调意义,强调口语技能培养应先于其他技能。19世纪末,外语教学界掀起了一股改革的热潮。当时一些著名的语言学家们一致认为:

(1)口语是第一位的,外语教学法应以口语培养为中心;

(2)语言学中的研究成果应该应用到外语教学和教师培训中去;

(3)学生应该先听说,后接触文字;

(4)词汇应该通过句子向学生介绍,句子应该在有意义的上下文中教给学生;

(5)语法应该通过一定的上下文教给学生,也就是运用推理法来教授语法;

(6)尽量避免翻译,学生母语只应用来解释有关单词或检查学生的理解程度。

正是在这种对外语教学新的认识的基础上,直接教学法(Direct Method)应运而生并在欧美得到了广泛的推广。外语教学中,语法仍占主要的位置,但强调了意义的因素,上下文成为语法教学必须考虑的因素。另外教学中还注重推理,而且语法项目的安排也以儿童掌握母语语法的顺序作为参考。

20世纪20年代,在英国语言学家Palmer、Hornby等人的倡导下,口语教学法(Oral Method)或称情景教学法(Situational Method)成为一种流行的外语教学方法。与直接法相比较,情景教学法具备了应用语言学的系统理论基础,并运用了结构主义语言学的一些研究成果。情景教学法的特点体现在:

(1)外语教学应先教口语,语言材料应该先通过口头形式然后通过书面形式教给学生;

(2)新的语言点通过情景加以介绍和操练;

(3)主要课堂用语为目标语;

(4)词汇选择应该尽量覆盖常用词汇;

(5)语法项目按由易到难的原则编排;

(6)当学生的词汇和语法基础达到一定程度时,才开始进行阅读和写作训练。

其中第二条原则在20世纪60年代成为该教学法的主要特色。直接法和情景教学法都相当重视语法的教学。情景教学法中,语法教学方法与直接法一样都借助推理法。与直接法不同的是,情景教学法依据的学习理论是行为主义的"刺激—反应"理论,认为语言习惯是通过不断的重复和反复练习而得到强化的。

20世纪50年代,由于结构主义在美国的主导地位,美国外语教学中出现了以其为理论基础的听说法(Audiolingual Method)。尽管它在很多方面与英国的情景教学法相似,可它们有不同的渊源关系,各自强调的重点也不一样。听说法强调对比分析,Fries在其《英语作为外语的教和学》(*Teaching and Learning English as a Foreign Language*)一书中,把外语学习的困难归因于不同的语言结构系统的矛盾。对母语和目标语的语音和语法系统的对比分析可以确定学生外语学习的困难所在。如果能对具有不同困难程度的语言材料进行适当的安排,可以帮助学生克服这些困难。

结构主义语言学对语言教学最大的影响是：(1) 重视口语；(2) 强调句型操练。受行为主义心理学影响的语言习得理论认为，语言是一套行为习惯，语言规则可以通过反复操练、反复"刺激"得到加强和巩固。因此，直接法、听说法等以结构主义语言学为理论基础的外语教学流派的语言教学重点就是句子的构成规则，体现在对句型的穷尽分析和句子成分的过细分析和描述。对直接法、听说法等教学法的最大批评则是语法概念过于狭窄，语法教学过于抽象，脱离实际，培养出来的学生不能应付自然的语言交际。直接法和听说法的另一个主要缺点是忽视学习者的认知能力，把语言操练作为一种机械的重复和记忆，学生的语言创造能力得不到充分发挥。

20 世纪 50 年代末兴起的转换生成语法在语言学界引起了一场革命。Chomsky 继承了笛卡尔等人的心灵主义传统，提出了"语言能力"的概念。他认为，人脑中有一种"语言习得机制"，在吸收了一定的外来语言素材后，就会自动形成该语言的语法规则，从而达到创造性地使用该语言的目的。他认为，人脑中的这种语言习得机制实际上是人类的语言蓝图，是一套语言的原则系统，或叫作普遍语法，而转换生成语法的主要任务就是发现、描写和解释这套普遍语法。

转换生成语法没有直接对外语教学发生重大影响。但是，由此而催生的另外两门语言学学科——社会语言学和心理语言学，都对外语教学，特别是语法教学产生了巨大的影响。

Chomsky 强调人的语言能力，忽视了人在复杂的社会环境中运用语言进行交际的实际能力。与此相对，Hymes 提出了著名的"交际能力"的概念。Hymes 认为，一个人要能够真正地运用语言进行交际，除了必须具有一定的语言能力之外，他还必须具备在什么场合、对谁、用何方式、说什么的能力，也就是交际能力。在 Hymes、Labov 和 Gumperz 等人的倡导下，社会语言学在美国蓬勃兴起。它对外语教学的影响是，外语教师们开始怀疑起一直占主导地位的情景教学法和听说法。他们意识到，在有意义的情景中操练句型当然有积极的意义，但是情景不能穷尽，机械的操练不能培养学生的交际能力。所以，应用语言学家和外语教师们开始寻求语法规则和交际能力相结合的教学方式，并把学生的交际能力作为外语教学的主要目标。在英国，语言学家 Candlin 和 Widdowson 等人吸收了英国功能主义语言学的研究成果，也开始把学生交际能力的培养作为外语教学的主要目的。1971年,一批外语教学专家开始研究设计一套单元计分制的语言课程。在这种课程中,学习任务被分成单元,每一单元与学习者的需要相对应。他们采用了 Wilkins(1972)对语言学习必须理解和表达的实际意义的分析。Wilkins 把意义分成两类:(1)意念,如时间、顺序、数量、频度等;(2)交际功能范畴,如请求、否认、抱怨等。1976年,Wilkins 完成了《意念大纲》(*Notional Syllabuses*)一书。Wilkins 的研究对欧洲交际教学的课程设计和教材编写产生了重大的影响。

交际教学法有两种理解。一种是激进的,称为 strong version,赞成这种理解的人们认为外语教学的目的就是用该语言来学(using the language to learn);另一种是温和的,称为 weak version,这一派人认为外语教学的目的是学会使用这种语言(learning to use the language)。

交际教学法把交际能力的培养作为外语教学的主要目标,强调意义,对语言结构的准确程度的要求有所放松。在交际教学法中,语法的地位受到了严重的削弱。语法教学服从于交际教学,语法项目的安排也根据交际教学的要求安排,语法教学本身缺少系统性和阶段性,有些语法项目甚至被完全忽略。

20世纪70年代后期,Krashen 的监控理论(Monitor Theory)一度在北美外语教学界占了上风。

Krashen 区分出"习得"和"学习"两个概念。他提出:"学习"指正式的课堂中通过传授而学习外语,主要是学习语法规则,"学习"对实际的语言掌握程序并无多少作用。因此,在 Krashen 的理论中,语法教学几乎没有任何地位。

物极必反。Krashen 等人把语法教学赶出外语教学的做法遭到了许多外语教学专家和外语教师的批评和抵制。

许多外语教师现在认为,语法教学能够使语言材料输入更易接受,语法知识能够帮助学生切分语言信号,使其成为可理解的单位,能够帮助学生证实对目标语语法的不自觉的假设。语法教学不仅对成年学习者是必要和有益的,对少年儿童的语法教学也能够加速他们的学习进度(Larson-Freeman,2003)。

20世纪末,外语教学界出现了一种令人注意的倾向,词汇、语法和文学等一些传统的语言课程又回到了课堂。Taylor 指出:"在交际教学的总框架中,最近又出现了强调语法形式的倾向。似乎人们又已经觉得语法是被过分忽视了"(参见孙骊,1989)。当然,这绝不仅仅是一种怀旧现象,也绝不是对原来做法的一种简单的恢复。在经历了语言学和应用语言学观念的种种重大更新之后,在各种扑朔迷离、令人眼花缭乱的外语教学法流派粉墨登场之后,人们对外语教育的本质问题,对语言教育的社会功能问题等作出了重新思考。因此,"语法"这个词本身现在也已被赋予了新的意义,语法教学的意义和作用、语法教学的形式自然也发生了重大的变革。

## 三、外语语法教学的意义与教学语法

我们认为,语法教学是外语教学中一个很重要的组成部分,无论是从语言的本质、外语教学的特点等方面,还是从外语学习者的认知能力的培养的角度都说明了这一点。

语言是人类最重要的交际工具。语言之所以能够成为这样一种方便的交际工具,是因为它的系统性。系统性反映在它具有极强的规则性。语法规则是语言的主要组成部分,是语言得以成为语言的根本条件之一。

Littlewood(1990)指出,教育的第一个功能是教授已有的知识,运用到外语教学上,就是向学生传授语法知识,使其在实际的语言阅读和理解过程中省去大量的时间;教育的第二个功能是训练学习者的社会能力,使其成为合格的社会成员,胜任自己的社会角色,语言教学就意味着教会他们如何正确地使用适当的语言形式来完成一些社会任务,如问路、告别、请求等;教育的第三个功能是培养学习者个人的素质和能力,体现在语言教学上,就是遵循个人语言能力的自然发展过程,尽量提供适当的自然环境,使学生的语言习惯和能力在自然过程中形成(参见束定芳,1990)。

研究表明,人脑中的确存在着一种不同于任何其他动物的特殊语言能力。这种能力特别体现在对语音的识别、语法规则的推断和联想上。这种对语法的敏感性和认知能力是人类得以迅速掌握自然语言的重要因素。

因此,对待语法在整个外语教学中的地位和作用问题,已经不是语法该不该教的问题,而是教什么和怎么教的问题。

教什么涉及的是教学语法的范围。

怎么教涉及的是语法教学的方法论。

由于人们对语言本质的认识不同、研究的方法相异,对语法概念的理解也就千差万别,由此便产生了各种不同的语法描述的方法。就此而言,语言学界就有结构主义语法、系统功能语法、转换生成语法、格语法、层次语法、法位语法等等。

我们认为,教学语法的确定必须受到外语教学本身的特殊性的制约。任何外语教学法都不可避免地要受某一语言学理论的影响。不同的语言观必然会导致不同的语法教学观。现代语言学对语法的看法尽管莫衷一是,但每一个不同的流派都在某种意义上具有其合理性,都从某个不同的角度揭示了语言的某个方面的特点,尤其是在描述的方法上各有其独到之处。随着语言学和外语教学理论的更新和发展,语法的概念也已经有了新的扩展。语法是变化的、语篇的,语法的形式与意义形成了有机的统一,教师应从新的角度去看待语法、教授语法(戴炜栋、陈莉萍,2005)。因此,在目前语言学界对语法这一概念没有十分确切的界定的情况下,教学语法必然应该博采众家之长,力图呈现给学生一幅完整、准确而又清晰、简明的语言概貌图。

从语言学的角度看,语言是一个符号系统,是一个交际工具。教学语法必须遵循这两个重要原则。就系统而言,它是用来表达复杂的社会文化和自然现象的。这一复杂的社会文化和自然现象我们称之为语义系统,它的实现依靠的是一套语义组合规则,而语义和语义组合规则系统最终必须要由音位系统才能得以体现。因此,我们所说的语言符号系统包括语义、句法和音位三个方面。它们互相依赖,互相作用。教学语法描写语言系统和规则就必然要吸收组织规则之间的相互关系和作用方面的研究成果。另外,现代语言学还充分注意到了语言的话语结构,在语言的宏观层次上对句子的组合原则进行了研究,因而,教学语法中必然也应体现出话语语言学的研究成果。就语言作为交际工具而言,语言交际实际上是一种信息编码和解码活动。语言信息编码和解码的依据来自两个方面:一是语言本身的内部规律,即语法规律,二是社会交际的原则,即语用原则。因此,教学语法中必须引进语境因素,充分考虑到语法规则与交际原则之间的协调关系,把语言形式和功能有机地结合起来。

根据语言功能理论,语言具有概念(ideational)、人际(interpersonal)和语篇(textual)三种功能。"概念"主要指语法,这一功能的实现受制于"人际"和"语篇"功能,也就是说,语法规则的选择要受到社会因素和上下文

关系的限制。因而,要准确地描述语法必然要考虑另外两个相关的因素。由此看来,教学语法的内容可以表述为:

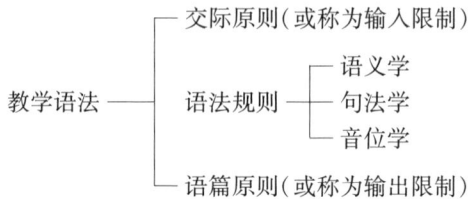

从教育学的角度看,教学语法必须适应学生的学习目的和培养目标。例如,为 ESP 学生编写的语法就应该区别于为英语作为专业的学生编写的语法;为短期强化训练学生编写的语法应该区别于为一般学生编写的语法,等等。

根据外语教学的特殊性,对教学语法的编写方式和体例也应有一些特殊的要求。我们认为,在编写外语教学语法时,至少要考虑以下几个编写原则:

(1) 对比原则

一般来说,学生是在基本或完全掌握了母语的情况下才开始学习外语的,因此,原有的语言知识必然会对新的语言系统的掌握产生影响。这种影响是双向的,也就是说原有语言知识会发生两种迁移,一种是正迁移,另一种是负迁移。母语与目标语相近的,正迁移居多;相反,负迁移则大量出现。因此,在外语语法教学中充分利用对比的方法,能够加强正迁移,减少负迁移,加速外语学习的进程,提高学习的效率。研究表明,母语对外语习得过程干扰最大的情况表现在词序方面,然后是词形方面,这种干扰在缺乏正常的语言环境时最为明显。外语教学语法必须注意到这一事实,在语法编写中充分利用对比的方法,使学生对母语和目标语之间的差异产生敏感。这就要求语法编写者们在对学生外语学习过程中受母语干扰最大的方面进行调查研究和分析的基础上,预测学生可能遇到的困难,并设法帮助学生克服这些困难。

语义系统的差异和交际原则、语篇原则之间的差异同样也应该通过对比加以强调。要使学生意识到,任何两种语言的词汇不可能一一对应。每一种语言中都有大量的"文化承载词"(culturally-loaded words),需要我们从文化上作出解释。交际原则和方式上的差异,例如在表示问候、告别以及表达个人愿望、拒绝、接受、感谢、谦虚之类时的规则在各种文化中都显现出不同程度的差异,必须通过话语结构和语用原则的对比加以解释。

同样道理,由于语篇结构更能反映出不同民族的思维习惯,把目标语的语篇结构与学生的母语加以对比是使学生掌握目标语语篇规律的最好的途径之一。

(2) 认知原则

从错误分析的结果来看,引起学生错误的最大干扰并非来自母语,而是来自人们在语言学习过程中普遍采用的认知手段——类推(analogy)。这就说明,学生在学习任何一种语言时,他都尽量自己去发现规则和利用规则,努力使自己掌握的语言知识形成一个系统。根据中介语理论,学生掌握的外语在任何阶段确实都形成一个系统。当他一旦发现自己的系统与目标系统有差异时,他便进行相应的调整,使其越来越接近目标系统。学习者在学习语言时,一般都采用四种认知方法:分析(analyzing)、综合(synthesizing)、嵌入(embedding)和配对(matching)。因此,教学语法编写者必须意识到学生在学习语言时的主观能动性,在语言材料的安排、语法项目的选择和讲解方面考虑到学生认知能力的利用和培养。

另外,外语学习过程根本不同于母语学习过程。在儿童学习母语时,他实际上也是学习用一种语言来发现他周围的世界并对其中的现象进行归类,也就是说,学习母语的过程也可以说是一个社会化的过程。而外语学习正是在这样一个完全不同的认知基础上进行的。外语教学语法的编写就应该考虑到充分利用外语学习者的原有知识,包括语言知识和世界知识。

同时,外语教学语法在语法项目的安排和处理上必须考虑到语言学习的阶段性特点。如果我们把外语学习过程分成初级、中级和高级三个主要阶段的话,那么每个阶段都有其显著的特点。从教学法角度出发,语法项目的安排应有不同的侧重。如初级阶段应侧重基本词汇和基本句型,中级阶段应侧重复杂的句型和篇章结构,高级阶段应侧重对学生的文化的敏感性的培养,等等。

另外一个需要特别强调的问题是,教学语法的编写必须在大量丰富、真实和分级的语言材料的基础上进行。只有让学生接触大量的、真实的语言材料,才有可能真正地培养学生的语法意识,从而使学生大脑中的语言习得机制充分发挥其作用,使外语学习收到事半功倍的效果。

以上我们讨论了外语教学语法编写中的一些原则问题。概括起来就是：外语教学必须体现出系统原则，把语言作为一个符号系统来描写；必须体现出交际原则，把语言规则与交际原则结合在一起描写；必须遵守对比原则，增加学生对两种不同语言的结构和文化的敏感程度；必须遵循认知原则，考虑到外语学习的特点和学生的认知能力，在语法项目的设置和教学方法的选择方面，充分利用和开发学生的主观能动性。

## 第三节　外语词汇教学

曾有人这样比喻过词汇与语法之间的相互关系：语言好比一座大厦，语法就好比其建筑的框架，词汇则是建筑该大厦的砖块。这一比喻虽不十分确切，但却非常形象地揭示了词汇与语法之间相互依赖而又独立的复杂关系。

从语言产生的角度来看，在人类语言产生的最初阶段，词汇在语言交际中起着主要的作用，随着交际内容复杂性的增加，语法对话语的组织逐渐起着越来越大的作用。这一点我们从儿童语言习得的过程中也可以观察得到。儿童学习母语的过程依次历经牙牙发声(babbling)、单词句(one-word sentence)、双词句(two-word sentence)和完整句等阶段。在单词句阶段，一个词往往表达一个简单的概念。到了双词句阶段，儿童已能用两个词表达各种不同的概念和命题。随着儿童认知能力的发展，语法意识也日益增强，逐渐能用不同的语法手段来表达不同的意义关系。

按照 Samuels(1972) 的观点，语言交际中语法与词汇相互间是一个相互补充的关系。一种语言中词汇上的空缺往往可以通过语法的手段得到弥补；一种语言中语法上的空缺也可以通过词汇手段进行补偿。正是由于各种语言里对词汇和语法手段的不同依赖程度在一定程度上构成了人类语言的种种差异。

Widdowson(1992) 提出，在语言环境丰富的情况下，词汇与语法的交际功能相比则词汇是主要的，语法是次要的。只有在语境相对贫乏的情况下，语法对语言的输出和理解才起到比较大的作用。所以在他看来，语法的作用是调节性的，与词汇相比，它是服务于词汇的。词汇表达实际意义，语法表达关系意义。

传统的外语教学强调向学生传授语法知识,在一定程度上把语法结构作为外语教学的终极目标。这就忽视了学生实际语言使用能力的培养。在传统的外语教学中词汇教学有一段时间是受到特殊重视的,如 Michael West (1953)专门为英语学习者编写了《英语通用词表》(*A General Service List of English Words*)。Palmer 和 Hornby 等也对英语词汇进行了深入的研究,并从教育学的角度编纂了词汇学习的工具书。但传统外语教学中的词汇教学强调词的字面意义,教学的方法主要是对比和翻译,忽视了在实际使用中的词汇意义。即使到了 20 世纪 60 年代,很多外语教师仍然将语法结构的教学作为外语教学的重点。

20 世纪 70 年代后期开始,人们开始重新重视词汇教学在外语教学过程中的作用。尤其是在对词汇研究素有传统的英国,人们充分利用词汇和语义研究的成果,设计了许多旨在帮助学生掌握语言中基本词汇用法的练习和教学活动;同时通过对儿童母语习得过程的观察,研究词汇习得的特点,寻找外语教学中词汇教学的最佳途径。在目前的研究中词汇习得的研究是一个特别引人注目的领域。

目前,人们一致认为,词汇知识是语言使用者语言能力的一部分。有关词汇和词汇习得方面的研究表明:

(1)某一语言的本族语使用者在成年后仍继续扩大其词汇量,但成年后句法方面的发展却很小。因此,词汇学习是一个连续不断的过程。有人测算,学龄前儿童认知词汇可达 2,000 个;7 岁儿童可达 7,000 个左右;14 岁儿童达 14,000 个左右;成年人 100,000 个左右;而专业科学家可达 150,000 个左右。

(2)认识一个词意味着知道在口语和书面语中碰到该词的概率。许多词我们还知道很可能与其搭配出现的其他种类的词。本族语者一般能将一组词分出"常见""不常见""不大常见"等三类。

(3)认识一个词意味着知道功能和情景的变化对该词的各种限制,如时间变化、地位变化、社会角色、语域等对词语的选择有一定的限制。

(4)认识一个词意味着知道该词的句法特征。

(5)知道一个词隐含着知道该词的深层形式(underlying form)和从该词派生而来的词,如 solidity、solidify 由 solid 派生而来。

(6)知道一个词意味着知道该词与其他词之间的关系网络。如在联想实验中,受试者对 accident 的典型反应是 car;对 alive 的典型反应是

dead。一般来说,词汇之间关系的联想可以通过对比或反义词,如 wet — dry;通过相似点或同义词,如 blossom — flower;通过从属关系分类,如 animal — dog;通过并列关系分类,如 apple — peach;通过上下义关系分类如 spinach — vegetable;等等。

(7)知道一个词意味着知道该词的语义评价意义。

(8)知道一个词意味着知道该词的其他不同的意义。

## 一、母语词汇习得与外语词汇习得特点之比较

1. 母语词汇习得

儿童母语词汇习得过程是一个与其生理和认知特点密切相关的特殊学习过程,其所处的社会和语言环境对其语言能力的发展有着十分关键的意义。

儿童学习母语词汇的同时,实际上也是在学习一种观察和认识世界的方法,其认识能力与语言能力的发展是同步的、互相促进的。从心理学家对儿童词汇习得的研究来看,儿童是在一个非常特殊的语言环境下逐渐习得有关事物的概念及其相应的语言表达方式的。

心理学家对儿童学语的最初阶段观察发现,儿童到了 7 个月左右已经与其母亲形成了一套言语交际的程序。这个时候,儿童已经知道该期望什么并对母亲的行为作出反应。因此,部分心理学家认为儿童实际上是在与其母亲交往过程中以及在非常熟悉的环境里开始学习语言的。正因为如此,儿童能够利用其社会情景知识来猜测母亲对自己的评价并理解该情景中的语言信号。这一段时间里他已经在努力尝试运用语言形式来进行表达。这一见解与 Piaget 提出的儿童是在掌握了某一概念后才能用语言形式来表达的观点是一致的。

实验发现,母亲在与儿童的交往中,其大部分语言输出是直接针对两者所处的言语环境的。其中 70% 针对儿童注意力集中的某一物体,30% 针对两者的某些实际行为。

研究表明,不同的儿童在发现某些特定的语法特点过程中运用了不同的策略,而且这种差异在语言发展的早期就有所表现。

Nelson(1973)研究了 18 个儿童最早的 50 个词的习得情况。有趣的是,这些儿童掌握的前 50 个词的差异很大,因此,按照其所掌握词的意义

特征将他们分为"指称组"和"表达组"两类。指称组对周围的事物兴趣较大,因此所习得的大部分是事物的名称;表达组对周围的人有兴趣,他们运用语言主要来表达自己的情感和需要。Nelson 对这些儿童后来的语言发展进行了观察,发现两组获得前 10 个词的速度几乎相等,但后来的情况就有了变化。指称组每月习得的词汇要比表达组多得多,两年后词汇量明显高于表达组;但表达组的句法习得比指称组快,学习前十个单词以后的速度明显高于指称组,2 岁时,表达组已能表达较为完整的句子。这一实验的发现也被其他的研究所证实。

Anglin(1970)研究了儿童与成年人对词汇意义认识的差异,并对儿童词汇习得的发展过程进行了追踪调查。他的一些发现在一定程度上揭示了儿童词汇习得的一些重要特征。这些发现包括:

(1)儿童倾向于将一组词按主题横向组合起来,而成年人则一般将同类的词按句法特征进行分类。如对于提示词 table,儿童的反应是 eat 而成年人最常见的联想是 chair。这显然与儿童的认知环境与抽象能力有关。因此,词汇学习的一个重要方面就是对词与词之间的句法、语义和概念关系的理解逐步加深。

(2)儿童对词义的理解逐渐由具体向抽象发展:这一点可以从儿童和成年人的词汇搭配测试中看出。成年人比儿童对词汇的抽象意义更容易接受,更倾向于使用隐喻式表达法。3 岁左右的儿童否认 bright 和 hard 可用来描写人,但到 12 岁左右,儿童便对这种搭配习以为常。

(3)儿童对事物和词的理解逐渐概括化。例如:儿童先学会 roses 和 tulips 是 flowers,ashes 和 oaks 是 trees,然后学会 flowers 和 trees 属于 plants,而 plants 又属于 living things,等等。

因此,从儿童学习母语词汇的特点来看,这一学习过程实际上是一个概括能力、认识能力、语言交际能力(包括词汇和语法知识的掌握和使用)相互依赖、相互促进的过程。下面几点在母语词汇习得过程中显得十分突出:

(1)词存在于一个语义空间里,学会一个词意味着知道它在这个空间所占据的位置。儿童是在大量的语境中经过无数次的摸索才获得这一知识的。

(2)学会一个词意味着知道它的聚合及其相互关系。学会一个词还意味着认识它在上下文中的作用,即认识它的句法、语义和语用特点。

（3）理解一个词与输出一个词是不同的过程。输出是一个更为积极、复杂因而也更为困难的过程。

（4）表达具体意义的词一般更早学会，并且容易被记忆和检索。

（5）儿童词汇学习过程中，有一部分词是母亲或周围人用直接的方法传授的（多次的、有意识的重复和纠正），另一部分是他自己习得的。

2. 外语词汇习得

与母语词汇习得相比，外语词汇习得过程是一个更为复杂和特殊的过程。

首先我们区分两种学习外语的情况，一种是在双语环境下同时学习两种语言的情况，另外一种是在儿童基本上掌握了母语之后学习另外一种语言的情况（包括成年人学习外语）。前一种情况中儿童学习两种语言是儿童社会化过程的一部分，两种语言词汇的习得都与儿童的认识能力和社会环境密切相关；而后一种情况则不同，儿童是在完成了基本的认知发展过程以后才开始学习另外一种语言的，这样的语言学习在较大程度上类似于其他知识的学习，要受到个人差异、环境因素、情感因素等的影响。心理学对这一观点的有力支持是，通过对儿童同时习得两种语言的操双语者和在掌握母语以后才开始学习另一门语言的操双语者的大脑结构进行解剖分析，发现其大脑结构呈现出明显的差异。

从理论上讲，外语学习（主要指在掌握了母语以后开始的外语学习）已在认知基础、交际能力、情感和语言环境方面完全不同于母语学习。

（1）从认知基础来看，儿童学习母语词汇的过程是在一定的社会交际环境中习得某一事物的概念的，同时也习得了该概念的语言表达方式，概念与语言学习的过程是同步的；而外语学习者是在已有概念系统外学习一个新的语言符号来表达某一概念。母语的概念系统与外语的概念系统不可能完全一样，其对应的语言符号的系统也各有特点。因此，外语学习者在外语词汇学习过程中会遇到如下困难：1）语音方面，由于母语与外语运用的语音符号及组合方式有差异，同一个概念的外语表达会形成记忆上的困难；2）书写方面，尤其是对母语和外语属于不同类型的书写系统的外语学习者来说（如中国学生学习英语，汉语属于表意文字，而英语属于表音文字），其视觉适应和阅读习惯都会造成词汇学习上的困难；3）词法方面，不同的构词方法和词的形态变化给学习带来困难。总的来说，母语与外语在各个层次上的差异越大，学习者学习外语的困难就越大，当然也有特殊情况,即越是相似(实际上不相同),越是容易引起误解和困难。

除此之外,外语学习者的"元语言"(meta-linguistic)能力,即对语言的处理能力、对世界知识的了解程度也对外语词汇学习过程产生影响。

(2) 从交际能力来看,儿童在学习母语的过程中同时也习得了母语的交际能力,知道在何时、何地、与谁、如何说话。根据 Canale 和 Swain(1980)的观点,交际能力包括四个方面的内容:1)语言能力;2)社会语言能力;3)话语能力;4)策略能力。外语学习者在学习另外一门语言的时候,必须从以上四个方面来发展自己的外语交际能力。原来的母语交际能力必然会对新的外语交际能力的获得产生影响。一方面是母语的交际能力的正迁移,由于人类语言交际的普遍性原则的作用,这种正迁移自然有利于外语交际能力的获得。另一方面是母语交际能力的负迁移,由于语言形式和功能上的差异,这种负迁移会阻碍外语交际能力的获得。这两种迁移都将对外语词汇的习得带来不同程度的影响。

(3) 从情感因素来看,外语学习者学习外语的动机、对目标语社团文化的态度、个人的性格等在很大程度上决定着外语学习的成败。

(4) 从语言环境看,儿童生活在母语环境之中,接受的是真实的语言输入,其语言习得过程就是社会化的过程。外语学习是在有限的、模拟的语言环境中进行的,无论是从输入的质还是从输入的量来看,它都比不上母语习得的语言环境。

## 二、外语词汇教学的途径

正是由于母语词汇习得与外语词汇习得之间的种种差异,外语教学中词汇的处理问题就是一个非常值得重视的课题,需要设计一些特殊的词汇教学方法以提高外语词汇教学的效果。

下面我们就来讨论外语词汇教学的一些基本原则和基本方法问题。

我们前面提到,根据语言的本质特征以及外语教学的特点,在任何形式的外语教学中都应遵循这样几个原则:(1) 系统原则;(2) 交际原则;(3) 文化原则;(4) 认知原则;(5) 情感原则。这在外语词汇教学中也不例外。下面我们简要地说明一下在词汇教学过程中这五个基本原则的含义及实践方法。

(1) 系统原则。语言是一个系统,它由各种子系统组成,词汇系统便是其中的一个重要的子系统。系统的一个重要特点是它内部成分之间的相互联系性。在外语词汇教学中，必须充分注意到单词之间的各种系统内关系。例如，在聚合关系中，可以利用单词之间的同义关系、反义关系、上下义关系、同音词关系等来帮助学生掌握和记忆单词的意义关系；在组合关系中，通过对词义搭配限制和句法搭配限制的分析来理解和掌握词义的组合规律。各种单词联想实验的结果证明，以上的各种词义关系具有很大的心理现实性，因此对外语学习者从系统的角度进行词汇教学常常能达到事半功倍的效果。结构主义语言学在语义研究、语音研究方面的成果可以在这里加以充分利用。

（2）交际原则。语言是交际的工具，学习语言的最终目的是在某种程度上进行交际，因此应该尽量让学生在真实的交际环境中学习使用中的语言，并在使用中真正掌握这门语言。在词汇教学中贯彻这一原则要求教师对词义、词的使用特点等的讲解和操练充分考虑到语言的交际功能。

（3）文化原则。语言的底座是文化。词汇结构、词义结构和搭配无不刻有该语言社团文化的烙印。外语中概念意义与母语中一致的两个词很可能在文化意义上大相径庭。这就要求外语词汇教学中对一些"貌合神离"的"假朋友"从文化的角度进行特殊的处理，以培养学生的"跨文化意识"。

（4）认知原则。前面我们已经讨论过这个问题。外语学习是在学习者已经有了一个较为完整的认知基础的情况下进行的。外语词汇学习的性质已与母语词汇学习完全不一样。学习者的母语知识、对语言的一般知识和整体的认知能力都将对外语的词汇学习产生影响。因此，一定程度上的比较和分析不但是可能的，而且是必要的。另外，研究发现，在语言交际中，两种不同的词汇——一类是开放性词汇，即实词，另一类是封闭性词汇，即虚词——起的是不同的作用。它们所涉及的错误类型也是不同的。开放性词汇多为替换性错误（即用词不当或音位错误），而封闭性词汇多为不适当削减或添加所造成的错误。这就说明，这两种词汇在大脑中的认知基础是不一样的，学习者需要有不同的方法来记忆不同类型的词汇。

（5）情感原则。在词汇教学中，教师应充分调动学习者的学习兴趣，培养学习者积极的学习态度和动机，努力克服学习过程中的负焦虑，这对提高学习的效率是至关重要的。

外语词汇教学的方法可以根据不同的教学目的和特点分为两大类：(1) 直接的词汇教学(direct or explicit teaching of vocabulary)；(2) 间接的词汇教学(indirect or implicit teaching of vocabulary)。

所谓"直接的词汇教学"，就是把词汇教学明确作为教学目标的一部分，对词的结构（包括语音）、意义和用法进行分析、讲解和操练。所谓间接词汇教学就是通过其他的学习活动，如阅读和听说等，间接地达到扩大学习者词汇量的目的。当然这两种方法并无明确的分界线，主要在于教师强调的程度。

在传统的外语教学中，对处于不同阶段的学习者的词汇要求是不一样的。通常对学习材料中的词汇进行控制，教材中对词汇的处理也经常根据明确的教学方法来进行。学生对词汇的记忆主要靠死记硬背。实践表明，死记硬背单词对掌握基本的外语词汇是有用的，但是要真正使学习者获得准确理解和使用词汇的能力，还须强调在交际中学习词汇，即通过间接的方法学习词汇。Honeyfield(1977) 提出："即使是一个刚刚学完3,000 单词的非常勤奋的学生，在遇到一篇未作简化的文字材料时，他仍然有 10%—20% 的生词。这些词可能不是一般意义上的常用词，但它们对理解全文的意义至关重要。"根据词汇学习是一个连续不断的过程的特点，教会学生通过上下文猜测词义并掌握词汇用法的方法就显得十分重要。

研究表明，学习者随着其外语水平的逐渐提高，其对"推理"和"间接学习词汇"的需要和可能性也越大。

目前流行的一些"完形填空"(cloze)练习实际上是培养学习者这种词义猜测能力的一种有效的方法。

Carter(1987)在讨论了各种词汇练习在培养学习者使用和记忆词汇的能力方面的得失后，作出如下的小结：

(1) 对大部分学习者来说，词汇应从理解和输出两个角度来教。理解能力的培养依靠帮助学习者学会理解和记忆词项的策略来实现；输出能力的培养通过帮助学习者贮存少许主动词汇、从记忆中检索已学词项并在适当的上下文中使用它们的策略来达到。有些策略更适合于理解，另外一些更适合于输出，比如 cloze 作为一种教学方法可以促进阅读中的词项理解。

(2) 在学习外语的最初阶段，应该利用各种各样的方法来帮助学生记忆单词,尤其是借助与母语词汇之间的声音和形象方面的联想。

(3)在教学初期应特别注意核心词汇的概念,词表应根据核心词理论确定。

(4)学习越是到了高级阶段,越是应该强调输出的重要性,这样也就越需要在语义联想的网络中教词汇。使用语义场和语义栏方法特别有效。

(5)猜测和利用上下文线索进行理解非常重要,尤其是在外语阅读以及外语学习者需要培养其独立性时。

(6)在教学的各个层次上习语教学都很重要,对学生掌握输出惯例方面特别有用,包括一些固定搭配和成语等。

(7)在话语中教词汇能培养学生的高级输出技能,同时也能使学习者了解词语在句法、语义和语用各个层次的作用。这些技能在一定程度上可利用计算机语料库提供的有关信息进行培养。

## 第四节　外语听力教学

随着人们对听力在外语学习和交际中的特殊作用的理解以及对听力教学重要性的认识的加深,有关听力教学的特点和方法的研究近些年有所增加。讨论的焦点包括:(1)影响听力的因素有哪些?如何影响?(2)怎样进行听力教学?

关于第一个方面的问题,从研究的结果来看,人们比较一致地认为,以下几个方面的因素影响听力理解:(1)听力材料的特征;(2)说话者的特征;(3)任务特征;(4)听话者本人的特征;(5)过程特征。

至于第二个方面的问题,人们发现,有两种策略——认知策略和元认知策略,对听力过程产生影响。同时对学生进行这两种策略的交叉训练有利于提高他们的听力理解。

下面我们分别加以阐述。

### 一、影响听力理解的重要因素

1. 听力材料的特征

毫无疑问,听力材料本身的一些特点,如时间变量、语音、词汇和句法,以及视觉上的支持等对听力理解会产生影响。

Griffths(1991)认为有三种时间因素——语速、停顿和迟疑——与听力理解有关。

语速影响听力是必然的。语速过快,听者还未及反应,这样就必然影响理解话语的意义;过慢又会造成心理上的障碍,给人以不真实的感觉,容易引起厌倦等。然而,不同的民族、不同的语言社团或年龄层次的人们对正常语速的理解是不一致的。许多研究者认为英语为母语者的正常语速是每分钟 165 至 180 个词。另外一些学者的研究结果表明,在不同的场合,正常语速的标准是不一样的。例如,在美国,广播采访的语速约每分钟 190 个词;一般日常会话语速为每分钟 210 个词;讲座为每分钟 140 个词。

Griffths 的研究发现,每分钟 200 个词的语速对中下水平的学习者将造成较大的理解困难。他们的理解正确率在语速为每分钟 127 个词时达到最高。但另外有研究发现,语速在每分钟 145 至 185 个词之间并不在很大程度上影响学习者的理解。这说明语速与材料本身的特点、学习者的背景知识等密切有关,语速并不是一个在听力过程中起独立作用的因素。

许多研究者认为,迟疑和停顿对听力的影响是积极的,只有 Voss 一人的研究结果发现迟疑和停顿在一定程度上会分散学习者的注意力。Voss 的研究是根据真实的自然会话材料展开的。

Voss(1979)发现,重复、使用停顿词、停顿等会引起非本族语者的感知上的问题,因而引起理解上的错误。Voss 认为操本族语者不受迟疑现象的干扰主要是因为他们具备在理解意义时辨认和处理这种现象的策略。非本族语者往往受累于用自下而上的手法处理并不影响意义的话语,而本族语者却采用自上而下的手法,放弃那些与话语理解无关的语段。

从听话者对话语材料的感知角度来看,语流的感知单位也影响听力理解。

一般认为,本族语者在听的过程中,感知的单位为单个的词。但 Hieke(1987)提出,真正的感知单位可能是组成单词的音节和帮助分解语流的音段。这方面还需要进一步的研究。

有人指出,初学者对听力理解感到十分困难,因为他们很少听到完整的语言交际,缺乏音位能力和信息处理技巧。

有的学者提出,联音是影响语流切分的问题之一。联音包括"同化"

"缩音""连读"和"省音"等。研究者们发现：(1)对某一语言的系统特征相当熟悉的听话者可以利用这一知识补偿因联音变化引起的困难；(2)目标语知识有限的语言学习者无法补偿因联音造成的信息标志的丧失。

重音和节奏的感知也对听力理解产生影响。重音在不同话语中有不同作用。有些语言中重音有区别性意义，如果学习者母语中重音没有区别性意义，就会在很大程度上造成听力上的困难。

听力材料在词法和句法方面的改动(modification)对听力理解的效果也引起了人们的兴趣。对于什么样的句法减略会提高理解率这一问题人们的争议很大。争论的焦点有两个：(1)本族语者所作的句法削减是否有帮助？(2)根据听话者的要求所作的变动是否最有效？

Chaudron(1983)对不同程度的非本族语学习者受句法变动的影响进行了实验。他发现，以名词重复的形式出现的信息冗余比其他任何形式更有助于辨认和回忆。

另外有人对中上程度和低程度的学习者聆听学术讲座的情况进行比较分析，发现前者得益于句法上的改动，后者则不明显。

许多研究结果表明，材料的可理解性取决于多种因素：学习者的语言水平、材料的类型和背景知识的数量。由于缺乏对语言水平进行比较的标准，因而难以确认研究结果的真实性。

关于信息冗余度对听力理解的影响，Glisan(1985)研究发现，水平好的学生对经过改编的长句子的理解要好于未经改编的短句子。她认为给高级阶段的学生提供解释性的内容或冗余信息可以帮助他们理解材料。

然而，另外的一些研究者发现，对于程度低的学习者，有些冗余反而会增加他们的听力负担。

因此，冗余是否提高理解与两个变量——语言程度和冗余类型——有关。

有些研究者还考察了词序和话语标记，如反映讲座宏观结构的标记，以及表示句与句之间联系的微观标记等对听力理解的影响。研究发现，表示过渡和强调的宏观标记比微观标记更有利于听话者回忆讲座的内容。或许过多的小标记反而会使整个讲座变得无序。

从听力材料的类型与听力理解的关系来看，一般的看法是，大多数书面材料句法上比口语体材料更为复杂，信息冗余度要小，因而比口语体更难理解。

Shohamy 和 Inbar(1991)对三种不同的材料的可理解性进行了实验：使用事先写好并经过编辑加工的新闻稿；由书面笔记构成的讲座；由不停的交流构成的协商式对话。受试对象是 12 年级的英语作为第二语言的以色列学生。每一类型的材料有两个话题。两个话题的语言材料理解难度是一致的。实验结果发现：新闻最难，讲座次之，对话最后。

另外，经验证明，以时间为顺序的描述材料要比打乱时间顺序的描述更易懂。

研究表明，视觉支持能提高听力理解。Rubin(1990)发现，通过录像故事训练听力的学生要比没有视觉辅助的学习者进步更快。她指出，录像如果被选择用来提供信息处理的线索，那就能提高听力理解，关键是选择，并非运用录像本身。

Secules(1992)等人对一批二年级法语学生进行实验，考察观看录像对听力理解的影响。控制组用的是"直接法"，采用句型操练、发音练习、以语法为核心的阅读活动以及交际活动等；实验组用的是 *French in Action* 系列录像。活动包括观看录像内容、理解练习和有引导的讨论，同时还使用练习册、结构操练和交际活动。结果显示，实验组在听力理解方面总体上比控制组成绩要好。实验组在回答有关主题思想、细节和推理方面的问题上做得特别好。

另外一些学者在研究录像何时、如何能帮助提高听力时发现，学习者语言程度越高，视觉帮助作用就越不明显。这也与材料的难度有关，材料简单，听话者可以不借助图像理解话语。

2. 说话者特征

相对来说，关于说话者的特征影响听力的研究做得较少。

Markham(1988)对性别偏见和说话者的权威性对英语作为第二语言的学习者的听力理解的影响进行了实验研究。他发现：(1) 中等和高级程度的学生回忆非专家的男性说话者的发言要比非专家女性说话者的发言更容易；(2) 高级程度的学生能够回忆起男性专家的讲话内容；(3) 如果说话者为女性专家，两组学生的表现比回忆非专家的女性说话内容时要好。因而 Markham 指出，"性别因素"是影响外语学习的一个因素。但这涉及文化问题，不同的文化对此有不同的反应。

3. 任务特征

听力理解任务的类型对听力理解的过程亦有影响。对不同的问题类型学习者的反应程度不一样。例如,多项选择题比"wh-"问句容易完成。

另外,Shohamy 和 Inbar(1991)发现,对具体线索的提问比依靠整体(global)线索的提问往往更容易回答。显然,概括推理和综合信息要比寻找特定信息更困难。低年级的学生对这两类问题的敏感度更强。凡是能回答整体性问题的也能够回答细节性问题,但能回答细节性问题的不一定能够回答整体性问题。

4. 学习者特征

学习者的语言水平、记忆力、情感因素、背景知识、学习策略的使用等是影响听力理解的重要方面。

研究者们认为,目标语输入的记忆跨度要比母语短。随着目标语水平的提高,能成功处理的目标语输入数量也随之增加。因而记忆时间长度是学习者整体语言水平的标记。在注意力方面,程度低的学习者遇到生词或难句时,通常停止听,或者不知道他们已经不在注意所听的内容了。

听力过程中,听话者的自信心对听的效果十分重要。至于背景知识对听力过程的影响那更是不言而喻的。学习者对熟悉的话题的兴趣和理解率都要高于一般的话题。

目前人们比较一致地认为听话者对语言输入的处理是主动的。处理方式有两种:认知策略和元认知策略。认知策略包括通过考虑如何贮存和检索信息以解决问题。元认知策略包含计划、监控和评估理解。除此以外,听话者还利用有关他们自己及最佳听力状态的元认知知识(个人知识)和有关听多少内容、材料难度如何等知识(任务知识),以及有关策略及他们与材料的任务之间关系的知识(策略知识)。

5. 过程特征

听力过程作为一种内部的心理过程,研究起来有许多困难。目前,人们关心的焦点主要在自上而下、自下而上和平行过程上,即听话者是否运用他们的世界知识、情景和人类交往知识来理解意义,然后利用词汇、句法和语法知识来理解语言形式;或者反过来,先自下而上,然后自上而下,以及两种过程何时和如何相互交替(平行过程)。

从话语角度看意义,Anderson 和 Lynch(1988)指出,在语言学习的最初阶段,意义平面仅限于辨认出话题和对主题的可能发展的方向作出判断。

Wolff(1987)发现中下水平的学习者在听简易的材料时,一般两种过程交替使用,但在听更难一点的材料时,更多地使用自上而下过程。

O'Malley(1989)等人在对中等程度的英语学习者的研究中发现:"有效的听话者好像更注意较大的板块,只有在理解中断时才将注意力转移到个别词上来"。因而,在某个层次,在自上而下和自下而上过程中,有一种微妙的相互作用。他们认为,在交际中断时,这种作用特别明显。

## 二、听力教学方法

听力教学的目标是通过对学习者进行认知或元认知策略的培训,促进学习者的听力理解能力。依据学习者听力理解过程的差异,听力教学可以有自下而上和自上而下两种不同的路径。在自下而上的路径中,学习者先理解词汇意义,再组合成句子意义,继而上升到语篇意义的理解,因此听力教学的目的在于促进学习者快速理解听到的每一个单词。Hulstijn(2003)列举了自下而上路径的六个步骤:(1)听录音;(2)确定自己是否理解所有听到的内容;(3)必要时重放录音;(4)参照听力原文,准确理解听力内容;(5)理解必须要理解的内容;(6)在脱离原文帮助的情况下理解所有内容。这些步骤除了帮助听话者自下而上理解听力内容,还可以提醒听话者注意口头表达中的语音特征,如连读、略读、语音同化等现象(Vandergrift,2007)。

当然,学习者通常还会借助自己已有的背景知识来帮助自己理解听力内容,即采取自上而下的听力理解过程。结合自上而下的理解路径,教师需要发展学生的原认知知识,如可以通过讨论、写听力日志等方式来激励学生反思自己的听力学习,或通过听力任务的设计来鼓励学习者运用预测、监控、评估、解决问题等策略构建对听力学习的元认知知识。作为先验知识的背景知识对听力理解的意义虽然不言而喻,但先验知识也可能起到误导作用,一旦先验知识与听力内容不一致,将影响听话者对听力内容的准确理解。

在听力教学中,自下而上和自上而下各有优缺点,在教学中不妨将两种方式进行有效的融合,Vandergrift(2007)提出了以下将两者融合的教学步骤:(1)规划/预测阶段。了解主题,预测可能听到的内容。(2)首次验证阶段。通过听取录音,证实预测的准确性,并注意其他信息;将自己所听内容与同伴所听内容相比较,进行更正,并发现进一步需要注意的细节。(3)第二次验证阶段。与同伴对理解不一致的细节进行交流,记录完全理解的新信息；全班一起讨论已经理解的细节，重构听力材料的要点和细节；反思学习者听力理解中的策略。(4)最终验证阶段。参照听力原文，进行信息比对。(5)反思阶段。根据之前的策略讨论，制定下一次听力活动的目标；讨论口头复述与书面听力原文的差别。

## 第五节 外语阅读教学

### 一、阅读过程特点分析

20世纪60年代末70年代初，Goodman(1967)和Smith(1971)提出了一个心理语言学的阅读模式，称为"自上而下模式"(top-down)。该模式以概念理论为基础，提出：在阅读过程中，阅读者根据本人大脑中已有的句法知识和语义知识对阅读材料进行预测，并在阅读过程中加以证实和修正。根据这一模式，阅读活动实际上是一种语言知识的实践或实现。

后来，有人提出了一种"自下而上模式"(bottom-up)。该模式强调把材料作为信息输入，阅读者从字母和单词的辨认开始，不断进行信息组合，完成阅读活动。该模式遭到了人们的批评，因为它忽视了一系列影响阅读过程的语境因素，把阅读过程当作一种纯粹的语言知识的应用活动。研究表明，一个优秀的阅读者并不需要上下文冗余信息来完成辨词活动，他的实际辨词过程是自动的、不自觉的，注意力应集中在语言之外的信息上。

1977年，Rumelhart发表了《论阅读的相互作用模式》("Towards an interactive model of reading")一文。他吸取了人工智能研究领域的研究成果，提出：阅读过程实际上是一个多种语言知识，包括文字、词汇、句法和语义等知识的复杂的"相互作用"过程。任何单一的语言知识不能促成对阅读材料的真正理解。

1980年，Stanovich提出了阅读能力的层次模式。他指出，在阅读过程中，有几个层次的因素在起作用，包括词语识别、句法分析、语境知识等。阅读时，各个层次(可以是高或低一层次)的知识互相补偿。Stanovich提出的阅读者利用一切可能因素来协调阅读理解的理论对外语阅读教学理论的发展起到了推动作用。

语境知识的概念各人理解不一。根据语用学等学科的理论,语境知识包括语用规则和世界知识(一般的文化知识等)。Leech(1983)认为,语言交际过程实际上是一种不断解决问题的过程。把 Leech 的人际交际修辞理论运用到阅读理论中来,可以这样理解阅读过程:对阅读材料原作者来说,他考虑的是:我想要阅读者的大脑中增加某一信息,我通过哪种方法才能达到这一目的?对读者来说,他面临的问题是:作者写了哪句话(哪段话、哪篇文章、哪本书)?他想通过这句话(这段话、这篇文章、这本书)表达什么意思?所以,在交际过程中,双方各有一个编码和解码的复杂过程。

编码和解码的依据来自两方面:一是语言本身的内部结构规律,即合语法性;二是社会交际的原则,即语用原则。语言规则确立语言符号的字面意义,而语用原则则明解语言符号在交际中的实际意义。

世界知识也是阅读能力的一个重要组成部分。研究表明,计算机如果不辅以足够的世界知识,它们是无法真正理解自然语言的。对歧义部分的理解主要依靠阅读者的背景知识和个人经验。一些研究和实验结果显示,由于文化背景的不同,阅读理解上的错误往往呈现出系统性。即不同的文化背景、不同的期待心理和价值尺度、不同的语言思维模式、不同的语言修辞习惯,都会导致语言信息理解上的差异。

因此,目前较能为大多数人所接受的有关阅读行为的观点是:阅读活动是一种多种因素作用、多向交流与反应的复杂解码过程。解码依据来自文字、语言、语用、世界等方面的知识。语言知识具体为语音、语法、语义等知识。世界知识中包括一般知识和专业知识。语用知识涉及人际交际修辞规则和语篇修辞原则等。所有影响阅读过程的因素都处在不同的层面上,任何一个都可能与另一个发生互动关系,影响对阅读材料快而准确的理解。

## 二、外语阅读与母语阅读不同特点比较

一般来说,学习外语阅读的学习者已具备了母语的阅读能力。这里就牵涉到几个理论问题:语言阅读能力是否发生正迁移?如果是,在多大程度上?在哪些层次上?外语阅读课应重点加强哪方面的训练?

根据语言的功能理论(Leech,1983),人们掌握语言,主要有以下几方面的作用:表达、指示、描述、辩论和元语言。任何一个具有母语使用能力的人都能运用语言完成上述功能;任何一种语言也都能完成以上功能。如果一种语言知识和能力作为系统知识储存在大脑里,重新学习一门语言就意味着创造另外一个知识系统。根据格式塔理论,新知识的输入必然以原系统为参照系统或立足点,原有系统必然会对新系统产生影响,或者说,原系统的大部分或一部分必然会成为新系统的一部分。阅读能力发生迁移是肯定的、必然的。错误分析显示,外语学习者在各个层次上,如语音、语法、语用等层次上都由于母语的影响呈现出系统偏差,说明迁移已不自觉地在进行。由于语言功能的普遍性,语言手段以及运用语言的手段必然大量呈现出普遍性,因此,语言能力的正迁移是不可避免的。调查表明,外语阅读能力强的学生一般母语阅读能力也很强。但是,我们并不能反过来说,母语阅读能力强的人外语阅读能力也一定强。这是由外语阅读本身的特点所决定的。

首先,语言能力和技巧的正迁移有一定的局限性,它一般发生在更呈普遍现象的语言规则和语用原则上。语言差异、文化差异越大,正迁移越少。就中国学生学习英语而言,文字符号、语音规则、语法规则、语用原则等都与母语迥异,这些方面必然对阅读理解的速度形成障碍。从一种书写系统到另一种书写系统,这必然要在视觉反应和大脑信息接收方面引起困难。第一阶段的任务也应该首先使学习者熟悉这一过渡和转变,使视觉接受的范围和速度逐步增加,赶上或超过对母语文字的反应。另外几个方面的困难同样需要通过专门的方式加以解决。

第二,母语阅读能力和技巧的不足也影响正迁移过程,影响外语阅读能力的迅速提高。中国学生这方面的问题更为明显。国内语文教学大多数还局限在传统的语言知识的传授上,"文以载道"的观念使语文课的注意力较多地集中在学生的品德和感情教育上。语言知识的讲解也限于词语运用、修辞手法和谋篇布局。语文课缺乏这方面的特殊训练。在这种情况下,学生外语阅读能力的培养便缺少一个较为理想的基础。

第三,外语学习者的情感因素也对阅读过程发生影响,如态度、动机和个人性格等。这些我们在前面的章节中已经讨论过,不再重复。

在具体的外语阅读过程中,还有一些更为常见的情感因素影响阅读过程,如焦虑、过于兴奋等。因此,外语阅读教学中对学习者情感因素的控制和引导是教学成功的一个重要因素。一言以蔽之,学生的兴趣,对外族文化、对阅读材料内容、对练习内容的兴趣等,都能使学习者阅读时处于最佳的心理状态。

### 三、外语阅读教学材料的选择标准

20 世纪 50 至 60 年代,由于行为主义思潮的影响,外语教学被视为一种行为习惯不断得到加强的过程。阅读教材常常是为了适合某一特定的语法结构的教学需要而进行改写的分级阅读材料。在过去十年中,尽管阅读技巧的培养比语言的实践更受重视,人们仍然关心阅读材料的可接受性问题,即可读性(readability)问题。以前外语界一直争论的焦点之一是:阅读材料的难度究竟与词汇有关,还是与结构有关?

研究表明,阅读材料的难度是相对的,它与阅读者本身有关。一个 ESP 学生如果阅读其专业范围内的材料,他遇到的困难主要来自结构,而非词汇。同样的材料,对一个门外汉来说,词汇上的困难更为突出。同样,一个中等程度的外语阅读者如要阅读一份他不那么熟悉的领域的材料,他遇到的困难就更多地来自词汇,而非结构。

对于词汇困难的处理,一般有这样几种办法或建议:(1)在材料后面提供一个词汇表;(2)建议查词典;(3)建议不要查词典,尽量根据上下文猜测词义。我们认为,这几种办法实际上并不矛盾,在处理不同材料时可采用不同的方法。即使在处理同一材料内的词汇困难时,这几种方法也可以针对不同类型的困难分别加以使用。在这一点上,做得较好的是 Linda Markstein 和 Louise Hirasawa。他们在共同编写的阅读系列教材《开发阅读技能》(*Developing Reading Skills*)和《扩展阅读技能》(*Expanding Reading Skills*)中,就巧妙地把这几种方法结合起来。首先,他们对阅读者可能遇到的生词进行预测,将可能造成困难的词以黑体字印出。阅读者可先根据上下文进行猜测,如不能解决问题,右边便是该词的英文注释,简单、明了、方便,比材料后面提供词汇表更加实用、方便。这是其中的一段:

Every Sunday morning millions of Indians **settle down** with a relax

cup of tea and the special
weekend issues of their newspapers,
just as Americans do.
But here with the marriage season
**approaching**, many of them          coming
turn quickly to a Sunday **feature**   specialty
that is particularly Indian
— the columns and columns
of marriage advertisements in
which young people look for
husbands and wives.

当然,解决词汇困难最终还应通过更多的阅读。对于结构上的困难,有人建议尽量加以控制,即对阅读材料的结构困难加以分级,并在实际阅读中由阅读者个人作些非正式的结构分析。

目前,在外语阅读教学理论中,对阅读者可能遇到的语言方面的问题,首先是确定阅读者在实际阅读中可能遇到的困难,然后设法帮助他们解决这些问题。大多数人不赞成对阅读材料进行词汇上和句法上的控制。他们认为,教材编写者与教师的注意力的焦点应该放在材料与阅读者的关系上,以此来预测语言困难的所在,并根据阅读者的困难设计解决办法。总之,编写阅读教材应该关心材料与阅读者的关系,而不是阅读材料与假设的语言知识掌握和发展阶段之间的关系。

有关阅读材料选择的另一个重要标准就是材料的真实性(authenticity)问题。对这一问题,目前外语教学界仍有不同的见解。

一种解释是:对材料本身不作任何词汇或结构方面的简化,而在阅读练习的设计过程中充分考虑学生阅读能力的阶段和先后关系等。这样的材料便具有真实性。

第二种见解是以 Widdowson 为代表。Widdowson(1990)认为,任何阅读材料只能有是否 genuine 之别,并不存在 authentic 与否的问题。材料是否真实取决于阅读者与材料之间的关系,如果阅读者对材料的反应与作者的意图一致,那么这种材料就有真实性。

第三种解释是:阅读中,一切以阅读者为中心,材料只要达到阅读者的阅读目的和实际情况,它就有真实性。

根据 Widdowson 的见解,阅读材料应分级和简化,但目前的趋势是,人们更倾向于对阅读练习而不是对材料本身实行分级。

根据第三种解释,阅读者的兴趣和目的对材料的选择有重要的关系。研究表明,不同的阅读者尽管有各自的阅读兴趣和习惯,但有时仍呈现出一定程度的一致。从教育学角度来看,根据兴趣自我选择的阅读,效果最为理想。

随着现代语言学对话语结构研究的不断深入,外语阅读教学理论吸取了这方面的研究成果,将话语结构也作为选择材料的标准之一。

我们知道,话语分析对外语教学有两个十分重要的实际意义:(1) 描述话语的语言结构,为外语教师选择教学的重点提供依据;(2) 揭示话语的文化特征。不同语言的话语结构反映了不同文化的思维模式。揭示话语中的文化特征,对学生较好地理解和表达思想有较大帮助。例如,人们发现,以时间顺序组织的叙述文字以及单向推进的描绘文字更容易被学生理解和记忆。实际上这也是大多数文化中最常见的两种思维方式。阅读材料编写者应充分考虑选择不同的话语结构,并对练习和设计加以改进。外语教师在具体教学过程中,更应明确地向学生揭示不同的话语结构特征,使学生形成不同的话语结构意识,这对理解和表达都有重要作用。

所以,阅读材料的选择首先要考虑到阅读者本身的兴趣和文化背景。对材料本身不一定要作结构和词汇上的控制,关键在于预测这些方面的困难并提供适当的理解线索,并在设计理解练习时采取不同要求,根据不同阅读目的及阅读者的实际情况实行分级和变动。

## 四、阅读技巧及阅读技巧的培养

近几年来,针对阅读技巧问题,人们主要的争论集中在以下几点:
(1) 阅读是一项整体活动,还是由几项技巧组成的活动?
(2) 假如的确有不同的阅读技巧,它们分别是什么?
(3) 各种技巧之间是一种什么样的关系?
(4) 技巧与策略有什么区别?
(5) 能够进行技巧和策略的训练吗?
(6) "推理"(inferring)属于技巧还是策略?

第一个问题我们前面已经专门论述过,这里不再重复。下面谈后几个问题。

Barrett(1968)认为,阅读技巧主要有五种:(1)理解字面的意义;(2)对材料要旨进行重新组织;(3)推理;(4)评价;(5)欣赏。

Davis(1984)提出的四种阅读技巧包括:(1)识别词义;(2)推理;(3)识别作者的技巧、写作意图和风格;(4)寻找有关答案。

Barrett 和 Davis 对阅读技巧的理解并不矛盾。显然,所谓阅读技巧,也就是在理解和鉴赏某一阅读材料过程中所需要的一系列手段和方法。但是,目前这种阅读技巧的分类还缺少心理学方面的基础。

关于不同的技巧之间的关系,我们从 Barret 和 Davis 的分类来看,它们显然处于一种相互联系和影响的关系之中。推理是达到其他几种目的的重要手段之一,识别词义无疑又是推理和理解要旨的基础。

现在,人们一般认为,技巧是习得的,是每个阅读者在实际过程中无意识地使用的种种方法;而策略则是阅读者为了解决某一个具体的问题采取的某种手段或方法。skimming、scanning 按定义应该属于"阅读策略"一类。技巧和策略都可以通过有意识的训练而获得。

如果我们把阅读活动按不同的阅读目的和速度分成快读和研读,则可以发现,快速阅读只是阅读类型中的一种,强调任何材料都要快读是片面的。快速阅读中需要的方法和技巧在研读中同样需要。

20 世纪 60 年代,快速阅读训练十分流行。当时一部分人认为,阅读速度的培养就是外语阅读课的主要目的。他们还以每分钟读多少词作为标准,把阅读者分为快、中、慢三档。他们认为,出声读、指读、回读等是影响快速阅读的原因。这种一味强调速度的做法不仅缺乏足够的理论基础,而且对实际提高学生的阅读技巧也并无多大帮助。研究结果证明,出声读、指读、回读等是阅读者遇到阅读困难的表现,而非引起阅读困难的原因。它们实际上也是阅读者克服困难的一种表现,说明他正在试图运用某种技巧或方法以达到理解的目的。当然,它们会影响阅读的速度,但有时为了准确理解材料,它们又是不可避免的。另外,在研究某一材料时,这些方式对阅读欣赏有时还必不可少。

近年来,许多阅读材料已将阅读技巧的培养作为主要目标。在练习的设计上,教材编写者明确要求阅读者运用 skimming、scanning 等策略,运用判断推理等阅读技巧,准确理解材料的写作意图、风格、具体章节以及词语。这一点,我们也可以从近几年来 TOEFL、GRE 试题中阅读部分题目的设计中看出来。因此,外语阅读教学重点在于培养学生的阅读技巧似乎已是一个大趋势。

20 世纪 60 和 70 年代在美国高等院校学生中流行并推广的 SQ3R 阅读法对外语阅读技巧的培养也有启发作用。S(survey),根据书名、目录、索引、标题等对材料的内容进行大致的了解和判断,确定信息的重点和价值等;Q(question),从本人的角度对材料的立意、结构等预先设问,即所谓"带目的阅读"(read with a purpose);R1(read),进行实际阅读;R2(review),根据长期记忆和短期记忆的规律,经常对阅读过的材料进行复习;R3(recite),根据记忆,对所读材料进行重新组织(reconstruct)。SQ3R 阅读法对阅读专业书籍十分有效,虽然首先是针对母语材料的,但显然对培养外语阅读能力也有很大帮助。大量的依照科学方法进行的阅读,无论是对提高阅读技巧还是对学习专业知识都极有好处。

## 五、对我国高校外语阅读教学的几点思考

1989 年,国家教委颁布的《高等学校英语专业基础阶段英语教学大纲》把阅读课从传统的综合训练课中分离出来,2000 年修订的《高等学校英语专业英语教学大纲》(以下简称《大纲》)对各阶段的阅读教学提出要求。具体而言,二级能阅读难度相当于 *Thirty-Nine Steeps*(简写本)的浅显材料以及 *Reader's Digest*,阅读速度为每分钟 70—120 个单词,理解中心大意,抓住主要情节或论点。四级能读懂难度相当于美国 *Newsweek* 的国际新闻报道;能读懂难度相当于 *Sons and Lovers* 的文学原著。要求在理解的基础上抓住要点,并能运用正确观点评价思想内容。阅读速度为每分钟 120—180 个单词,理解准确率不低于 70%。能在 5 分钟内速读 1,000 词左右、中等难度的文章,掌握文章的大意。六级要求能读懂难度相当于美国 *Times* 或 *New York Times* 的社论和政论文章;能读懂难度相当于 *The Great Gatsby* 的文学原著,难度相当于 *The Rise and Fall of the Third Reich* 的历史传记。要求在理解的基础上分析文章的思想观点、篇章结构和文体风格。阅读速度为每分钟 140—180 个单词,理解准确率不低于 75%。能在 5 分钟内速读 1,300 词左右的文章,掌握文章的主旨和大意。八级要求能读懂一般英美报刊上的社论和书评、英语国家出版的

有一定难度的历史传记和文学作品;能分析上述题材文章的思想观点、语篇结构、语言特点和修辞手法。能在 5 分钟内速读 1,600 词左右的文章,掌握文章的主旨和大意,理解事实和细节。从上述要求来看,《大纲》对每个阶段要培养学生哪些具体的阅读技巧做出了详细说明,之后还列举了供英语专业学生选择的书单,但阅读与听、说、写等之间应建立一种什么样的关系并不清晰。

我国外语界曾一度非常缺乏系统培养学生阅读能力的教材。自 20 世纪末开始,国内外语教材的出版开始走向立体化。以面向非英语专业学生的大学英语教学为例,国内几大出版社纷纷出版了系列教材,就阅读而言,就包含综合教材、泛读教材、读写教材、快速阅读等,还配有视频光盘和网络资源,朝模块化、信息化、个性化的方向发展。当然,国内在系统培养学生阅读能力的教材开发方面依然存在一定不足,且不说各大出版社出版的教材质量参差不齐,教材选材也存在主题远离学生现实生活,语言与学生的认知不匹配等问题。另外,由于分册众多,根本无法物尽其用,造成极大浪费。

除国内开发的教材,部分院校采用国外原版教材作为阅读材料,也有许多问题。这些原版的教材有些源于二语学习环境,对外语学习环境而言缺乏较强的系统性,作为补充阅读训练材料更为合适,且材料内容不一定完全符合中国学生的兴趣,内容编排和活动设计也不一定符合我国学生的学习特点。由此看来,我国外语教学依然需要下大功夫对学习者的阅读需求作一番研究,力求做到从选材和活动的设计上体现出我国的外语培养目标和外语阅读课的目的,并直接引导学生去获得较强的外语阅读能力。

在内容的呈现形式方面,现在很多教材都对所选材料作一些注释,常常附于材料后面。这一方面尚可作较大的改进。根据阅读理论,背景知识对调动学生阅读的兴趣、更好地理解材料内容都很有关系。我们认为,可以把传统的作者介绍和背景材料等以编者按的形式置于材料前面。内容也可形式多样,可以是对某一新学科的简要介绍,也可以是某一问题的讨论情况等,旨在引起读者的兴趣,并对学生阅读的思路作正确的引导。这里,我们以较为经典的《扩展阅读技能》(*Expanding Reading Skills*) 为例。其中有一篇题为"The Earth's Spreading Deserts"的文章,编者的背景介绍文字是:"More than one third of the earth's land is desert — very hot, and difficult to live in. Today, the earth's deserts are spreading and getting larger. In some countries, the farmland along the edges of the desert is turning into desert too. Why is this happening? What can be done to save productive land?"短短的一段文字,在提高阅读者的兴趣、提供背景知识方面都起到了重要作用。它介绍了相关的词汇,并引导学生对有关的问题进行讨论,这样,阅读的效果会更好。

阅读课应作为一门技能训练课。教师在课堂中应把握住两点:一是始终把阅读方法和技巧的训练作为重点,二是在阅读材料讲解过程中,强调不同话语结构的分析,使学生适应各种文体材料。

阅读材料的选择应注意知识的系统性,一个单元中可考虑安排内容相近但风格不同的两篇以上的材料,供学生比较和研习。教师手册的编写也应相应地在指导思想上作些变化。教师手册应提供背景资料和教学法建议等。至于语言的讲解应由教师本人在查阅材料后解决。这样,教师在研究材料本身并设法解决语言难点的同时,便能了解学生阅读时可能碰到的困难,并设计相应的教学步骤。

阅读理解练习的难度可参考近年来国外各种阅读考试的题目形式,分出不同层次、不同要求。范围可涉及背景、词汇、主旨、风格以及隐含之义等,以此作为引导学生在阅读过程中注意重要信息、欣赏作者风格的"指挥棒"。

## 第六节 外语教学中的"跨文化意识"的培养

### 一、语言与文化关系研究概述

对语言与文化之间关系的思考可谓是源远流长,也可称为是形形色色。哲学家、考古学家、历史学家、人类学家、文化学家、语言学家、外语教师等等都对语言和文化之间的关系一直有浓厚的兴趣。同时,也都出于各自的需要,划出了各自的研究领域,对语言和文化的关系作出了各自独特的理解和阐释。

哲学家们感兴趣的是语言和文化之间,更确切地说,语言和人类精神之间的特殊关系。德国哲学家 Herder 曾对语言和民族精神,Humboldt 曾对语言与人类精神发展的影响等问题作过深刻的哲学思考。

考古学家、历史学家深知语言是人类历史发展过程的活化石,他们做的工作实实在在:从语言的词汇中,从古文字中,寻找、发掘和证实人类社会发展的历史轨迹。

人类学家感到不可思议的是语言作为一种社会纽带在维系社会关系、保证社会生活正常进行中的奇妙作用。他们研究的内容包括人类使用话语的方式及其对人类社会交往和对外部世界的感知的影响。英国的 Malinowski 和 Firth 以及美国的 Boas 和 Sapir 等在这一领域有着不可磨灭的贡献。

语文学家,尤其是中国的语文学家们,几百年甚至几千年来孜孜不倦地在卷帙浩繁的古籍中扒梳,试图从字里行间读通历史,寻觅语言文字变化的踪迹,为解经释义提供依据。

文化学家的主要兴趣在于文化本身。但语言在文化中占有何种位置?语言和文化是否同源?是语言孕育了文化还是文化造就了语言?……这类问题一直困惑着文化学家们。

语言学家,尤其是社会语言学家对语言和文化关系的兴趣来得相对较晚,也相对比较广泛。他们不但要寻找语言和文化的对应关系,还试图从文化中寻找对某些语言现象甚至语言结构进行解释的线索。

外语教师其实早就意识到跨文化交际中文化因素的特殊重要性。Lado(1957)在倡导语言结构对比的同时,也提出了要对不同的文化进行对比,以帮助学生克服外语学习中由于文化背景不同所引起的学习上的困难。虽然当时这一建议并未被人们所重视,但后来兴起并逐渐在外语教学中占主导地位的重视培养学生语言交际能力的各种教学法开始强调语言形式选择中文化因素的影响。各种外语教学理论也开始将文化因素作为一个重要的语言习得的制约因素加以考察和论述。

在我国,第一位对语言和文化关系进行系统研究的语言学家是罗常培先生。20世纪50年代初,罗先生出版了专著《语言与文化》。该书主要是从语言的语词手段和心理、借词、地名及人名等角度阐述语言和文化之间的密切关系的。罗先生通过对语言和文化关系的讨论,得出如下结论:

(1)语言是社会组织的产物,是随着社会发展的进程而演变的,所以应该看作是社会意识形态的一种;

（2）语言不是孤立的，而是和多方面联系的……，所以语言学的研究万不能抱残守缺地局限在语言本身的资料以内，必须要扩大研究范围，让语言现象跟其他现象和意识联系起来，才能格外发挥语言的功能，阐扬语言学的原理；

（3）语言的材料可以帮助考证文化因素的年代；

（4）文化变迁有时也会影响语音和语形。

20世纪80年代起，随着国外社会语言学研究成果在国内的介绍，加上中国哲学界对中西文化内涵和交汇等问题的讨论，国内语言学界掀起了一股"文化语言学"热。各类有关的论著陆续出版，比较有代表性的有：周振鹤、游汝杰的《方言与中国文化》(1986)，邢福义主编的《文化语言学》(1990)，顾嘉祖、陆升主编的论文集《语言与文化》(1990)，语言文字应用研究所编辑出版的论文集《语言·社会·文化》(1991)等。

根据我国文化语言学学者对语言与文化关系研究的侧重点的不同，有人提出我国语言学界文化语言学可分为三个流派（邵敬敏，1995）：

第一个流派是双向交叉文化语言学派，它研究的是"语言学和文化学的交叉学科，它不仅在文化的背景下研究语言，而且利用语言学知识研究文化学，或利用文化学知识研究语言学"，后来又强调它"只研究语言的文化内涵，研究语言和文化的关系"，这是国内文化语言学研究中的主流派。

第二个流派是"全面认同文化语言学派"，该流派主张"把语言作为本体论，放在广泛的文化背景中考察"。

第三个流派是"社会交际文化语言学派"，它包含两方面的研究，一是从社会的角度研究言语交际和语言变异；二是研究语言与文化的关系，它实际上属于宏观的社会语言学范围。

我国外语教学界开始对外语教学中语言与文化的关系的重视和评论以20世纪80年代初许国璋先生的《词语的文化内涵与英语教学》的演讲为标志。此后，国内各类外语学刊陆续发表了一批语言与文化关系研究的论文。1988年，胡文仲编的《跨文化交际与英语学习》论文集出版。该书收集了一些国内外有一定代表性的英汉语言文化对比研究的论文，比较集中地反映了外语界对外语教学中文化因素理论与实践上的认识。1989年，邓炎昌、刘润清先生编著的《语言与文化——英汉语言文化对比》出版。该书较系统地对比了汉英两种语言在词汇、熟语、文体和身势语等方面的差异，是一部极有参考价值的语言与文化对比专著。我国俄语界对苏联"语言国情学"的评介也对外语教学中文化因素的作用的认识有一定的贡献。

## 二、语言和文化的定义

在过去的一些有关文化和语言关系的讨论中,常常因为对一些术语理解的不同而引起一些概念上的混乱。因此我们认为,讨论语言和文化的关系问题首先必须明确的是:语言是什么?文化是什么?

语言是什么?

从语言的结构特征来看,语言是一个符号系统。它是一个由音位、语素、词和词组、句子和篇章等构成的层级系统。

从语言的功能特征来看,语言是一个工具,是一个思维的工具、交流的工具。

文化是什么?

文化的定义可以有好几十条。然而,这些对文化不同的定义不外乎两种:一是广义的,即"人类在社会历史发展过程中所创造的物质财富和精神财富的总和";二是狭义的,即"由人类文化价值观念所构成的知识体系"。

我们认为,在讨论文化这一概念时,有必要区分"文化观念"和"文化产品"。文化产品相当于人们一般所说的"物质文化",而文化观念即所谓的"精神文化"。文化产品是文化观念的产物,这一区别相当于 Saussure 所区分的"语言"(langue)和"言语"(parole)。因此,我们认为,从文化的结构特点出发,Goodenough 的"文化是通过社会习得的知识"这一定义更为可取。

## 三、语言和文化的关系

1. 语言是文化的一部分

几乎所有讨论语言与文化关系的学者都承认语言是文化不可分割的一部分。根据 Goodenough 对文化的定义,文化是通过社会习得的知识,而语言则是人类特殊的语言能力通过后天社会语言环境的触发而习得的一套知识系统,因此语言属于文化的一部分。

然而,有人或许会说,根据 Chomsky 对语言能力的理解,人脑中先天就有一套关于语言结构原则的"普遍语法",这显然不是通过社会获得的一种知识。那么,如此看来,语言知识中至少有一部分是不属于文化的。

我们认为,Chomsky 的所谓"普遍语法",实际上是一种比喻的说法,他指的是人脑中一种特殊的习得语言的能力,一种初始状态,它本身并不能被称作语言知识,因为没有后天语言环境的作用,这种能力本身不可能发展为任何一种语言。因此,从这一意义上来说,所有的语言知识都是后天通过社会习得的,语言是文化有机的组成部分。

2. 语言是文化的载体

语言是人类思维的工具,是人类形成思想和表达思想的工具,人类思想的形成借助于语言,同时人类的思想又常用语言的形式进行表达,因此,人类思维的过程或结果又体现在语言的词汇和其他语言结构里。

语言词汇是最明显的承载文化信息、反映人类社会文化生活的工具,各种语言中除一部分核心词汇外,许多词汇常带有特定的文化信息,即所谓的"文化承载词"。

词汇中还有一部分特殊的成员,如习语,包括成语、典故、谚语等,更是与该民族的文化传统有着极为密切的关系。语言中句子结构、话语结构、篇章结构也在一定程度上反映了该民族的思维方式和思维习惯。

3. 文化是语言的底座

"语言有一个底座,说一种语言的人是属于一个种族或几个种族的,也就是说,属于身体上具有某些特征而又不同于别的群的一个群。语言也不脱离文化而存在,这就是说,不脱离社会流传下来的、决定我们生活面貌的风俗和信仰的总体。"这是美国著名人类学家 Sapir(1921)在其《语言论》(*Language: An Introduction to the Study of Speech*)中的一段名言。

英国著名语言学家 Lyons(1983)认为,语言系统受两种结构的制约,一种是"底层结构"(substructure),即人类共同的生理特征和世界的原有结构,这种结构使语言趋向一致;另一种结构是"超结构"或"上层结构"(superstructure),即各个民族不同的文化结构,它导致各民族的语言在表现形式上呈现出各种各样的差异。

每一种语言都与某一特定的文化相对应。该语言的语言结构、语言交际模式、篇章修辞原则等等都在很大程度上受到作为该语言上层文化观念的影响甚至制约。我们的外语教学,在过去很长一段时间内,由于理论认识上的局限,在语言课上对文化因素的导入缺少自觉性、计划性和系统性。虽然大多数外语专业院系都开设了所学国家概况课,如《英美概况》等,但这类课程大多与语言课脱节,缺少针对性。近年来随着对语言与文化关系认识的深入,外语基础阶段教学中文化的问题也引起了众多外语理论工作者和外语教师的兴趣。

## 四、外语教学中目标语文化的导入及跨文化意识的培养

1. 外语教学中文化导入的必要性和重要意义

下面我们着重讨论外语教学中文化导入的一些基本理论问题。

由于语言与文化之间的特殊关系逐渐为人们所认识,对外语教学过程中文化导入的重要性的认识已成为一个不容争议的论题。因此,争议的焦点并不是外语教学中要不要教文化,而是教什么、怎样教的问题了。目前,人们对外语教学中文化导入的必要性和重要意义所达成的共识包括:

(1) 文化知识和文化适应能力是交际能力的重要组成部分。Hymes 提出的交际能力的四个重要参数——合语法性、适合性、得体性和实际操作性,其中适合性和得体性的实质就是语言使用者的社会文化能力。很难想象一个不具备某语言社团文化背景知识的人能与该社团的人顺利进行语言交际。

(2) 语言交际能力实际上是获得进一步的文化知识的必要前提和手段。外语学习的最终目的是获得进一步学习外族文化的能力。因此,外语学习初级阶段,除去与所学语言内容密切相关的文化项目外,适当导入其他所学外语社团的一些文化内容不但可以提高学生的学习兴趣,同时还可满足学习者调整自身知识结构的需要,为今后进一步的文化学习和专题研究打下基础。

(3) 部分有明确职业选择方向的外语学习者为了适应学习结束后职业岗位的要求,如翻译、外事旅游接待、宾馆服务等,需要把某些外族文化项目作为专门的学习内容,如饮食习惯、风俗礼仪等。

2. 外语教学中文化导入的内容

这是一个颇有争议的问题。以吕必松、赵贤洲、张占一等为代表的一批学者主张将外语教学过程中的文化教学内容分为交际文化和知识文化

两类。所谓"交际文化",指的是两个文化背景不同的人进行交际时直接影响准确传递(即引起偏误或误解)的语言和非语言的文化因素;所谓"知识文化",指的是两个文化背景不同的人进行交际时,不直接影响准确传递信息的语言和非语言的文化因素。这一划分的主要目的是在外语基础阶段教学中使师生侧重影响准确交际的交际文化因素的教学。赵贤洲在《文化差异和文化导入论略》一文中,还将交际文化概括成12个方面:(1)因社会文化背景不同而产生的无法对译的词语;(2)因社会文化背景不同而产生的某些层面意义有差别的词语;(3)因社会文化背景不同而产生的词语使用场合的特异性;(4)因社会文化背景不同而产生的词语褒贬不同;(5)因社会文化背景不同而产生的潜在观念差异;(6)语言信息因文化背景不同而产生的差异;(7)含有民族特殊文化传统信息的词语;(8)成语典故、名言名句等;(9)词语中反映的习俗文化信息;(10)有特定文化背景意义的词语;(11)不同文化背景造成的语言结构差异;(12)其他因价值观念、心理因素、社会习俗等造成的文化差异。

交际文化与知识文化的区分虽然在理论上缺乏足够的依据,有交叉性太大、忽略文化项目之间相互关系的缺点,但对外语教学过程中选择关键的文化教学项目的决定有着很大的实际意义。

陈光磊(1992)将外语教学中的文化内容概括为三种:(1)语构文化;(2)语义文化;(3)语用文化。其中语构文化指不同文化背景造成的语言结构差异;语义文化指语义系统中所包含的文化内容和所体现的文化精神,包括赵贤洲交际文化分类的(1)、(2)、(4)、(7)、(8)、(9)和(10);语用文化指语言使用的文化规约,也就是把语言社会背景和人际关系相联结起来所应当遵循的规则,赵贤洲的"交际文化"分类中的(3)、(5)、(6)属于语用文化范围,具体内容包括称呼、招呼和问候、道谢和答谢、敬语和谦辞及告别语等。

陈光磊的分类揭示了文化内容中的层级关系,对我们认识文化的内涵、在具体的语言教学中用不同方法处理不同的文化因素有一定的帮助,但缺点是不同层次之间的交叉关系仍然很大,教学实践中难以始终贯彻三种不同文化内容的区别等等。

魏春木、卞觉非将基础外语阶段文化导入的内容划分为文化行为项目和文化心理项目两大类。他们认为:文化行为作为动作系统,是外显的、受文化心理支配的,处于文化的表层;文化心理是文化行为背后的价值观念系统,是内隐的、支配文化行为的,处在文化的底层。在文化行为项目和文化心理项目下面又可逐层细分出不同的文化项目,如购物、住宿、称呼等114项。

魏、卞的分类项目有点像 Wilkins(1972)分出的一些功能意念。这种分类具有层次分明的优点,但缺点是按照这种分类方式,文化可以无穷尽地细分下去,但又永远不可能将所有文化项目列举出来。

胡文仲(1998)认为文化可以分为几种:流行文化(popular culture),比如风俗习惯、生活习惯、饮食服饰;高层文化(high culture),包括文学、语言、艺术、宗教等;深层文化(deep culture),包括那些看不见摸不着的抽象东西,如:价值观念、思维方式、道德情操、审美趣味等。在教学过程中,教师不仅要注重流行文化,对高层文化和深层文化也要重视。

我们认为,如果我们将文化导入项目简单地分为词语文化和话语文化两大类,无论从语言文化的角度还是从外语教学的角度都是比较合适的。我们知道,文化对语言的影响和制约主要表现在两个方面,一是对词语的意义结构的影响,二是对话语的组织结构的影响。词语包括两类,一类是单个的词,另一类是词组,其中包括习语和成语等。词语是文化信息的载体,各种文化特征都将在该语言的词汇里留下它们的印记。政治制度、风俗习惯、宗教等对语言的意义的影响主要表现在词的附加意义和感情色彩上。如汉语中的"宣传"与英语中的"propaganda",不同的政治制度赋予它们的感情色彩是不一样的。另外,像比喻、委婉语、专有名词等里面的文化因素的作用也是十分明显的。概括来说,词语文化中最重要的内容可以包括:(1)一个民族文化中特有的事物与概念在词汇及语义上的呈现;(2)不同语言中指称意义或语面意义相同的词语在文化上可能有不同的内涵意义(如英语中的 worker、farmer 与汉语中的"工人""农民"之间文化涵义上的不同);(3)词语在文化涵义上的不等值性(如英语中 weekend 与汉语中原来的"周末"之不等值);(4)不同文化对相同的现象所作的观念划分的差别在词语及语义上的显示(如亲属称谓等);(5)体现一定文化内容的定型的习用语,如熟语、成语等。话语受文化的影响和制约可表现在以下几个方面:(1)话题的选择,谈天气、问候健康、年龄、收入、个人隐私等在不同的文化中有不同的社会含义;(2)语码的选择,用什么方言、什么风格来谈论某个话题也是受文化因素影响的;(3)话语的组织,如各种文化中的话轮、连贯、叙述方式、顺序等都有一定的模式。从外语教学的角度,把主要的文化教学项目分作词语和话语两大类既简明扼要,又方便可行,具有实际可操作性,教师容易准备材料,学生也容易理解和接受。

当然,词语文化与话语文化之间有着一种十分复杂的相互关系,这样划分主要是为了实际教学的需要。另外,在词语文化和话语文化的下面再对具体的内容进行细分,也可能遇到一些困难。这就要求外语教师针对不同的教学对象、教学目标和教学环境等适当选择有关的文化细目,具体情况具体分析。

需要指出的是,外语(特别是英语)不仅是传达目标语国家文化的载体,也是向世界传播我国文化的载体。在此背景下,我们在外语教学中,不仅要导入目标语言文化,还要导入本土文化,在中外文化对比的过程中引导学生根据自身的经验反思本族文化,培养跨文化交际能力,并形成对他国文化的批判思维和对我国文化的认同。另一方面,用英语讲述中国故事已成为我国的客观需求。从国家层面看,我国提出"提高国际话语权,要加强国际传播能力建设……讲好中国故事,传播好中国声音,阐释好中国特色","中国文化走出去"等战略,都呼唤外语教学中对中国文化内容的导入。

3. 文化导入的几个重要原则

在外语基础教学阶段,对文化内容的导入必须遵循以下几个原则:(1)实用性原则;(2)阶段性原则;(3)适合性原则。

(1) 实用性原则

实用性原则要求所导入的文化内容与学生所学的语言内容密切相关,与日常交际所涉及的主要方面密切相关,同时也考虑到学生今后所从事的职业性质等因素,一方面不至于使学生认为语言与文化的关系过于抽象、空洞和捉摸不定;另一方面文化教学紧密结合语言交际实践,可以激发学生学习语言和文化两者的兴趣,产生较好的良性循环效应。

(2) 阶段性原则

阶段性原则实际上就是要求文化内容的导入应遵循循序渐进的原则,根据学生的语言水平、接受和领悟能力,确定文化教学的内容,由浅入深,由简单到复杂,由现象到本质。同时在贯彻阶段性原则时,还必须注意文化内容本身的内部层次性和一致性,不至于使教学内容显得过于零碎。词语文化与话语文化相比,话语文化所涉及的因素往往要比词语文化复杂,但词语文化内部也有非常复杂的情况,涉及文化的各个方面,因此在安排教学内容时要充分考虑到多方面的因素,作出合适的选择。

(3) 适合性原则

所谓"适合",主要指在教学内容和教学方法上的适度。教学内容的适度除了以上提到的实用性和阶段性两个原则外,还应该考虑到该文化项目的代表性问题。属于主流文化的内容、有广泛代表性的内容,就应该详细讲解,反复操练,举一反三。同时还应该正确处理好文化内容的历时性和共时性之间的关系。重点应在共时文化上(主要是当代文化上),适当引入一些历时的内容,以利于学生了解某些文化习俗和传统的来龙去脉等。教学方法上的适度,就是要正确协调好教师讲解和学生自学的关系。文化内容广泛而又复杂,教师的讲解毕竟是有选择的、有限的,因此,应该鼓励学生进行大量的课外阅读和实践,增加文化知识积累。教师应该成为学生课外文化内容学习的组织者和指导者。

4. 文化导入的主要方法

(1) 注解法

这是目前大多数外语教材中普遍采用的方法。教材编写者将教学材料中容易引起学生理解困难的词语或表达法在课文后用专门篇幅加以注解。这种方法的优点是灵活、简便,适用于各种语言材料各个阶段对某一语言现象的突出,缺点是零散,缺乏系统性。

(2) 融合法

融合法指的是将文化内容与语言材料结合在一起的教学方法,如语言材料本身就是介绍目标语文化习俗、词语掌故、历史事实等。这种方法的优点是材料本身容易引起学生的兴趣,文化知识和语言知识的学习可以有潜移默化的效果,缺点是材料的选择和编排有一定的困难,尤其语言结构上的困难往往要通过简化或改写才能解决,容易影响材料的真实性。

(3) 实践法

实践法指学生通过具体的语言实践,如听、说、读、写等学习和了解目标语社团文化知识,包括观察、看录像和电影、举办专题讲座等。目标语文学作品的阅读也是一种学习外国文化知识的重要方法。一个民族的文学作品是该民族文化的精华部分,是传统文化的积累。随着跨文化交际机会的增多,学生在现实生活中真实的跨文化交际实践更能加深他们的跨文化意识。

(4) 比较法

比较法是跨文化语言交际教学中的一个极为重要的手段。"有比较才能有鉴别",只有通过对比才能发现学生母语和目标语语言结构与文化之间的异同,从而获得一种跨文化交际的文化敏感性。教师在课堂的语言材料的讲解中,学生在阅读目标语作品中,均可通过比较法了解外族文化的特殊性。

(5) 专门讲解法

专门讲解法指在对比学生的语言文化与目标语文化差异的基础上,选出目标语文化中较为突出的文化特征,尤其是容易引起交际上困难的文化特征编成教材,开设目标语语言文化课程。

讨论外语教学中文化导入有一点往往会被忽视,即大多数讨论主要是针对外族文化导入的重要性及意义。我们认为,本族文化在外语教学中至少有两个重要的作用:一是作为与外族文化进行对比的参照系,更深刻地揭示外族文化的一些主要特征,从而也加深对本民族文化本质特征的更深入的了解;二是通过对学生本民族文化心理的调节,培养了学生对外族文化和外语学习的积极的态度,从而调动学生学习外语和外族文化的积极性,增强他们的学习动机。很难想象对外族文化和外语学习抱有狭隘的民族主义观念的学生可以学好外语和外族文化。

# 第五章

# 外语教学的组织与实施

## 第一节 课程设计与大纲制定

### 一、课程设计与大纲制定的概念

外语教学具体实施过程中有两个重要的概念,一是课程设计(course design),二是大纲制定(syllabus design)。两者的具体分工在不同的学者之间存在着不同的看法。

有人认为,course(或curriculum)design 与 syllabus design 只是术语使用上的不同,其实两者都是对外语教学的目的、方法和过程的描述或规定。因而,在有些学者的著作中,course design 和 syllabus design 是互相通用的。但是另一部分人认为,课程设计与大纲设计是外语教学组织过程中的两个不同概念,应该严格加以区分。

Candlin(1984)认为,课程设计主要是对语言学习的性质、目的、过程、评估、教师和学生的作用等问题作出一般的阐述;而教学大纲(syllabus)则是对教师和学生课堂实践的描述和记录。这种描述和记录可以作为以后对课程设计进行修改的依据。

Nunan(1991)认为,课程设计主要负责教育项目的计划、实施、评估、管理和行政工作;而大纲制定的任务则主要集中在教学内容的选择和分级上。按照 Nunan 的这种看法,大纲制定其实是课程设计中的一个组成部分。

Nunan 指出,课程设计可以包括以下几个方面:

(1)课程计划,即决策方面:分析学习者的需求和目的;确定目标与目的;对教学内容进行选择和分级;进行适当的教学安排;对学生进行分班;选择、改编或编写适当的学习材料;选择学习任务和评估方式。

(2) 实施：观察课堂教学过程以了解课程计划者意图的执行情况。

(3) 评估：了解学习者的学习成绩，寻找失误原因，为今后改进教学提出建议。

(4) 管理：研究教学资源的利用情况。

Dubin 和 Olshtain(1986)认为，课程设计主要包括以下几个阶段：

(1) 了解事实(fact-finding)阶段，即对各种社会因素进行调查，其中包括对社会上语言使用情况、外语学习的语言背景(如目标语是作为一种第二语言还是外语等)、社会上对外语的需求(如教育、劳动力市场和现代化进程方面对外语的需求)、社会和个人对外语的态度以及国家的政治和民族环境等的调查。调查的结果可以帮助确定外语教学的基本环境，如学习者的情况、师资情况、外语课程的必要性、外语课程实施的地点和方法等。

(2) 确定课程和大纲设计的理论和实践依据。课程设计者在对外语的社会和个人需求进行分析之后，确定切实可行的教学目标。

(3) 将教学目标转化为教学计划，确定教学目的、教学内容，即制定外语教学大纲。

(4) 准备教学材料，编写教材。

在 Dubin 和 Olshtain 看来，课程设计中包含了大纲设计，大纲设计是课程设计的一个阶段。

可见，所谓外语课程设计就是对外语教学的整个过程进行计划并对其实施情况进行监督和干预。

Bell(1981)指出，一种理想的课程模式应该是在实践过程中不断完善、不断进行自我调节的。他将这种模式称为调节式系统(adaptive system)，如图所示：

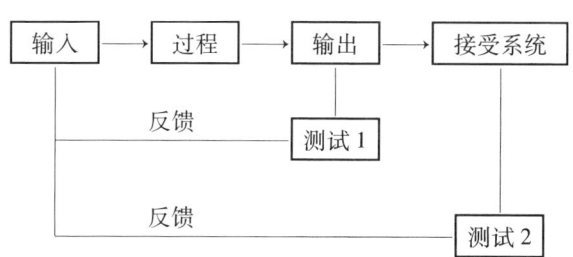

图中"输入"表示语言材料的选择、学习者的选择等；"过程"表示实际

教学培训的过程;"输出"指经过培训后的学习者;"接受系统"指社会、用人单位或公司。

这一模式的优点在于有两种测试向课程设计者提供反馈。"测试1"通过学习者和教师提供信息反馈,主要有两点:(1)受欢迎程度:学习者是否对课程满意?(2)成绩情况:课程是否完成了预定的内容?"测试2"通过社会、用人单位或公司提供反馈,主要也有两个方面:(1)应用性程度:学习者在课程中所获得的新知识是否运用在实际工作中?(2)社会影响:新知识的应用是否为用人单位作出了积极的贡献?通过这两种测试获得的反馈信息为课程设计者修正和改进组织模式提供了极为重要的依据。因此,优秀的课程设计者总是在不断总结已有的经验教训,借鉴新的、科学的理论和方法,不断调整和改进课程设置的每一个环节。

## 二、课程设计的步骤

下面我们简要介绍一下 Boydell(1970)在其《工作分析指南》(*A Guide to Job Analysis*)一书中对"培训"(training)一词的定义以及"培训"课程设计的十大步骤,我们的外语教学课程设计或许从中可以获得许多启发。

Boydell 对"培训"的定义:

> 计划给人们提供学会获得工作所需的能力的机会(planning to give people the chance to learn to achieve the results that the job demands)

培训计划和实施的十大步骤是:

(1)确定培训需求。对人才的需求来自社会,或公司,或政府权威部门。关键之一是课程设计者原来想象的需求是否与社会需求一致。需求分析的第一步是看哪些职业需要培训?为什么需要培训?然后看是短期需求还是长期需求?多少人需要接受培训?多长时间?重点是什么?

(2)将公司职员认为所需的培训与公司的需求进行对比,找出真正的需求。

(3)分析受训者的职业特点,了解工作的性质、内容、所需的知识和技能等。这类分析可以分为任务分析和错误分析两种,任务分析主要是分析职业的义务、工作程序等;错误分析主要指对工作中失误的确认、描述、解释和纠正。

（4）确定和选择受训者。

（5）确定培养目标。

（6）大纲设计,对教学的内容、材料、教学材料评估办法等作出选择。

（7）选择、设计教学材料,其中包含两个主要方面,一是教学的内容,二是教学的过程。教学过程可以分为：a.讲座；b.练习；c.设题自解；d.项目和作业；e.课题研究；f.具体事件研究；g.讨论；h.角色扮演；i.模拟等。

（8）确定教育策略。

（9）测试课程的有效性。

（10）给所有有关部门提供反馈。

关于外语教学的需求分析,Munby(1978)认为,应该充分注意到目标语交际的以下几个方面：

（1）参与者分析(其年龄、性别、国籍、目标语熟练程度,其他语言熟练程度等),这一过程与学习者分析相似；

（2）目标语域,即使用目标语的目的。

（3）场景,即使用目标语的环境。

（4）交流,学习者与交往的对象。

（5）工具性,指交际的方式,如：是书面还是口头？是对话还是独白？听还是读？

（6）方言,学习何种语体？

（7）目标语程度,需要达到的程度。

（8）交际事件,学习者需要掌握的输出和接受技能。

（9）交际基调,人际态度和语气。

在我国,社会和个人对外语的需求是多方面、多层次的,但是,尚未有人对此进行过比较全面和系统的调查。这也是我国有关行政部门和学校外语教学政策制定和组织实施中存在着许多主观性、随意性、盲目性的原因之一。我国各级各类学校中大都开设了外语课,社会上各类文化补习学校也开设了大量的外语班级,但不顾学习者和社会的实际需求、没有明确的教学目标、不讲教学方法的情况比比皆是。因此,在这方面,我们不但要做大量的有关课程设计和大纲制定理论方面的宣传和普及工作,还需要建立一套完善的外语教育课程设计审查制度,逐步杜绝没有明确教学目的和要求的外语课程。

## 三、大纲与大纲制定

外语教学目标确定之后,接下来就是将这些目标转化为实际的教学计划,对外语教学的目的、内容、形式和方法等作出选择,这也就是我们所说的大纲制定。大纲制定就是确定教学的内容并以此作为计划各种课程的依据。大纲制定者的主要任务就是选择教学的内容并对其进行分级。

Van Ek(1975:8-9)认为,一个完整的外语教学大纲,应该包括以下几个方面:

(1) 使用外语的情景,包括可能遇到的各种话题。
(2) 学习者将要参加的语言活动。
(3) 学习者将要运用的语言功能。
(4) 学习者针对某一话题的应对。
(5) 学习者能够处理的一般意念。
(6) 学习者能够处理的特定(与话题有关的)意念。
(7) 学习者将要使用的语言形式。
(8) 学习者运用语言的熟练程度。

根据大纲对教学内容的描述侧重点的不同,我们可以将教学大纲分为产品式(product)大纲和过程式(process)大纲。产品式大纲强调的是教学的最终目的的状态,常常是某些语言项目和技能的一份清单;而过程大纲强调的是达到某一目的的一系列行动,如学习者为了掌握某些语言项目和技能所进行的操练。因此,产品式大纲重点在通过教学后学生所应获得的知识和技能上,而过程式大纲重点在学习和教学过程本身。根据两种大纲的特点,我们可以发现,传统的以语法项目为主要内容的语法教学大纲,以及20世纪70至80年代兴起的功能—意念大纲(functional-notional syllabus)均属于产品式大纲,因为这两种大纲都强调学习的结果状态,大纲内容主要是对语法知识项目或功能意念项目的列举。至于如何达到目标状态,大纲不作任何具体说明。与此相反,近年来出现的任务型大纲(task syllabus)和程序型大纲(procedural syllabus)则将大纲的重点转移到学习的任务和教学的程序上来了,它们属于过程式大纲。

产品式大纲又可分为综合型(synthetic)和分析型(analytic)两种。综合型语言教学将语言的不同组成部分分阶段教给学生,使教学过程呈逐渐积累的过程直至语言的整个结构被完全掌握。分析型教学大纲主要向学习者提供含有各种难度、不同结构的语言片断。大纲设计的出发点不是语言的语法系统,而是使用语言的目的。传统的语法大纲属于综合型大纲,功能—意念大纲等以交际法为理论基础的大纲属于分析型大纲。下面我们就这两种不同类型的大纲作一些剖析。

语法大纲的一个重要特点是按照语法概念上的难易程度来对教学的内容进行选择和分级。这也是后来导致它被许多应用语言学家批评的原因之一,因为人们后来发现,学习者学习语法时碰到的困难并不与语法本身的复杂性成正比,语法上复杂的内容并不意味着学起来困难。

典型的语法大纲严格按照循序渐进的原则编排教学内容。这一做法的基本语言学理论假设是,语言由一套有限的规则组成,这套规则可以以各种方式组合产生意义。另一个心理学理论假设是这些规则可以逐一学会,逐步积累。还有一个假设就是一旦学习者学会了某一语言的形式特征,他就可以在课堂外真实的交际场合使用。

然而,语法教学大纲的这些理论基础在实践中遇到了麻烦,与语言的实际使用情况有矛盾。在语言实际使用过程中,语法项目是很难明确分离的。不同的语法项目实际上如锁链一样互相交织在一起,尤其是在一定的语境中。近年来的第二语言习得研究结果也表明语法项目并不是逐个被学习者习得的。按照语法教学大纲的要求,应该对学习者的输入和输出进行严格的控制,但同时又要使语言样本(sample)与课堂外的语言现实相符合,这就给语言教师、教材编者们带来了困难,他们必须在以下三种办法中作出选择:(1)大纲不作结构分级;(2)作结构分级,但不作为选择语言素材的依据,只作为教学的重点,语言素材为自然语料;(3)注意力集中在学习者需要用语言做什么(即学习任务),而不是语言本身,也就是不对语言结构进行分级,而对语言交际任务进行分级。最后一种选择实际上已经受到了交际法教学理论的影响。

对语法大纲的批评,概括起来有这么几条:

(1)以语法为主线的教学方法不能正确反映复杂的语言现象的本质。

(2)语法形式与功能并不一一对应,语言实际使用中常常是一种形式对应多种功能,或者同一功能可由多种形式来表达。

(3)学习者掌握外语结构有内在的顺序。20世纪70年代,Dulay和

Burt(1973)、Krashen(1974)等人发现,不论学习者的母语背景如何,他们获得部分语法项目有相对固定的顺序,正式的课堂教学对此影响不大。

如果第三种批评的观点是对的,大纲制定者只有两种选择:一是根据自然习得顺序编排语法项目,制定教学大纲。但困难是大纲的制定不可能等待具体的习得顺序研究成果的出现,况且这种习得顺序理论本身还未被大多数人所接受;二是不必对语言结构作任何组织或分级,因为学习者只要接触语言材料就能自动习得,因而大纲制定也是多余的事情。这种观点显然走了极端。

20世纪70年代,由于受英国功能语言学派理论和社会语言学理论的影响,有关功能和意念的概念也逐渐在语言教学中,尤其是在大纲制定中出现。1976年,Wilkins发表了《意念大纲》(*Notional Syllabuses*),对交际教学法的形成和发展,以及后来的外语教学理论和实践起到了深远的影响。在功能语言学派看来,所谓语言的功能,也就是使用语言的目的;所谓意念,就是通过语言表达的概念意义,如物体、实体、事态、逻辑关系等。

赞成以功能和意念来编写外语教学大纲的人认为,如果将学习者和学习者的交际目的作为外语课程的中心,至少有如下几点好处:

(1) 确定了现实的学习任务。
(2) 它提供了教给学生日常的、真实世界的语言的机会。
(3) 使得我们在让学生进行不成熟的交际前充分强调接受性(听力/阅读)方面的活动。
(4) 它承认说话者应该有说话的真正目的和可谈之物。
(5) 交际有内在动机,因为它表达基本的交际功能。
(6) 它使得教师能够利用切实可行的心理语言学、社会语言学、语言学和教育学原则。
(7) 它能从现行的教学法体系中得到发展。
(8) 它使课程呈螺旋式上升展开,使多次从不同角度和深度介绍同一语法、话题和文化材料成为可能。
(9) 使得设置灵活的、组合式的课程成为可能。
(10) 提供大面积提高外语教学质量的机会。

功能—意念大纲当然也有其局限性。功能—意念大纲对学习项目的选择已不再以语言因素,而是以学习者的交际目的作为依据。为了确定具体的交际目的,选择合适的功能和意念项目,还必须作一定的需求分析。功能和意念项目的分级比语法项目的分级更为困难。"道歉"与"请求"相比,孰难孰易,很难抉择。把语境、上下文和语言外因素引进材料的分级也使情况变得更为复杂。

功能—意念大纲与语法大纲一样,都强调终端产品。尽管一开始人们感觉两者有很大的差异,但他们很快发现,两者均有类似的缺点。根据语法功能对语言材料进行分级不符合人们对语言本质的认识,也不符合心理语言学原则。正因为这样,部分应用语言学家开始将重点从教学结果转移到了教学过程上来,出现了程序型或任务型教学大纲。两者虽然在具体实施中有些差异,但其基本原则十分相似。

Richards、Platt和Weber(1985)认为,程序型大纲和任务型大纲皆以学习任务为纲,而不是以语法或词汇作为基本的出发点。例如,这种大纲可以建议组织一系列不同的活动让学习者用目标语去完成,如用电话获取信息、根据口头指令画出地图、根据目标语发出的指令执行某一(些)任务等。人们认为这是一种更为有效的语言学习方法,因为它们提供了使用和学习某一语言的目的,而不是为了学习语言项目而学语言项目。

任务型大纲和程序型大纲都关心刺激(stimulate)学习的课堂教学过程。与以语言项目为焦点的大纲的不同,它们并不是一组通过语言分析后的语言形式的清单,或学习者学习结束后学生应该达到的程度的描述,而是对学习者在课堂中将要参加的任务和活动的描述。Prabhu的"Bangalore Project"是这种任务型大纲指导思想的典型例子。在Prabhu的项目中,任务主要有三类:(1)信息差活动(information gap activity),用目标语进行各种形式的信息传递;(2)推理差活动(reasoning gap activity),通过已知信息进行推理(概括和演绎)以获得新的信息;(3)意见差活动(opinion gap activity),辨别和表达某种针对某一特定情景的个人的爱好、感觉或态度。

对任务型大纲或程序型大纲的批评主要集中在以下两点上:一是选择任务或问题时缺乏令人信服的依据或标准;二是无法说明某些活动与学习者的现实需求之间有什么内在关系。换言之,以过程为焦点的大纲或教学法在过程与结果的结合问题上做得不够。

根据前面我们对课程设计和教学大纲的一些理论问题的讨论,我们再以教育部高等学校外国语言文学类专业教学指导委员会2020年颁布的《普通高等学校本科外国语言文学类专业教学指南》中《英语类专业教学指南》(以下简称《指南》)为例作一番简要的考察。

《指南》由英语专业教学指南、翻译专业教学指南、商务英语教学指南三个部分组成,每个专业的教学指南包含概述,适用专业范围,培养目标,培养规格,学制、学分与学位,课程体系,教学计划(参考),教学要求,教学评价,教师队伍,教学条件,质量管理,术语与释义,附录:专业核心课程描述等14个部分组成。在三个专业的教学指南后,《指南》还列举了英语类专业的推荐阅读书目。

从《指南》的组成结构来看,主体上体现了前文所说的"课程设计"的作用。相比于2000年颁布的《高等学校英语专业英语教学大纲》,《指南》没有对每一级的教学要求进行具体描述,而是在培养规格部分从素质、知识、能力三个层面进行了分解描述,便于不同类型的学校结合学校特点开展多元化的培养方案设置。《指南》的一大亮点是在附录部分提供了专业核心课程描述,从课程名称、教学目标、教学内容等方面描述三个专业的核心课程,承担了教学大纲的部分功能。

不难看出,在《指南》制定过程中,我国学者借鉴和吸收了国外外语教学理论,并充分考虑到我国外语教学的传统和特点,是科学性和实践性都很强的课程设计,中国特色明显。

随着时代的变迁和环境的变化,课程设计和教学大纲也需要进一步更新。我国各阶段的课程设计应紧跟时代需求,更好地体现我国的人才培养目标,在理论和实践上给予不同阶段的外语教学更好的指导。

## 第二节 教材的编写与选用

### 一、教材的编写

要保证一份好的教学大纲得以有效地贯彻执行,就必须有一套或多套较高质量的教材和一支素质较高的教师队伍。

教材的编写是与一定的教学目标相结合的。根据不同的教学目标,选择恰当的语言材料,再根据学习者特征和学习方式等因素,对材料的编排顺序和方式进行控制(分级)。教材中课文、语法、语音、词汇、交际范畴、言语行为、交际目标、作业、注解等的安排是否恰当,对保证输入的质量、激发学习者的兴趣和动机有着重要的影响。

从外语教学的特点这一大的方面来讲,在编写任何一套教材时,都应遵照我们前面提到的五大基本原则,即系统原则、交际原则、认知原则、文化原则和情感原则。根据系统原则的要求,任何一套教材都应系统地介绍有关目标语的语音、词汇和语法等方面的知识;根据交际原则,语言材料的选择和有关练习的设计要体现实践性和具体可操作性;根据认知原则,语言材料的编排和练习的设计必须考虑到语言学习尤其是外语学习的规律以及人脑的记忆特点;从文化原则角度看,外语语言材料要尽量选择典型的代表目标语主流文化的各种题材和风格的文章和段落。

教材编写之初,首先需要有明确的培养目标。下面以我国的大学英语教材编写为例,来谈谈教材编写与培养目标的关系。面对新时期国家发展战略和高校教学改革的要求,大学英语教学应该对课程的性质和功能进行全面深刻的反思,明确服务对象,确立近期和长远目标,真正实现应有的价值。因此,我们觉得大学英语教学应该首先帮助学生提高英语听说读写技能和学习技能;大学英语教学应为高校特色办学、培养具有专业特色的创新型人才服务;大学英语教学应该拓展学生的国际视野,培养学生的跨文化交际能力。因此,大学英语教材的编写至少要服务以下三个目标:(1)从新时代中国特色社会主义的新需求出发研制的《中国英语能力等级量表》与大学英语人才培养相关的要求;(2)《大学英语教学指南》(2020版)对大学英语提出的新的多元化的课程目标;(3)各个大学根据学校的办学定位、特色、人才培养规格对学生英语能力设定的新目标和新要求。

从教材编写的具体实践角度出发,我们认为外语教材的编写还应该遵守以下几个原则:

(1)真实性原则。所选的语言材料,语言要真实地道,能反映目标语社团的真实语言使用情况。

(2)循序渐进原则。语言材料的选择和练习的编排要遵循从易到难、从旧到新、从简单到复杂的原则。

(3)趣味性原则。语言材料要有趣味,让学生在轻松愉快的气氛中获得知识。

(4)多样性原则。语言材料要选择各种不同题材、体裁和语域的文章。

（5）现代性原则。语言材料要尽量贴近现实生活,让学生学习现代语言。

（6）实用性原则。教材的编写要与培养目标密切配合,适应社会和使用者的需求。

我国外语教材的编写应该说还是个薄弱环节。虽然出版了一些好的教材,但与我国庞大的外语学习者队伍不同层次的需求极不相称。大量引进的国外教材由于未考虑到中国外语学习者的特殊背景而注定不可能长期地、真正地满足我国外语学习者的需要。我国学者在自己编写外语教材的过程中还存在着以下几个方面的问题:（1）缺少高层次的理论指导;（2）盲目照搬国外有关教材内容;（3）缺乏系统性、针对性,缺少配套教材。大量质量低劣的外语应考和练习参考书充斥市场,很大程度上误导了学习者。

## 二、教材的评估和选用

教材的评估要与具体的教学目标相结合,要看它是否与教学大纲中所提出的教学目标和要求相吻合。

教材的评估除了根据我们刚才提到的两套标准从理论上进行以外,还可从实用的角度设计宜于操作的评估一览表。下面向大家介绍两份有代表性的外语教材评估清单。

Hutchinson 和 Waters(1987)设计了一个教材评估一览表。评估的内容主要包括:教学对象、教学内容、教学目的、教学方法、教学成本等方面。这里我们简要介绍一下教学内容和教学方法两方面的有关评估标准。

1. 教学内容

（1）描述语言的理论基础是什么?是结构主义,还是功能意念?是否以语篇为基础?是否是几种理论的综合?

（2）所覆盖的语言点有哪些?

（3）听、说、读、写等技能训练的比重是多少?是否有综合技能的训练?

（4）需要培养的微技能有哪些?

（5）课文的体裁包括哪些类型?

（6）课文的题材范围如何?课文主题是如何处理的?

（7）教学内容是如何编排的？是按语言点/语言技能，还是按题材编排的？

（8）教材中每个单元是如何安排的？是否按固定的模式（如听、说、读、写等顺序）安排的？有没有突出其中某一技能？

（9）教材内容的先后次序是按什么原则编排的，是线性式还是螺旋式，或是其他什么方式？

（10）各单元的编排是否有一定的原则指导？

2. 方法

（1）外语学习的心理过程是以什么理论为基础的？是否是行为主义？是否注意到学生的动机、态度、性格等情感因素对外语学习的影响？

（2）学生对学习外语的态度和期望中有哪些值得注意？

（3）需要哪些类型的练习或任务，如：是否需要指导？是语言理解还是语言运用？是语言形式或技能的训练，还是灵活运用？是注重形式或技能的练习，还是注重意义的任务？答案只有一个，还是数个？是角色扮演、模拟活动、演剧，还是做游戏？是全班活动、小组活动、个别活动还是自学？

（4）需要运用哪些课堂技巧？如，是环环相扣的活动、结对子活动、小组活动、发言还是其他的活动？

（5）需要使用哪些教学辅助工具？

（6）搞好教学还需要哪些辅导和配套材料？如，是否有教学要求、词汇和技能表？是否有语言或专业方面的参考资料？是否有教学法指导？是否有测试题？

（7）使用教材是否有灵活性？如，可否不按单元次序进行教学？是否可以打乱各单元中各部分的次序？可否与别的教材配合使用？

Seaton(1982)列出的教材评估的清单中包括了以下的内容：

（1）页数。

（2）插图数。

（3）字号（这影响到阅读的速度）。

（4）编排方式。

（5）内容的页数。

（6）结构清单。

（7）词表。

（8）有关其他书籍、材料和音视频资源的出版情况——经常可在封二、封三上找到。

（9）编写者是如何编排教学项目的主题（如动词或时态）的？他是否对该项目的出现进行控制，突出它并恰当安排它的顺序？

（10）在处理某一项目时，是如何将其与容易混淆的项目加以区别的？

（11）语境是情景化的、自然的吗？

（12）将对话与散文课文进行对比：介绍了多少生词？与所用词总量的比例是多少？在某一语段中新词的复现率是多少？练习中新词有反映吗？

（13）查看第一、二两课的语音特点，是否有语段含有如"He had his hat in his hand."之类的困难的语音组合？如何安排语音练习的？有标音方法吗？

（14）课文和对话的语言地道吗？四种语言技能（听、说、读、写）是如何安排的？

（15）练习是否作了控制？编写者是否用了填空练习、多项选择题和简答题？它们是如何分布的？答案是在书后，下一页上，还是在另一本书上（如果是在另一本书上，那就意味着额外的负担）？

（16）学生是用概括式学习法还是仅用演绎式学习法？

（17）话题和故事是否有趣而且合适？书中的主题能否加以扩展和引申？

（18）插图情况如何？是太多还是太少？是太大还是太小？与课文或对话结合是否紧密？它们是清晰易懂还是过于复杂？画技如何？你喜欢画家的风格吗？（以上问题同样适用于挂图、卡片和其他的说明性材料。）

（19）是否配有录音磁带？如果有，你认为留给学生对某一项目反应的时间太多还是太少？练习是否作了控制？声音是否容易区别？男声、女声、美音、英音、澳大利亚音还是方言音？录音质量如何？

（20）整个课程需要多少本书？太大还是太小？使用是否方便？纸张质量如何？封面设计漂亮吗？学生用书、教师用书和辅导书的价格如何？

近年来，人们有关教材的认识又有了新的发展。教材已不仅限于作为课堂使用的材料，而是包括各种用于外语学习的材料，不仅包括书面材料，还包括各种有声和视觉材料、网络资源等等。因此，教材已从传统的、纸质的材料概念过渡到包括各种在线的、立体的、全方位的语言学习资源的概念。

## 第三节 外语教师的基本素质与专业发展

### 一、外语教师的基本素质

近年来，外语教学理论研究逐渐将重心移向了主体，教学活动的组织也越来越强调"以学生为中心"（student-centred）的原则。这一趋势固然纠正了传统的外语教学中以教师为中心、忽视学生的主观能动性和语言创造能力的倾向，但是如果因此而低估甚至忽略了外语教师在整个外语教学过程中的地位和作用，那就又走上了一条通向极端和危险的歧路，有碍外语教学质量的真正提高。可以毫不夸张地说，在任何时候强调外语教师在整个外语教学过程中的作用都是不过分的。

我们首先阐述一个合格的外语教师所应具备的基本素质，然后根据这些基本标准讨论外语师资培训中应注意的一些问题。

在我国，教师历来是一个受人尊敬的职业。古代讲究所谓"一日为师，终身为父"，甚至把教师放在与"天地君亲"并列的地位，主要原因在于教师不但是教给学生知识，更重要的是教给学生如何学习、如何做人的道理。韩愈《师说》中说得很明白："师者，所以传道授业解惑也。"把传道摆在了首要的地位。这恐怕也就是我们现在把教师称作"人类灵魂的工程师"的道理所在。

在西方，教育也一直被赋予三大功能：一是传授人类已有的知识；二是训练学习者的社会能力；三是培养学习者的个人素质和能力。其中二、三两大功能中包含着道德、伦理方面（即我们所说的"道"）的内容。

我们讨论外语教师的基本素质，首先肯定外语教师与任何其他学科教师一样的神圣职责：传道。用现在适时的话来说就是培养学生的爱国主义精神和健康的人格，这一点应该体现在外语教育的任何一个环节上。以下我们着重探讨除这一基本素质以外的其他重要的素质。

首先，我们来给我们所说的"素质"下一个定义。我们认为，一个人的素质应包括两个方面,一是性格,或品格(personality),二是知识。两者互相作用,相辅相成。一个人有了知识(广义的知识)可以逐渐改变或完善他的个人品格,而优秀的品格或性格(如谦虚、好学、热情、开朗、善解人意、细心等)也为更多地获得新的知识提供了可能。对教师来说,素质的这两个方面显得尤为重要。知识是教的内容之一,个人品格却能影响教的方法和教的效果。因此,我们谈论外语教师的素质时,应始终把握住素质的这两个方面。

我们的讨论先从"外语教师"这一名词短语开始。用成分分析的方法对这个短语进行成分划分,我们可以发现这一组合中,"教师"是一个中心词。"外语教师"首先是一个教师,他必须具备一个普通教师最基本的素质;他又是一个语言教师,人类语言的特殊社会功能和认知功能使得他的工作性质在很大程度上不同于其他学科;作为一个外语教师,他所教的内容是外国语言,他又必须具备更多的与外语教学特点有关的知识和品格准备。

我们的讨论就围绕这三个方面进行。

1. 作为一名普通意义上的教师,外语教师应具备的素质

(1) 知识上的准备

任何一个教师必须具备两种知识,一是所教学科的知识,二是如何教该学科知识的知识。第一种知识包括学科本身和相关学科的知识,如历史教师应具备历史学本身的知识,同时还须具备一定的地理及其他相关学科的知识;第二种知识包括教育学和心理学等方面的知识,即知道最基本的教学原则和教学方法,如循序渐进原则、阶段性原则、启发式原则等等。外语教师同样需要具备这两种知识,他不但要精通本学科的知识,即外语知识(包括使用该外语的能力),同时还须具备教育学和心理学方面的知识。

(2) 品格上的准备

一个理想的教师,他应该具有人类所有的美德。一方面他的美德将成为学生学习和模仿的榜样,教师的一言一行将对学生良好品格的培养起着潜移默化的作用,"榜样的力量是无穷的",言传身教,"身教"的效果往往胜过"言传";另一方面,教师的优秀品格将吸引学生,学生往往会将对教师的尊敬和喜爱转化为对该教师所教学科的喜爱。学生的家庭和社会背景、感情经历千差万别,教师对学生的父母般的爱才能使他们克服种

种心理障碍,在学习中发挥最大的聪明才智。

2. 作为语言教师,外语教师应具备的素质

语言是人类的交际工具,也是人类的思维工具和人类文化的载体之一。一个学生语言能力的高低将在很大程度上影响其思维能力的发展。学习语言的过程实际上是一个社会化的过程,即接受和逐渐掌握该语言的民族文化系统的过程。语言是一个符号体系,它由一定的元素和组成规则构成,学习语言必须学习和掌握最基本的元素和这些元素组成的更大单位的规则(语法)。作为一个语言教师,他的专业知识不仅应包括语言本身的知识,即词汇和语法知识,还应包括丰富的关于本民族文化传统的知识,更应该包括对人类语言本质特征和特殊使用规律的知识(语言学知识)。

语言学知识对语言教师有两大用处:一是使他自己更好地理解和认识人类语言的本质,提高自己的语言素养和语言使用能力;二是使他在语言教学活动中,自觉地遵循语言习得和发展的规律,选择和使用符合语言使用规律的语言教学方法。例如,根据语言是交际工具这一原理,避免在语言教学中把语言仅作为一种知识系统来传授的倾向,注意培养学生在特定的语境下准确有效地运用语言的能力。一个合格的语言教师必须是一个对该语言有较高的实际使用能力而又熟悉有关语言和语言使用理论的人。

根据教育学理论,教师的语言能力,尤其是课堂组织中使用语言的能力,将在很大程度上决定该教师课堂教学的效果。教师的课堂语言的使用是一门艺术,它不仅与教师本人的语言能力有关,而且与心理学、教育学以及专业知识密切相关。一个教师的课堂语言的质量在一定意义上就是教师基本素质的缩影。正因为教师语言有如此大的作用,语言教师更应不断提高自己的语言使用能力,并不断充实自己的其他知识的修养,以促进自身的语言实践能力,尤其是课堂语言实践能力的提高。

3. 一名外语教师的基本素质

一名理想的外语教师,他不仅应具备一个普通教师和语言教师所具备的各种基本素质,而且还应具备有关跨文化交际和外语习得理论方面的知识,以及与此相关的个人品质,这是由外语教学的特殊性所决定的。

与母语教学相比,外语教学的特殊性表现在以下几个方面:

（1）语言环境和社会环境方面。母语语文教学是在学生已初步具备母语交际能力的情况下进行的。母语教学的主要目的是加强学生已有的母语知识的意识程度，扩大他的语言知识范围，提高他的整体语言交际能力。因为语言交际能力又是母语学生整体社会能力的一部分，因此培养学生的母语能力也是加快学生社会化进程的一种方法。因为母语教学是在母语环境下进行的，因此，社会环境总的来说也会促进其语言能力的提高。与此不同的是，外语教学一般是在学习者对外语一无所知的情况下开始的，又缺少真实的外语环境，大部分语言输入依靠外语课堂，因此，外语教师在这种情况下就显得尤其重要，因为他不仅是学生外语输入的一个重要提供者，而且是外语输入质量的控制者，对外语教学活动起着关键的作用。

（2）知识方面。学生的原有知识一方面可以促进外语知识的学习，另一方面又在一定程度上阻碍外语知识的习得。我们这里所说的原有知识主要指学生的母语知识。学生对母语知识的意识程度越强，这种知识对外语知识习得的影响就越大。这种影响当然可分为正负两方面。母语中的哪些知识可以引起正迁移，哪些可以引起负迁移？如何最大限度地促进正迁移，减少负迁移？这就需要外语教师对两种语言的结构和作用特点有较系统和深刻的认识，同时具备相当程度的语言学和心理语言学知识。

（3）文化因素方面。还有一种原有知识对外语交际能力的获得产生重要的影响，即学习者的文化知识。语言是文化的载体之一。语言结构中，尤其是词汇中包含着极为丰富的文化信息，语言意义的理解很大程度上依赖于对文化传统和风俗习惯的了解。语言作用中的一些特殊模式和规则更与文化因素不可分割。学习者的母语文化知识在学习者学习另外一门语言时不可避免地会发生迁移，因此帮助学生提高跨文化交际的意识，避免套用本族文化的标准来进行外语交际，同时增加学生目标语文化的知识就成了外语教师的一个很重要的任务。要完成这一任务，就要求外语教师不仅自己有充分的跨文化交际的意识，而且要对学生的本族文化和目标语文化有较深的了解，能够洞察两种不同文化的异同之处，在关键时刻能帮助学生避免语言交际中的文化误用现象。

（4）情感方面。外语学习不仅是另一种知识体系的学习，而且更重要的是对另一种文化体系的适应。因此，对外语学习者来说，情感方面的因素,尤其是动机、态度和性格等对外语学习的成败就有着特殊的影响。研究者认为,外语学习者的动机可分为综合型、工具型、任务型等几种,不同的动机都能导致学习者一定程度的成功。动机与学习者对外语、外族文化、外语教师等的态度有关。如何培养和引导学习者正确的(或有益的)外语学习动机,最大程度地发挥学习者学习外语的主动性和积极性就是外语教师的主要责任了。要做到这一点,外语教师不仅要具有较好的心理学和教育学方面的知识,而且必须具有一种富有感染力和鼓动性的性格,能够影响和改变学生对外语学习的态度和兴趣。

下面我们将以上的讨论作一简要的小结。

一个合格的外语教师,必须具备一个普通教师所必须具备的基本素质,还必须具备一名语言教师所应具备的专门素质,更应具备适应外语教学这一特殊学科的专门素质。概括起来有这么几条:

(1) 较为扎实的专业知识和专业技能。外语教师必须具备外语语音、词汇、语义、语用方面的知识,同时必须具备较高的外语听、说、读、写的技能。

(2) 教学组织能力和教学实施能力。外语教师必须具备心理学,尤其是教育学和教学法方面的知识,熟悉教学组织的步骤和基本的教学原则;具备运用传统的和现代化的教学辅助工具和手段进行教学的能力。当代外语教学中,教师运用电脑和网络的能力显得更为重要。

(3) 较高的人品修养和令人愉快的个人性格。谦虚、好学、慷慨大方、幽默、耐心、宽容等是一个优秀教师所应该具备的基本品质。

(4) 较为系统的现代语言知识。外语教师应该对语言和语言交际能力的本质、特点和规律有系统的了解,并能自觉地利用语言学方面的知识指导外语教学实践。

(5) 相当的外语习得理论知识。近年来,外语习得的研究取得了长足的进展,对许多传统的外语教学的认识作出了修正。特别是近年来有关错误分析、中介语研究和学习者策略等方面的成果对外语教学实践有一定的启发。外语教师必须在一定程度上熟悉最新的外语习得理论,对外语习得和外语教学的特殊性有清楚的认识。

(6) 一定的外语教学法知识。外语教学史上曾有过多种外语教学流派,如语法翻译法、直接法、听说法、交际法、暗示法、社团学习法、咨询法、沉默法等等。这些教学法都是在一定的语言学和心理学理论背景下产生的,有各自特殊的教学目标和教学环境,外语教师应了解这些外语教学法的来龙去脉和优劣之处,取长补短,充实自己的外语教学实践知识和教学技能。

## 二、外语教师培训

以上我们描述了一名合格的外语教师所应具备的一些基本素质。需要说明的是,对不同层次的外语教师基本素质的要求是一致的,所不同的只是在对专业知识以及相关知识的深度和广度方面的要求上。下面我们来谈谈我国外语师资培养中的一些重要的理论问题。

外语师资的培养目标,就是培养具有高度社会责任感、高尚的人格修养、完整的专业知识结构和知识运用能力以及丰富的教育心理学知识和教学法知识的外语教师。

要实现这一目标,一是需要整个社会有一种良好的尊师重教的社会风气,政府和教育行政管理部门应充分意识到外语教学工作的特殊性质和特别功能,从而制定相应的政策措施;二是需要担任外语教师师资培养的各级各类学校,尤其是高等师范院校,高度重视外语教师的基本素质培养,改革现有的课程设置结构,最大限度地优化资源配置,使有限的投入产出较大的效益。

根据我们以上对外语教师基本素质的描述,外语师范教育和外语教师在职进修教育的课程设置应紧紧围绕三个方面进行:(1)外语理论与实践;(2)语言学理论与外语学习理论;(3)教育心理学理论与教学实践。

1. 外语理论与实践

外语教师的外语实践能力,即听、说、读、写、译能力的培养,在任何情况下都是不能忽视的。外语教师也应该时刻把提高和完善自己的外语实践能力摆在重要的位置。但同样应该重视的是有关外语的理论知识,即语音、语法、词汇和语用方面的理论知识。也就是说,外语教师对外语的专业知识不仅要做到"知其然",而且要做到"知其所以然"。与其相应的外语理论与实践课程可以有:综合实践、外语阅读、外语写作、外语听力、翻译理论与实践、词汇学、语法学、音系学等。

2. 语言学理论与外语学习理论

外语教师必须具备一定的语言学理论知识,应该对语言的本质特征、语言分析方法、最新的语言学理论发展趋势等有所了解。相应的课程可以是"语言学概论"或"语言学基础理论"。

外语教师更有必要了解外语学习过程的特殊性及有关的语言学习理论,相应的课程可以是"外语学习理论简介"。

3. 教育心理学理论与教学实践

外语教师应该具备基本的教育心理学知识,了解课堂教学的一般性原则和学生的心理特点,同时外语教师应该研习本学科的各种教学流派的形成和特点,掌握外语教学中一些最基本的教学原则和方法。相应的课程可以有"教育心理学""外语教学法与外语教学实践",其中"外语教学实践"可通过观摩教学或教学实习来进行。

在我国,中小学外语师资的培养一般由师范院校或教育学院承担,但由于这些院校受到经费和师资力量的限制,外语师资的培养质量并不十分令人满意。外语师范专业的课程设置中存在两个明显的问题:一是因人设课,不是考虑到未来的教师需要学什么课程、需要进行哪方面的训练,而是根据学校能开出什么课程来决定课程的设置;二是随着近年来市场经济的发展,社会对外语人才的需求增大,师范院校的师生都有意淡化课程设置的师范性,强调综合性和实践性,这在很大程度上影响了外语师资培养的质量。

要改变这种状况,当然需要多方面的努力。首先,有关教育行政部门应采取一定的行政和指导措施,保证外语师资培训的正常进行,如实行各级师范外语专业毕业生验收制度,或统考制度,对毕业生的外语理论与实践能力等方面进行考查,合格者发给证书,不合格者须在规定时间内补考通过,实在不合格者应取消其成为外语教师的资格;二是各师范院校之间、师范院校和综合性大学之间应进行横向联合,互通有无,交换师资或教学设备,允许教师跨校兼课等,最大限度地利用现有的教学资源;三是加强外语教学理论的研究工作,全面提高外语教师的理论素养和外语教学活动的效率。

## 三、外语教师自主发展

自主的基本含义是自己指导,不受他人约束或支配(Gilroy,1991)。对教师自主发展的认识最早起源于美国20世纪80年代,当时美国针对传统教师教育的问题,推出了《师范教育改革的呼唤》("A call for change in teacher education"),《国家的准备:21世纪的教师》("A nation prepared: Teachers for the 21st century"),《荷姆斯小组:明日的教师》("Homes group: Tomorrow's teachers")等一系列报告,鲜明地指出了教师是自主发展的,掀起了一场呼唤教师自主发展的改革运动。几个世纪以来,国内外不同的研究者就教师自主的定义及内涵提出了自己的看法,如 Little(1995)认为:成功的教师总是自主的,他们通过不断的教学反思和分析,能够对教学过程进行情感和认知的控制,形成对教学的强烈的责任感,并善于利用课堂的空间。Barfield(2002)则提出:教师自主发展,是关于教学如何能最有效地促进学生自主学习的连续探究过程。

近年来,教师的自主专业发展逐渐受到国内外学者越来越多的关注。从1975年 Stenhouse 提出"教师成为研究者",到 Elliot 的"教师成为行动研究者",再到 Kemmis 等人的"教师成为解放性行动研究者",教师自主专业发展、自我更新逐渐成为教师研究的主旋律。

"自主"在21世纪初进入我国的外语教学领域,并引起了许多研究者的关注(如吴宗杰,2004;黄景,2007等)。

无论有无他人的协助,凡教师个人主动地诊断自己的发展需求,建立长期和短期的发展目标,确认发展所需要的资源,选择及实践适当的教师发展策略,并评估阶段性的发展成果,就可以归为教师的自主专业发展。

考虑到了外语具有比较特殊的学科属性,外语教师的自主专业发展也应该具有自己的特色。因此,外语教师自主专业发展可定位为:外语教师在同时具备本国语言及所教授外语的应用能力,对本国文化和西方文化进行了辩证统一并形成了一定的世界观和国际观的基础上,出于对教育、外语教学及学生的热爱,立足于自身,自发自愿自觉地探究自己的教师认知、教师能力、教师情感和教师自主专业意识的现状,学习与自身教学最为密切相关的学科知识、学科教学法知识、教学环境知识、实践知识和教育教学知识的理论与实践成果,以自己的学习、反思、教学、合作和研究为专业发展的研究平台,不断提高教学效果与专业能力的过程。

在外语教师的自主专业发展过程中,有几个因素是不可或缺又相辅相成的。

首先,自主专业发展意识(sense of autonomy)是外语教师自主专业发展的前提和基础。

意识属于认知层面,由认识到的东西组成。关注教师自主发展的中外研究者做了大量的理论和实证研究,得出类似的研究结果,他们将教师自主成长的意识细分为五种意识:目标意识,研究意识,读书意识,求师结友意识和总结反思意识。因此,教师个体是否有自主发展意识,能否做到主动寻求专业发展是实现专业发展的关键。判断一位教师是否主动发展,最关键的是看其是否具有自我更新意识和自我更新能力。

其次,自主专业发展观念(belief of autonomy)是外语教师自主专业发展的内在条件和发展动力。

自主发展的观念即认为教师能否实现自觉主动发展,自主发展在教师成长中具有何种意义。观念是影响教师教育行为的重要内在因素,也是判断教师教育行为适宜性的重要内在指标。观念对教师行为的转变与改善起着直接的影响作用。因此,教师是否形成自主发展的观念,是决定其自主发展行动的内在条件(姜勇等,2009:225)。

最后,自主专业发展规划(plan of autonomy)及行动(action of autonomy)则是外语教师自主专业发展的决定性因素。这个规划和行动的过程与教育界中倡导的"行动研究"颇有共通之处,可以参照以下步骤:(1)确定自己的理想目标;(2)评价现实自我,找到差距,调整学习与发展的目标;(3)根据自身情况,制定相应的行动研究方案;(4)实施行动研究并进行记录;(5)在实施的过程中不断进行反思总结,调整行动计划;(6)制定下一轮的行动研究。

教师专业发展不会自发产生,它必须经过我们积极主动地努力追求才能实现。我们教师自身必须是自己进行专业更新和持续发展的最重要的资源。但是,值得注意的是,一方面,对于个体教师而言,教师自主应该是因人而异,因年龄段而异,因环境而异,不会有放之四海皆准的适用于每一位教师的教师自主发展模式。另一方面,国外的教师自主研究成果必须有一个在中国生根发芽的本土化过程,国情不同,思维方式不同,可能对于教师自主的内涵也会有所差异,需要以一个批判性的态度来理解和接受国外的研究成果。

假如说教师是教师专业发展的主人,应该对自己的专业发展负责,自我学习、自我反思、自我规划、自我实施、自我评估、自我调整,那么,这一系列自主活动只能围绕教师的教学、学习、研究及专业发展来进行,特别是通过一些质性的研究方法,如教育教学叙事、个案研究、个人生活史研究来对自己的专业认同、教师知识、教师信念、教师决策、教学效能感、职业道德及教师情感进行深入细致的了解和剖析,并在此基础上通过反思性教学、行动研究、团体合作等途径来全方位地实现自己的专业发展,在这个不断提高自己专业知识水平、教学能力、科研能力以及职业情感及道德的过程中,教师将不断完善自己,并尽可能成为优秀的人民教师。

## 第四节 课堂教学

### 一、课堂教学的重要性

外语教学的具体实施过程主要在课堂。教学大纲和教材中的指导思想和要求只有在课堂上才能得到具体的体现。课堂也是教师和学生交流的主要场所,是教师控制学生情感因素、协调学生学习行为、保证语言输入质量的地方;同时也是学生获得主要的可理解的目标语输入,如教材内容、教师语、同伴语等的重要场所。因此,无论是在传统的外语教学法还是在一些最新的外语教学方式的主张中,课堂教学都是特别强调的教学环节。从研究的重点来看,普通教育学和传统教学法主要强调课堂活动的形式和组织方式,而近年来一些新的外语教学主张则把注意力集中在课堂活动的目标和质量上。

《国家中长期教育改革与发展规划纲要》(2010)指出,学校教育要"注重学思结合。倡导启发式、探究式、讨论式、参与式教学,帮助学生学会学习。激发学生的好奇心,培养学生的兴趣爱好,营造独立思考、自由探索、勇于创新的良好环境"。我们认为,这些要求对外语课堂教学也同样适用,是我们外语课堂教学所应该追求的境界。

### 二、课堂教学的组织

Seaton(1982)列出了以下10条课堂管理的注意事项,实际上也是根据普通教育学和心理学原理提出的课堂教学的一般原则和方法。

(1) 有一套检查学生出席情况的办法,如由班长每天点名等;
(2) 将学生名字按一定顺序进行编排,或让学生将名字写在卡片上

并放在课桌上,以便老师提问或记忆;

（3）让年龄大一些的学生担当你的助手,承担诸如照看视听设备和图表等工作;

（4）备有有关学生和老师的档案材料;

（5）教师应该知道学生的名字、住址、学习英语的年数、学习的地方等;

（6）教师应该了解学生在其他课堂上所学的内容、成年学生的职业、工作和打算,以便在课堂上进行语言操练时结合他们的实际;

（7）应该具备有关生理、感情和社会条件等方面的背景知识;

（8）应该对学生目前各方面的进展情况有所了解;

（9）备一份学生作业、特殊需要等情况的记录;

（10）如因事请假,应告诉代课老师教学计划等情况。

Seaton 还列出了 10 条具体的课堂教学的技巧：

（1）尽快记住你班上学生的名字;

（2）尽量使全班学生全神贯注投入教学活动;

（3）提问时应经常改变方式——不要总是从教室的某一位子开始提问,也不要老是从某一学生开始,然后毫无规则地点名提问;

（4）不要羞辱学生,如果要开学生的玩笑,要以不伤学生自尊心为前提;

（5）对诸如政治、性、种族和宗教之类的话题要倍加小心,虽然它们能引起热烈的讨论,但由于这类话题感情色彩浓厚,极易引起冲突,使课堂失去控制,破坏原先和谐的课堂气氛;

（6）不要过于与学生套近乎,否则将失去他们的尊敬;

（7）对学生应一视同仁,不要对优秀学生过于溺爱,不要忽视差生,其实差生更需要老师的关心和鼓励;

（8）把难回答的问题留给聪明的学生,让差生回答较容易的问题;

（9）尽量让潜在的捣蛋鬼参与课堂活动,不要用你办不到的事来威胁他们;

（10）学生的烦躁不安和精力不集中大多数情况下是由于老师对某一内容过分花费时间,或是因为所学内容过于简单或过于困难引起的。

至于外语课堂教学中具体的活动类型和方式,不同的教学法流派有不同的主张。大多数流派一般都采用的活动类型有独白(monologue)、对话(dialogue)、两人小组活动(pair work)、小组活动(group work)、哑剧(mime)、讲故事(storytelling)、角色表演(role play)以及各种各样的游戏

(games)等。

我们在前面曾经提到,传统的外语课堂教学是以教师为中心的,教师主宰了课堂中的一切活动。随着近年来人们越来越强调外语学习主体的主观能动性,课堂外语教学越来越突出交际性,课堂教学逐渐走向以学生为中心的语言交际活动。教师也逐渐改变了原先的包办一切的角色,成了学生活动的向导、顾问和裁判。

### 三、我国外语课堂教学中的问题

我国的外语课堂教学,特别是大学阶段的英语课堂教学,存在以下诸多问题:

(1) 外语课堂教学理论研究薄弱

我国英语课堂教学的研究总体呈上升趋势,但从很多文章研究的内容和相关度看,外语教学理论研究与实际的课堂教学需求相去甚远。Eykin(1987)曾指出,从许多一线教师的角度看,二语习得研究几乎不值一读,因为它们所讨论的问题距离教师们所关心的课堂教学问题过于遥远。即使研究者们讨论的问题可能与教师们有直接关系,但使用的语言往往过于专业,教师们根本没阅读的兴趣或耐心(转引自 Cochran-Smith & Lytle,1993)。我国目前的许多二语习得理论研究或外语教学理论研究与 Eykin 二十多年前描述的情况几乎完全相符。教师们基本上得不到理论的直接指导,实际教学过程往往很大程度上依赖个人或集体的一些实践经验。

(2) 缺乏科学、合理、有效的课堂教学评估标准

我国目前还没有一套现成的外语课堂教学评价标准可供借鉴。这个问题在一些英语教学比赛中暴露得非常明显。以"外教社杯"全国外语教学大赛为例,首届大赛时,大赛组委会曾试图寻找现成的课堂教学评估标准,但未能如愿。在征求有关专家意见的基础上,大赛组委会为评审专家们提供了以下评审标准:英语基本功、课堂内容、课堂设计、电子课件和课堂效果评价。很明显,这样的评课标准不但过于模糊,在实际评审过程中也过分依赖评审者的主观感受,而且,其内容主要是从授课教师的角度来评价课堂教学,凸显的是几个传统的评价要素:教师的语言基本功、教学设计和教学内容。这样的标准未能充分反映"以学生为中心"的教学理

念,过分强调教师的语言能力,忽略了课堂教学满足学生需求的基本功能。评审标准在随后几届的比赛中虽然根据专家的意见做了几次修订,但仍然存在过于模糊、实际操作中个人主观性过强、课堂教学指导意义不大等问题。

(3) 教学目标模糊

一个普遍存在的问题是,很多教师课堂上没有明确的教学目标,往往把教材内容作为教学目标。殊不知,教材作为教学资源之一,是用来实现教学目标的。课堂教学目标应该根据课程标准和学生的实际情况制定,教师可通过教材中的相关内容来达到这些目标。因此,教师不应该唯教材是从、照本宣科,而应对教材的内容有所取舍。如果现有的教材不能帮助学生达到相关学习目标,教师就应改编或补充相关材料。在外语课堂教学中,许多教师仍然把语言知识作为主要的教学目标。在有限的技能训练中,课堂语言实践活动往往脱离真实生活,脱离学生的认知特点,脱离学生的发展需要。相关的主题和知识内容与学生的现有知识体系以及其他相关学科之间缺乏有机的联系。

(4) 以教师为中心

外语课堂教学应该是学生获得语言输入、进行语言操练、展示学习成果的场所。教学目标应该是教师根据课程要求和学生实际情况制定。根据学生的不同情况,教师应该有不同的教学方案。国外早就有"协商式教学大纲"(negotiated syllabus)和"个性化教学"(individualized instruction)等,强调根据学生的实际情况进行教学。然而,很多教师在进行外语课堂设计时,往往只看材料本身,单向决定教学目标、内容和方式;而且基本上是以教材为中心,课堂上我们只看到与教材有关的教学内容,看不到教授这些材料所要达到的具体目标,看不到对学生的具体要求;学生在学习内容和方式的选择上依旧处于被动地位。

(5) 教学过程缺乏创新

从"外教社杯"历届外语教学大赛呈现的课堂教学结构和形式来看,几乎千人一面。从会话分析的视角看,课堂话语属于"机构性话语"(institutional talk),具有共同的话语组织结构。这是课堂会话区别于其他行业会话的特征之一。尽管如此,教师应根据教学目标、教学对象和具体的教学情境用不同方式对课堂结构进行设计,安排和组织灵活多样的课堂活动。很多教师一堂课往往是由"热身"(warm-up)或"导入"(lead-in)

开始,然后是教材讲解和语言知识或结构的练习,最后是布置作业。教学内容的呈现和语言操练基本上以 PPP 模式为主,即 presentation(呈现)、practice(练习)和 production(输出)。尽管教师也安排了一定的时间让学生就几个语言结构进行操练,但由于学生数量多,操练时间少等原因,教师基本无法给予有效的指导和监督,这样的学生小组活动徒有其表,缺乏有效性。这可能是由于很多出版社在提供教材时,同时也提供了电子教案,教师们为了省事,往往照搬现成的教案;另一方面,现有的教学环境下,尤其是教学目标基本上还是应试的情况下,教师往往缺乏创新的动力。

(6)教师语言能力和综合素质亟待提高

课堂是学生获得语言输入的重要场所,教师的语言是其模仿和学习的重要资源。但是,我们发现,很多教师的外语使用多限于课堂组织,教师与学生之间缺乏真正的"人际交流",而且语言表达不丰富,语法和用词错误多。这样的语言很难成为学生的有效输入,有时还可能强化学生的错误。另一方面,教师的语言综合素质还会影响教师的课堂掌控、知识拓展和自由发挥(束定芳,2013)。由于无法用外语自由表达,教师常常会采取"回避"或"缩略"策略,呈现给学生的是不地道、不准确的外语。同时,由于缺乏自信,有些需要教师主导或指导的活动或交流也无从展开或拓展。

(7)生搬硬套教学理论

再次以"外教社杯"外语教学大赛为例,一些教师在介绍其课堂教学方法的时候,用到了如 task-based instruction、autonomous learning、communicative teaching 等术语,但实际上在随后设计和开展的课堂活动中却丝毫没有真实和生活化的任务,也没有提供给学生基于真实交际场景进行交流的机会和平台。毫无疑问,教师课堂的行为取决于他们对外语教学的信念,即对教育、语言本质、语言教学本质和特点的理解,还包括对学生的了解程度。有些教师可能在阅读或培训中看到或听说过某些教学理念或方法,为了给听课者一个好的印象,往往会声称其采用的是某一教学方法。而实际上,他(她)并没有真正理解那种方法,骨子里还是他(她)最熟悉的路子和方法;即使采用,也往往限于形式,过分机械,未必用得恰到好处:任何有效的教学方法,都应该根据课堂的实际情况或变化情况及时调整、变通。

(8)课堂教学与课外学习未形成有效的统一

课堂教学中暴露出来的另一个突出问题就是,课堂教学与学生的课外学习脱节。许多教师都表示要培养学生的自主学习能力、探究能力和批判性思维,但课堂上我们看不到针对这些方面所展开的活动,尤其是将学生课外学习与课堂教学联系或结合起来的努力。很多教师上课,为了突出本课的完整性,往往都以"导入"等形式开头,似乎每一次新课都是到上课时才直接导入,学生没有预先学习或自主学习的环节。现实中,很少有学生事先对要学的教材内容不做任何的预习。这说明教师的教学方法有问题,缺乏对学生课外学习的指导和监控。大部分教师在上课的最后一分钟布置课后作业,要求学生到网上查找相关资料,但往往语焉不详,显然只是泛泛的号召。如果没有落实到具体的任务或评估方式中,学生就很可能不付诸行动,不去认真地自主学习。而且如果课堂教学上没有相关的评估,没有相应的教学环节来衔接,有多少学生会去响应教师的号召很值得怀疑。

## 四、外语课堂教学的基本功能

我们认为,课堂教学理论应该首先关注课堂教学活动、教师教学行为与课堂教学的目标之间的匹配关系。因为这是保证课堂教学有效性,避免课堂教学沦为仅仅完成教材内容或应试训练活动的一个重要的保证,是评估课堂教学有效性和质量的出发点和最终归宿。从宏观视角讨论课堂教学的功能可以从两个不同的角度进行。从教师的角度看,课堂是贯彻和实现教学目标的最重要的场所,是培养学生学习兴趣、系统传授语言知识、培训学生学习策略、检验学生学习成效的地方;对学习者来说,课堂是接触和参与真实的语言交际活动、解决学习困难、展示学习成果的重要场所。

### 1. 培养学生学习兴趣

任何学科的教学,首要的目标是让学生喜欢学习这一学科。外语学习更是如此。因为虽然学生一开始会对外语有一种天然的兴趣,但如果老师教学不得法,课堂教学机械,学生的天然兴趣就会被逐渐扼杀。何况,"语言这东西不是随便可以学的,非下苦功不可"(毛泽东,1966:345)。如果学生在学习过程中没有成功的快乐,学习的动机也会受到影响。

外语课堂教学首先要让学生喜欢外语,觉得外语有用、有趣,而且要通过在课堂上的实际使用来体验真实的语言使用的场景。通过学习本身让学生感受到外语本身的魅力,享受外语学习带给他们的快乐和收获。如果学生觉得外语学习过程有趣,感觉经常有新的收获,他就会不厌其烦,心甘情愿地为此付出。当然,教师本人的魅力、能力也是影响学生学习兴趣的重要方面之一。有时,老师的一个微笑、一句鼓励的话、一个故事、一次谈话可能就会成为学生转变学习态度、影响他一生的一个契机。

2. 系统传授语言知识

从语言习得的角度看,一个小孩在 7 岁前就能习得基本的母语语法,自然领悟出各种语法规则,并能熟练地运用。老师课堂上再教这一语言的语法主要就是把这种潜在的知识明确化、系统化。

外语学习往往缺少让学生自然领悟语法规则的机会。课堂教学可以帮助学生在有限的外语接触和使用中去领悟语法规则。课堂教学中教语法一个最大的好处就是可以节省学生摸索的时间,学生可以在老师的指导下对语言规则举一反三。但有的时候这种语法教学会做过头。有的老师会把语法规则的讲授当作外语教学的终极目标。而实际上,学习语法的目的是掌握该语言的结构系统,为准确、熟练地使用该语言服务。所以,课堂上讲授语法或其他语言知识要为学生获得实际的语言交际能力服务,要体现在实际语言交际能力的提高上。其实,课堂教的语法和实际生活中的语法还是有差异的。学生在课堂上学习的语法虽然更具有系统性,但在一定程度上是一种"规范语法"(prescriptive grammar),往往在实际的语言交际中,人们并不完全按照书本上的语法在说话。所以,课堂上老师还应该提供学生直接观察和体会语言使用场景的机会。而且,老师课堂教的语法规则和外语学习者领悟出来的语法规则在实际效果上大有区别。教师所教的语法规则虽然学生能记住,但往往到了实际的交际场合时不一定会用,而学生自己领悟出来的语法规则和语言知识在这种时候往往更管用,在实际的交际过程中能很恰当地用上。

外语教学史上,传统的外语课堂教学活动是语法和翻译,这是典型的传授语言知识的做法,但弊端是即使学生掌握了语言规则,也不见得在实际的语言交流中能够使用这些规则;到了交际法盛行的时代,在有些学者的倡导下,一些外语课堂教学甚至摒弃了语法教学,完全是具体的交际活动。但这样做的结果是,虽然学生语言交际的流利程度提高了,但由于缺乏系统的语言知识,语言准确程度不够。因此,比较有效的外语课堂教学可能就是语言实践和语言知识学习之间的平衡。就像是跷跷板,过于偏向哪一头,都将失去平衡,出现问题。

3. 提供使用语言、促进语言学习的环境和资源

外语学习为什么需要课堂教学?除了系统传授语言知识外,课堂教学可以给学生提供一个接近真实的使用语言、促进语言学习的环境。真实的语言使用环境是学习一门语言的最重要的动机之一。没有语言使用的环境,人们往往就很难有学习一门新的语言的动机。因为学习一门新的语言并不是一件容易的事情。举个例子,一些新上海人在上海待了数年后却仍然不会说上海话。为什么呢?那是因为他们觉得没有必要学习。也就是说,学上海话没有现实的交际需求,没有生存的压力。还有一种可能就是,因为学得还不地道,担心说得不好会让人笑话。外语学习的道理与此相同。如果你觉得没有必要学外语,你愿意花时间、精力去学吗?你觉得你的外语很差,怕人笑话,能愿意去展示,去使用吗?能有提高吗?

学生有了学习动机,想学外语以后,我们就要向他们提供可接受的(accessible)的学习资源。因此,外语教材很重要。教材就是把纷繁复杂的语言材料和语言现象变成 accessible 的东西。可是教材也有可能编得不是很理想或超过学生的理解能力的情况。因此比教材更重要的是老师如何去演绎教材中的内容,帮助学生去接受、去领会、去应用从中学到或领悟到的东西。许多研究证明,即使老师在课堂上把教材上所有的单词和语法都教给了学生,学生也不见得就算学会了外语。也许他能机械地按照语法、词汇规则造句,但结果可能是这句子在真实的生活中并不符合语言使用的习惯。或者还会出现另外的情况:他上课会造相关的句子,然而一旦到了实际的交际场合,他却发现自己并不会使用语言去达到交际目的,因为有效的交际还需要懂语用或交际规则。

外语学习和其他学科的学习是不同的。历史、地理知识如果记住了就储存在脑子里了,以后有需要也许就可以直接提取。但语言知识即使掌握了并不等于就会使用语言了。这里面需要有一个把知识转化为技能的过程。这个过程就是语言交际实践。

在某种意义上,最有效的语言使用规则(语法规则、词汇规则等)最好是学生自己领悟出来的。那么,如何帮助学生去领悟出语言使用的规则和窍门呢?

在过去的 20 年左右时间里,国际外语教学界研究的热点之一是如何

培养学生的语法意识。回顾外语教学的发展轨迹,外语教学经历了语法翻译法盛行时期的语法为纲的教学方式,到20世纪80年代交际法盛行时对语法教学的否定,再到90年代以后语法教学的复苏。Rod Ellis 曾在日本等地做过有关语法意识培养的教学实验。具体的做法就是教师通过一定的课堂活动和任务,提供恰当的语境帮助学生通过使用某些语法规则来表达自己的思想。老师不是纯粹讲语法规则。这就是对学生语法意识的培养。

4. 提供外语学习方法和策略的指导

除了传授语言知识、提高语言实践的机会外,课堂教学还能做什么呢?我们知道,仅仅靠课堂教学那点时间,是很难真正学好一门语言的。

显然,学生在有了语言学习的材料和渠道之后,他们可能还需要学习方法的指导。老师还要引导学生养成良好的外语学习习惯。那么,外语教师应该如何在课堂教学中潜移默化地培养学生良好的学习习惯呢?

首先,老师可以在课堂教学中通过表扬、暗示、评估等引导学生。对学生做得好的予以肯定,对不符合外语学习规律的习惯予以纠正。久而久之,学生就可能获得足够的学习策略来帮助自己学好外语。

另外,学生的个性不同。学生在课外学习中遇到困难时,有些学生善于主动提问,而有些则比较内向害羞,所以课堂教学应该给学生提供提问和解决问题的机会。好的教师就是要不断发现或者预测学生的困难,通过一定的方法帮助学生克服困难。

5. 提供学生展示学习成果的机会

除此之外,课堂教学还应该给学生提供展示学习成果的机会。学得好的学生肯定希望得到老师的表扬,希望能有机会展示自己的学习成果,获得成就感。差一点的学生可能不希望展示,但老师有责任给他机会展示他的长处。美国哈佛大学 Gardner & Hatch(1989)提出过"多元智能"(Multiple Intelligences)理论。他们认为每个学生实际上拥有不同的智能,在音乐、数理逻辑、运动等方面各有所长。作为老师,不能因为学生某一方面差就对学生全盘否定,而是应该找到学生的长处,并使之得到充分发挥。例如,语言表达能力提高的快慢可能和一个人的性格有联系。这就要求老师对学生有充分的了解。上海有位语文特级教师于漪,在多年的教学中对自己的学生了如指掌,知道在课堂上什么问题找哪个学生回答,从而给每个学生展示的机会,给他们信心。这不但符合心理学、教育学的规律,还符合语言学习的规律。因为语言学习的特点就是要会使用语言,用语言来进行真正的交流。老师要有这个意识,培养学生语言能力的方法就是通过和他们交流,不知不觉地学会语言。

## 五、外语课堂教学有效性的评估

根据我们前面讨论的外语课堂教学的功能,评估课堂教学应该看学生的学习效果如何,看看课堂教学是否生活化、真实化,是否能激发学习兴趣,提供学习资源,预测学生困难,指导学习策略,并给他们提供展示学习成果的机会。通过教学,看看学生的人文素养是否有所提高,探究能力是否得到培养,综合语言能力是否得到提高。

1. 课堂教学目标是否明确,是否体现了课程要求

我们评价一堂外语课是否成功,首先要看它的教学目标是否明确,是否体现了课程要求,是否符合外语教学的规律。

如果一堂外语课,教师不知道最终要达到什么目的,或者说如果目标不切合学生实际,上课就是完成教材的某一部分的任务,或者说就是组织学生进行一些活动,最终并未达到所设定的目标,我们能说这堂课成功吗?

外语课堂教学应达到什么目的?育人?教书?语言实践?教书育人自然是任何一门学科责无旁贷的任务。育人就是指培养学生的意志、品格和情操,这当然需要老师的引导和潜移默化的影响。"教书"不能从字面来理解。外语教学中的"教书",不是仅仅教语言知识,而应该是给学生提供语言实践的机会。

学习一种语言实际上也就是学习一种文化的过程。中国传统的语言教学就特别强调"文以载道",语言教育完全是一种综合教育。学生在学习传统文化经典的过程中学习语言。这一传统如今却在我们的语文教育中被抛弃了,非常可惜。实际上,中国传统语文教学中有很多道理、很多合理的成分很值得我们去深思、挖掘。

观察和判断外语课堂教学目标是否明确,是否适切主要看它是否符合课程标准中提出的要求,包括思想内容或其他专业或社会知识、语言知识和语言技能。

我们的很多老师可能并不了解《课程标准》或《课程要求》。很可能就是仅仅根据教材上课。这可能是因为我们的课程标准太笼统(其他学科

像数学可能也存在这个问题),对不同年级没有具体的要求和说明,或者不一定完全符合学生的实际情况。也就是说,英语课程标准或要求可能确实存在一些问题。但是老师们一定要去研究课程标准或要求。虽然课程标准或要求没有对每节课提出要求,但它描述了某个学习阶段外语教学的总的目标和要求。它描述了各个不同级别的教学标准,就是说学生在某一个学习阶段应该达到什么目标。对于这些,老师应该了然于胸。老师知道总体要求后,心中有底了,不管用什么教材,只要选择对学生有利的内容去教,就可以达到目的,也不用担心教材的进展了。而且,教师还可以反过来根据课程标准对教材进行评价,看看是否和课程标准对应起来了,是否能帮助达到教学目的,如果不行的话,自己甚至还可以去找相应的材料来达到目的。因此,老师们对课程标准或要求一定要有研究。要研究它的目标、要求和建议。这是因为老师们以后总结自己的实验成果或者评价别人的教学成果时,需要根据一定的标准才能说好或者不好。如果做的事情达不到目标或者偏离目标的话,那么你做得再好也没有用。如果课堂教学看上去漂漂亮亮,而实际上并没有达到这些目标的话,那就是作秀,那就是对学生不负责。

《课程标准》或《课程要求》除了总体目标和阶段性目标之外,对课堂教学还有不少具体的教学建议。机械的听说读写往往事倍功半。相关研究发现,在母语习得中,小孩学新词的能力是平均一天 13 个词,但并不是通过让他死记硬背来达到目的。小孩在学习单词时,第一次一定要有语境,例如他第一次看到 purple 和 black、white 一起使用时,他知道这是个颜色词,但不可能一次就记住这个词的意思。然后这个词可能在不同语境中不断复现,这就能帮助学生记住该词。但仅仅在课堂上将一些词或句子领读 100 遍,甚至抄写 100 遍,都是没用的。机械的灌输、罚抄往往起不到很好的教学效果。机械的操练因为不是在真实的场景中让学生使用语言,所以没有什么效果。只有给学生创设了真实的交际场景,要求学生不断使用这些规则,这些规则才会逐渐在学生的头脑中内化。

有些老师,特别是中学老师喜欢在课堂上带领学生读单词或课文。但这种领读纯粹是浪费时间。某些外语培训机构倡导的通过大喊大叫学外语的方法也许能帮助内向的学生克服羞怯心理,但这绝不是外语学习的全部。外语不是通过机械重复、大喊大叫学会的,短期内学会的也只是几句口头的交际语。任何一个有一定理论修养和实践经验的外语老师都会对这样单一的、极端的方法嗤之以鼻。

除此之外,根据我们前面对课堂教学功能的讨论,我们还要看这堂课是否有利于培养学生对外语学习的短期和长期兴趣,是否有利于学生良好的学习策略的形成,是否帮助学生解决了学习中已经或者可能遇到的困难,是否提供了学生展示其学习成果的机会等。

2. 课堂教学是否能很好地与课外学习衔接

课外学习是课堂学习的延伸。课外的语言实践对外语教学尤为重要。所以,外语课堂教学的另一个重要观察点就是看教师如何协调和指导学生的课内外学习。如果教师布置的课外作业或任务在课堂上得不到反映的话,学生可能就不会认真地准备。另外,我们课堂上应该给学生展示其课外学习成果的机会,并在课堂上加以评估,看看他们学习的效果,使学生的课外学习处于老师的可控范围之内;学生课外学习碰到困难,老师还要给予适当的指导。

在内容方面,课堂学习不能和课外学习毫无关联。课外学习应该是课堂教学的自然延伸。我们在安排课外拓展任务时最好和某一阶段的教学目标以及教材中的主题结合起来,这样一方面是对课堂教学的拓展,另一方面也可以将课外学习的内容锁定在老师能操控的范围之内。当然,特别优秀的学生可以突破限制,但大部分学生的课外学习应该处于老师的视野和可控范围之内。

至于具体如何把学生的课内外打通就需要老师在实践中不断探索和尝试,找到最佳的方案。也需要教师去引导学生发挥他们自己的主观能动性。

3. 外语课堂教学是否能合理平衡知识讲解与语言实践之间的关系

外语课堂教学知识讲解与语言实践时间和重点应如何分配?根据国外的任务型教学理念,整个课堂上,老师不会专门讲解语言知识,但老师事先要做大量的工作,把需要学生掌握的语言点巧妙地结合到活动中去。当然在我国的语言环境和教学传统中,我们现在还不一定能够取消知识讲解,全部由语言实践替代。那样做效果也不一定好。德国的一些新的英语教材对知识点的处理值得我们借鉴。如在德国 Klett 出版社新出版的 *Green Line* 教材中,我们发现语法讲解也占相当的比例,有的还相当详细,而且经常复现、强化。这也是中国传统外语教学中的有效方式之一。所以我们可以进行知识讲解,但是绝对不要把这当作课堂教学的最终目的。当然具体情况应该具体分析,针对不同阶段的学生教学方法也应该有所不同。

我们的老师可能想把所有的知识点都讲给学生听。这其实没有必要。应该给学生一些自主学习的空间。而且语言点不用超前讲,在课文的语境中讲解就可以了。对于基础差的学生来说,要记住单词本身的意思和用法都有困难,如果再拓展就更难了。而对于基础好的学生,点到为止即可。他已经具备了举一反三的能力。

例如,如果教材上出现了 stop doing something,老师对 stop doing something 的用法可以提一提。但不要过度操练。不能因为考试经常涉及,好像就成了很重要的知识点。事实上,老师不专门比较 stop doing something 和 stop to do something 的话,可能学生还不会错,老师提了以后,或者说过度操练以后,学生可能反而会混淆。这就是所谓过度训练(over-training)的后果。比较好的处理方式是在现实情境中使用这个知识点,进行操练和交流。从这个角度看,知识点讲解和语言实践并不矛盾。当然,老师如果能设计一个场景,让学生不得不用某个表达方式或语法的话,可能学生会对这个知识点的印象更深刻些。这就需要老师去思考怎么制造一种课堂气氛,引起每个学生的关注。总之,老师应尽量精讲,多让学生去实践、交流,练的时候尽量选择跟生活有关的场景。课堂教学的一个重要方面就是语言交流生活化、真实化,可以和我们自己的生活场景相关,也可以把英美人的生活场景呈现给学生。在课堂活动设计时我们需要考虑活动的目的,同时也要考虑这些活动本身的趣味性和可操作性。

4. 课堂活动是否有利于培养学生探究性学习的能力

实践证明,在语言使用中学习语言往往是最有效的。何况通过语言获得其他知识和能力也是我们学习语言的重要目的所在。外语课堂中,我们要鼓励学生用所学语言去学习和探索其他东西。学生到课堂上来展示的内容不仅是语言本身,而是知识性的或技能性的东西。学生课堂展示的内容和方式需要不断尝试和改进。例如,如果我们课堂中讨论的主题是世博会,老师就可以引导学生从不同方面去思考,通过互联网或图书资料去查证本届世博会和以往的有何不同。学生如果能提出新观点,或者从已有的各种材料中总结提炼出某一观点,那不但锻炼了他的语言运用能力,同时也提高了他的学习和探索能力。展示之后,可以要求学生写下来,优秀作品还可以去尝试投稿发表。只要老师引导得法,有时学生会取得我们意想不到甚至令人拍案叫绝的成果。

课堂教学活动和安排可根据情况和需要不断优化和调整,可以随机应变。课堂教学不该局限于固定的程式。课堂教学是为了达到某一目的,至于如何达到,老师们可以有不同的做法,只要抓住要点和原则性的东西就可以了。没有人可以说某一节课具体该怎么上。课堂教学没有一个统一的成功的模式。

课堂教学如何做到有效?如何达到一定的境界?如何让老师发挥自己的优势?也许我们可以用三个"化"来总结:"化繁为简""化难为易"和"化腐朽为神奇"。"化繁为简"就是课堂活动不能把简单的事情复杂化,老师能把各种活动安排得有条不紊、简单易行。"化难为易"就是老师能针对学生的困难进行指导,使学生感觉容易,能很快掌握。"化腐朽为神奇"就是教师能向学习有困难的学生也提供展示学习成果的机会,并把其他不利的条件转化为有利的学习因素等。

课堂教学的真理来自实践,更需要实践的检验。

## 第五节 测试和评估

外语测试是外语教学过程中的一个重要环节。外语测试的一个重要目的就是评估外语教学的质量,了解学生外语学习的情况,以便对后阶段的外语教学做出改进;外语测试的另一个重要目的是对参加测试的考生的外语能力做出判定,以便作出有关他的未来前途的某种决定。因此,外语测试无论对教学组织者还是对个人学习者来说都是十分重要的。外语测试涉及的因素很多,对其中的一些理论问题尚存在许多争论。本节主要介绍外语测试中一些常见的概念和一些实践操作过程。

### 一、外语测试的类型

测试的目的多种多样。有的测试是为了了解学生学习外语的一般能力,有的是为了评估某一阶段外语教学的效果,有的则是为了检测考生一般的外语能力。根据不同的测试目的,可以分出不同的测试类型。常见的类型有:(1)潜能测试;(2)成绩测试;(3)诊断性测试;(4)水平测试;(5)结业性测试。

(1) 潜能测试(aptitude test)

潜能测试主要是为了了解考生学习某一专业(这里指学习外语)的一般能力。我们前面已经讨论过语言潜能的概念,这里不再重复。

(2) 成绩测试(achievement test)

成绩测试用来考查个别或全体学生在学习外语的某一阶段或最终阶段的成功程度。成绩考试一般与某一外语课程有直接关系。有人提出,成绩考试应该以该课程的大纲和教材为依据,但缺点是,如果大纲和教材有缺陷,考试就不一定能反映出课程的目标。另外有些人认为,成绩考试应以课程的总目标为依据,其好处有二：1)促使大纲的设计能够更加切合实际;2)考试能比较准确地反映学习者的实际水平。但这种做法也存在着一定的问题,因为如果不是以所采用的某一大纲和教材作为考试的依据,教师和学生在平时的教学过程中往往会感到无所适从。

(3) 诊断性测试(diagnostic test)

用于发现学习者的强项或弱项的测试叫诊断性考试。考试的主要目的是决定是否需要加强某一方面语言技能的训练。

(4) 水平测试(proficiency test)

一种不以某一课程为依据,也不管考生受过何种训练而对考生的一般语言能力进行考查的考试叫水平测试。许多公共考试属于这种类型,如美国的 TOEFL、英国的 IELTS、我国的 EPT、CET 等。

(5) 结业性测试(exit test)

一种仪式性的考试。也可以有明确的目的,如其成绩可作为升入高一级语言课程的参考,确定是否授予某一证书等。但大多数结业考试更注重其形式,因而考试的内容可以是所学课程的成绩考试,也可以是测定一般语言水平的水平考试。

从测试的方法和方式角度,我们又可以将各种各样的测试分为直接测试与间接测试两大类。

(1) 直接测试(direct testing)

直接考查考生某一方面的语言能力的测试称为直接测试。例如,假如我们要了解学生的作文能力,就应该要求学生写出一两篇作文;假如我们要测试学生的语音语调,那就要求学生开口讲话。

直接测试要求考查的内容尽可能真实,符合实际生活中的真正要求。

直接测试的好处是：1）测试的目的明确；2）对测试结果的评估也比较直接；3）因为所测试的内容正是我们所要培养的技能，其正面反拨作用（positive wash back）十分显著。

（2）间接测试（indirect testing）

间接测试即通过测试某一技能所必需的某种能力来发现学生这方面的语言能力。例如，TOEFL 中有一部分是考查考生的写作能力的，但其题型是语言错误判断这一间接的方式。如：

At first the old lady seemed unwilling to accept anything that was
 A             B  C      D
offered her by my friend and I.
            E

要求考生在 A、B、C、D、E 中选出错误的一项。再例如，通过要求学生判断某对单词是否同韵来测试学生的发音能力也属间接测试。

间接测试的优点是提供了一种通过测试部分有限的能力而了解到学生各种不同的语言能力的可能性。例如，如果我们通过测试某一具有代表性的语法结构，我们就获得了所有需要这一语法知识的情景的一个样本。

间接测试的缺点是学生测试的结果与实际能力之间的关系并不十分明确和可靠。

Hughes（1989）认为，根据我们目前对测试的认识，就水平测试和成绩测试来说，直接测试要比间接测试好。只要我们取样广泛（如要求学生写两篇不同风格、不同题材的作文），我们所获取的对某种能力的测试信息要比间接测试精确和可靠。另外，直接测试试题一般也比间接测试试题更容易设计，其正面反拨作用也十分有利于外语教学。当然，目前许多测试中间接测试仍占一定的比重。间接测试，尤其在诊断性的测试中，如了解学生对某一语法结构的掌握情况时十分有用。

另外，从测试题型的角度，我们又可将测试分为分散点测试与综合测试。

（1）分散点测试（discrete-point testing）

分散点测试指每次只测试一个项目的测试。如每一道试题只测试某一特定的语法结构等。

（2）综合测试（integrative testing）

综合测试与分散点测试正好相反，每一考试项目的完成需要考生调动多种语言技能。例如写作、听讲座做笔记、听写或综合填空等均属于综合测试。

一般来说，分散点测试属于间接测试，而综合测试许多情况下属于直接测试。当然，有的综合测试方法，如综合填空，并不属于直接测试，而是间接测试。

另外，从考试成绩判别的标准的角度，我们还可以将测试分为常模参考型测试与标准参考型测试。

（1）常模参考型测试（norm-referenced testing）

把某一考生考试的结果与参加同一考试的考生的成绩相比较以判别其语言能力的测试叫常模参考型测试。例如参加同一考试的考生有 100 名，考生 A 的成绩虽为 30 分（总分为 100 分），但与其他考生相比，分数可能在前十名，属 10% 的优秀生之列。

（2）标准参考型测试（criterion-referenced testing）

以某种特定的语言能力标准作为判别标准的测试称为标准参考型测试。通过这类考试，我们可以了解考生实际运用某一语言的能力，但并不将其与其他考生相比较。标准参考型测试的目的是根据考生能否令人满意地完成某一项或某些任务而对其进行分类。任务是固定的，只是对考生完成的情况进行评估。原则上讲，所有的考生都通过或一个也不通过都没有关系。标准参考型考试有两个优点：一是它们的标准是不变的，主要要求考生能达到某一标准；二是考生可以有明确的奋斗目标，为达到这一标准而努力。

最后，根据判卷的标准，我们还可将测试分为主观性测试和客观性测试两种。

（1）主观性测试（subjective testing）

阅卷标准主要根据阅卷者个人的判断，这种测试称作主观性测试。有些测试主观性大一些，有些则小一些。如自由作文测试，其主观性就要比简答题大。

（2）客观性测试（objective testing）

阅卷标准事先确定，不需要任何阅卷者个人主观的判断，这种测试称作客观性测试。

## 二、效度

一项测试只有能够准确地测试它所希望测试的内容才具有效度。测试的效度包括"内容效度""标准效度""构卷效度"和"表面效度"等几种。下面我们分别予以简要的介绍。

(1) 内容效度(content validity)

如果某一测试的所测内容是测试者希望的某种(些)语言技能的典型代表,那么该测试具有内容效度。例如语法测试所测试的内容必须是语法,但它只有在包含了有关的典型语法结构的内容的情况下才能说具有内容效度。有关的语法结构当然要看测试的目的而定。为了保证测试具有内容效度,人们通常将需要测试的技能或结构详细描述出来,供出题者参考。

内容效度对测试来说十分重要。一般来说,内容效度越高,就越能精确地了解到所要测试的内容,如果某一测试内容的说明未能在测试中体现,就很难说它的结果是准确的,而且这种测试极易产生负面反拨作用,因为测试中忽略的内容往往在教学中也被忽视。

(2) 标准效度(criterion-related validity)

测试的效度还可以从另外一个角度来证实,就是将测试的结果与其他高信度的测试的结果进行对比,看它们在多大程度上吻合。作为对比的其他测试的结果就成了检验现有测试的效度的标准。这种测试的效度就称为标准效度。

标准效度可分两种:一种是同现效度(co-occurrent validity),另一种是预测效度(predictive validity)。同现效度指两种测试同时举行后比较的结果。例如,我们要测试一组学生的口头表达能力,考试的需求都已以各种语言功能的形式确定,但如果考生必须完成所有的项目,每人至少要45分钟,这显然工作量过大,不切实际,于是我们决定将口试时间定为10分钟。这样就产生一个问题:这10分钟能否准确地测试出学生完成所列各种功能的能力? 换句话说,这一测试是否有效? 从内容效度的角度,这取决于所测试的各种功能是否有足够的代表性。如果这一点得到了保证,我们就必须设法确定它的同现效度。我们可以在所有的考生中采取随机取样的方式选择一组学生,这些学生将参加预定的45分钟的完整的口语测试。为保证评分的可靠性,我们可以组织一个四人以上的裁判小组。这一考试的结果就可作为10分钟测试的对比标准。然后我们将这些学生45分钟的测试结果与采用普通的评分方法的10分钟的测试结果相比较,如果两者十分吻合,那就说明10分钟的测试具有同现效度。

所谓预测效度主要是指测试预测考生未来实际能力的准确程度。例如,某一水平测试是为了确定某学生未来在英国某一大学学习某一研究生课程的能力,其预测效度的判定可以以该学生导师对学生实际能力的判断或该学生学习该课程的结果(通过还是未通过)作为标准。

(3) 构卷效度(construct validity)

"construct"这里指语言能力理论中某种假想的能力组成部分,如阅读能力中的根据上下文猜测词义的能力、写作能力中的标点使用能力、语域能力等就属于这种概念。如果可以证明某一测试或测试的某一部分能有效地测试这种能力,那我们就可以说它具有构卷效度。

确定某一测试是否具备构卷效度,关键是看对能力组成部分的理解。如要测试学生的写作能力,我们通过写作预测(pilot test),将得到的结果与真实的写作样本或结果对比,建立写作能力组成成分的对应关系。

(4) 表面效度(face validity)

如果某一测试看起来像是测试它所要测试的内容,那就可以说它具有表面效度。例如,一个旨在测试学生语音能力的测试如果并不要求学生开口讲话,那就可能被认为不具备表面效度。教师、学生或教育行政部门往往对不具备表面效度的测试拒绝接受。因而,一些新的间接测试方法的使用,必须借助有说服力的解释,逐步推广。

以上我们简要讨论了测试的效度问题。测试的效度可分为内容效度、标准效度、构卷效度和表面效度四种。任何测试必须保证具有内容效度,并在可能的情况下,与实践经验中的某些标准相比较,确认其测试某一能力概念的真正有效性。

### 三、信度

与测试效度密切相关的另一个重要概念是测试的信度。

测试的信度可以分为两个方面:一是测试本身的可信度,二是评卷的可信度。

测试本身的信度主要与它的内部一致性有关。如果考生在不同的时间参加同一测试而得分截然不同,其可靠性就值得怀疑。

检阅测试本身的信度有两种主要的方法,一是连续测试法(test-retest),即让学生在不同时间做同一试题,然后比较其结果。这种方法十分简单,其缺点是时间不易掌握,因为如果两次测试间隔太短,第一次的考试就会影响第二次;如果间隔太长,学生在这期间又可能产生了遗忘(或学到了新的东西)。另一种检测某一测试内部一致性的方法是"一分为二"测试法(split-half),即将一份测试的内容分为两半,对比考生这两部分的结果。这种方法要求两部分的内容(在数量和类型上)几乎完全相当,这一方法的优点是省时省力,缺点是两部分的比重难以掌握。

如果测试是主观性的,那么评卷的信度就是一个十分重要的问题。评卷的信度可分为两个方面,一是同一个评卷人前后评卷标准的一致性,二是不同评卷人所用标准的一致性。如果同一评卷人评卷时前后所持的标准不一致,或不同的评卷人之间使用了不同的评分标准,那就会在很大程度上削弱测试的可信性。

Hughes 提出了一系列提高测试的信度的办法,其中包括:

(1) 有足够的考试内容。同一项目的测试最好有几道互相独立的试题,如果测试结果非常重要,测试内容和时间就应相应加长。

(2) 限制考生答题的范围。题目如果给予考生过多的自由,就会影响测试的信度。例如,在测试考生写作能力时,如果只是给出几个题目给学生选择,对内容不加规定或限制,其可信度就值得怀疑。

(3) 考题要求应十分明确,避免模糊。

(4) 保证考卷的印刷质量,考题布局合理。

(5) 应使用考生熟悉的试题样式与测试要求。

(6) 应提供统一的、无外部干扰的考试环境。

(7) 考试项目应尽量采用易客观阅卷的类型。

(8) 考生之间的比较应尽量采用直接的方法。

(9) 阅卷答案应十分详细。

(10) 对阅卷者进行统一培训。

(11) 阅卷前统一评分标准。

(12) 考卷应按数字编号,不让阅卷人了解考生的名字。

(13) 阅卷应尽量采用相互独立、交叉的方法。

## 四、测试的步骤

1. 明确测试性质

测试的第一步是明确测试的目的,测试者必须首先考虑以下几个问题：

（1）该测试属于什么类型,是成绩测试、水平测试、诊断性测试还是仪式性测试？

（2）测试的真正目的是什么？

（3）需要测试哪些能力？

（4）考试结果精确度和详细程度要求如何？

（5）考试的反拨作用是否重要？

测试者如果对这些问题有了明确的答案,即可进行测试的第二个步骤。

2. 确定测试要求

明确了测试的性质以后,测试者就应对测试的内容、题型、时间和评卷标准等作出具体的描述和规定。

（1）内容

这里不是指个别试卷的内容,而是指该类测试所有试卷的内容。考试内容规定越详细,出题时就越容易作决定。

（2）操作

例如,阅读测试可以要求考生浏览某一短文以寻找某一特定信息、根据上下文猜测词义等。

（3）文本类型

例如,写作测试可以包括书信、表格、一定字数的学术论文等。

（4）交际对象

这主要指考生口头或书面交际的对象(如年龄相同的听话者或读者)。

（5）话题

根据考生的实际情况和考试类型可以选择恰当的话题。

3. 试卷格式和时间

试卷中每一部分的分量和比重,例如阅读测试应阅读多少篇文章或字数,写作测试应写出多少字数的段落等。考试时间应明确说明,答题的方式也应举例说明。

4. 考试标准要求

不同程度的考试者所应达到的语言能力和标准应该尽可能明确地描述出来。例如,英国皇家美术学会的英语作为外语交际工具考试的要求包括准确程度(accuracy)、合适程度(appropriacy)、范围(range)、灵活性

(flexibility)和数量(size)等。

5. 阅卷的步骤

如果评分标准为主观性的,对阅卷步骤的规定就极为重要。命题者应该明确说明这些步骤如何增加阅卷的信度。

6. 命题

命题前首先应在规定的内容中选取具有代表性的部分作为测试的重点。为保证内容效度和正面的反拨作用,试题应尽可能广泛地反映测试的内容要求。

在实际命题过程中,个别试题的编写应广泛征求同行的意见,不断改进。

7. 预测

命题结束后,为了保证试卷的质量,可在较小的范围内进行一次预测(pretesting),发现问题及时设法解决。预测的缺点之一是保密性问题。如果同一试题将在更大范围内使用,就必须对参加预测的考生采取一定的防泄密措施。

## 五、外语测试理论的发展

现代外语测试理论和实践很大程度上受到了 20 世纪 20 和 30 年代盛行的心理测试的影响。当时心理测试有两个明显的特点:

(1)试题大都为"封闭性"的,即测试者须在提供的几个有限的答案中进行选择。如:

If you were at a party where you don't know anyone, would you:

a. start a conversation with someone?

b. wait for someone to talk to you?

c. wait for someone you know to arrive?

d. go home?

(2)这类测试的命题和评分都有一套十分严密的统计程序。

第一个特点为语言测试的客观性提供了可能,第二个特点提供了一套现成的分析和评价语言测试的方法和标准。心理测试方法对现代外语测试的影响可从现在许多测试中的多项选择题中看出来。

如果说心理测试为现代外语测试提供了命题和测试的工具,那么结构主义语言学理论则提供了选择测试的内容的依据。结构主义语言学的最大特点是将语言看作一个由不同的语言单位构成的层级系统。最小的语言单位是音位,音位构成语素,语素构成词或词组,词或词组构成句子。这种语言分析方法引起了语言教师和测试者的极大兴趣。把语言知识层层划分,使得测试者们能够在测试中设计出相关的分散点试题,以测试考生相应的语言能力。Lado(1961)出版的 *Language Testing* 一书是结构主义语言测试理论的杰出代表。

根据结构主义语言学理论,语言系统包括四个层次:音位、句法、词汇、文化。传统上一般把语言技能分为"听""说""读"和"写"四种。如果将这两种理论结合起来,我们就可得到一个语言能力组成的详细分类图:

|  | A. Listening | B. Speaking | C. Reading | D. Writing |
| --- | --- | --- | --- | --- |
| 1. Phonology |  |  |  |  |
| 2. Syntax |  |  |  |  |
| 3. Lexis |  |  |  |  |
| 4. Culture |  |  |  |  |

(阅读和写作技能中,书写符号代替音位)

从理论上讲,上面表格中每一小方块都可构成测试中的一个组成部分,如 D2 小方框可以测试书面的语法转换知识:

> Rewrite the sentence so that it means the same.
> Someone has stolen my car.
> My car..................................................................................

以结构主义语言测试理论为基础的语言测试大多采用"多项选择""句内填空""句子改写"等形式。其特点是:(1)每一项目一般只有一个可能的正确答案;(2)每一项目代表某一技能的组成成分;(3)项目之间互相独立,如 cloze 测试中前面的填空并不影响后面的答题。

这种测试方法的主要优点在于:(1)封闭性的试题类型保证了评分中的客观公正性,提高了阅卷的信度;(2)可以对掌握某些语言特征的能力进行非常细致的考察;(3)试题间的相互独立性为改进试卷质量、替换不合适的项目提供了可能。

该方法的主要缺点是:(1)命题困难,如多项选择中的干扰项标准难以掌握,且大量的分散点测试项目工作量巨大;(2)某些语言项目的测试与实际语言能力的对应关系值得怀疑。另外,分散点测试的题型主要是多项选择题,而多项选择试题有许多缺点,其中包括:1)只能考查辨认的知识(被动的知识);2)猜测可能会对测试成绩产生较大的影响;3)容易作弊;4)负面反拨作用较大。

至于"完形填空"和"听写"作为测试的形式的问题,人们对此的认识是:由于这两种形式并非十分精心进行取样分析的间接测试,因此不宜用于目的要求非常精确的测试,它们更适合于粗略了解考生整体语言水平的测试,如分班考试等。不过,由于完形填空与听写这两种测试具有命题简单、方便、快速等特点,现在越来越受到许多语言教师和测试者们的青睐。

语言心理测试方法的理论基础在 20 世纪 60 和 70 年代受到了挑战。Oller(1979)指出,语言水平是一个不可分离的整体,语言水平的各种测试只是有时效性程度不同而已,心理测试的种种做法应该由一种从整体上检测语言水平的测试替代。Oller 把这种新的测试称为"语用的"测试,包括完形填空和听写等形式。

Oller 称自己的观点为"整体能力假设"(Unitary Competence Hypothesis)。Oller 的观点在某种程度上得到了一些测试实验结果的支持。人们发现,一份同时有分散点试题和听写、完形填空的试卷,其结果的准确程度要远远胜于一份只含有分散点的试题的试卷。但是,也有许多人对 Oller 矫枉过正的偏激理论提出了反对意见。一些学者指出,就像医生检查老年病人的身体状况一样,可以用传统的量血压等体检方法,也可以让老人们跑上一百米以检测他们的身体状况。跑步当然可以反映老人的综合健康情况,但据此推断说"健康是整体的"则是荒唐的,因为医学上把健康状况分为许多方面,而且有一整套检查各组成部分的方法。跑步结果的好坏取决于诸多因素,健康因素只是其中之一。语言能力也是如此。

20 世纪 90 年代,Bachman(1990)提出了一个新的语言交际能力(Communicative Language Ability,CLA)的模式。他认为,语言交际能力就是把语言知识和语言使用的场景特征结合起来,创造并解释意义的能力(capacity),它由语言能力(language competence)、策略能力(strategic competence)和心理生理机制(psycho-physiological mechanisms)三部分组成。该模式对语言交际能力的认识更为全面、深刻,同时指出了测试工具与目标语言情境的关系,对语言测试产生了深刻的影响。

交际能力模式对我国外语测试的启示在于我国的大规模外语测试,例如高考、大学英语四、六级考试(CET)以及英语专业四、八级考试(TEM)等,都应当加强对交际语言能力的测试,尤其是对学生听、说、读、写能力的全面测试(刘美华,2007),考核学生综合运用英语进行交流的能力,真正地达到了交际英语测试的要求(邹申,2011)。

近年来,随着外语教学理论越来越强调学生交际能力的培养,对语言测试也倾向于以任务为要求的题目形式,如用外语参加一次招聘面试等。测试类型也越来越倾向于直接测试法。

## 六、外语测试对外语教学的反拨作用

外语测试的反拨作用(washback)是指外语考试对外语学习与教学的反馈作用,可能是积极的,也可能是消极的。积极的反拨作用包括促使教师丰富教学内容、改进教学方法,提高学生外语学习的积极性和主动性,从而推进外语教学的发展;消极的反拨作用则表现为在一定程度上限制了教师对教学内容和方法的自主选择,造成为考而教,也给学生造成了心理压力,特别是为考而学使得有的学生丧失了对外语学习的兴趣,从而阻碍了英语教学的发展。

Alderson和Wall(1993)提出,测试会影响教学、学习、教学内容、教学方法、学生的学习内容、学习方法、教与学的速度和顺序、教与学的程度和深度、教与学的态度等多个方面,并且测试会对不同的教师和学生产生不同程度和类别的反拨作用(Alderson,1996)。Hughes(1989)提出了"参与者—过程—结果"反拨作用模式,具体而言,一个测试的性质首先将影响的是参与者对教学或学习任务的理解和态度,而这种理解和态度又影响参与者完成任务的过程,从而影响学习结果。Prodromou(1995)认为除了显性的反拨作用外,还存在隐性的反拨作用,显性的反拨作用为直接的、明显的应试教学或应试学习,隐性反拨作用指一种对教学的深层次、不易察觉的影响。后者在外语教学中更为常见。

我国当前的英语语言测试从数量和规模上说都不小,高考英语考试、研究生英语考试、CET(大学英语四、六级考试)、TEM(英语专业四、八级考试),以及 TOEFL、GRE、GMAT、BEC 等都是具有一定规模的英语测试。这些考试对英语的教和学都有反拨作用。其中,高考英语考试可谓是我国影响力非常大的英语测试之一。曾妍和刘金明(2012)对高考英语测试写作部分的反拨作用进行了研究,他们发现高考英语写作测试对高中英语写作教学具有明显的积极反拨作用,促进了高中写作教学中教学理念的转变、教学方式的转变、师生角色的转变、教学手段的转变、评价方式的转变等。而高考英语写作测试对高中英语写作教学同样具有消极反拨作用,涉及教学安排和教学目的两个方面。例如,因为测试的结果既被用来对考生的学习效果进行评估,也常常被用来评估教师水平、教学效果和教学质量,同时还是许多教学改革的重要依据,促使学校对教学内容、课时安排等做出相应调整,无形中就构建了所谓的"应试教育"环境,使部分教师过分关注于提高学生的高考分数而忽视学生交际能力的培养。

蔡振群(2011)也概括了外语测试的积极反拨作用,认为测试是课堂教学的一种自然延伸,为教师、学生提供有用的信息以改进教与学的活动,适时适量的测试在评估学习者的水平、进步情况和掌握知识的程度方面是其他方法所不能替代的。同时,测试也具有消极反拨作用,其显性的消极反拨作用表现为学生为了应付考试,不断地做大量与考试有关的所谓全真试题、模拟试题和课后练习,教师也成了为考试而教,造成外语教学更注重考试相关的能力训练,忽视对交际能力中更为重要的听、说能力的提高。从隐性的消极反拨作用来看,教师因考而教的观念影响到教学方法,例如他们习惯于通过问答这样一成不变的方法来检测和判断学生对所学知识的掌握程度,缺乏真实的课堂互动和学习者对语言的创造性运用。

在我国,外语测试对外语教学的"指挥棒"作用一直很大。如何使外语测试发挥对外语教学的积极反拨作用,减少消极反拨作用,使其成为外语教学有机的组成部分,是一个非常有意义的课题。

Hughes(1989)根据当代外语测试理论最新研究成果,提出了若干增加测试正面反拨作用的建议,值得我们借鉴:

(1)测试希望得到发展的技能,如希望某一特定的团体的口语交际

能力,就应该直接测试口语方面的能力;

(2) 试题涉及面要广,具有一定的不可预测性;

(3) 尽量使用直接测试法;

(4) 以能力标准作为命题的基础;

(5) 成绩考试要与教学目标结合起来;

(6) 保证教师和学生都明确某一考试的性质和内容;

(7) 必要时对教师进行适当的培训和指导;

(8) 注意考试的费用。

# 第六章

# 外语教学的方法

## 第一节 方法论与方法

外语教学理论研究中,讨论最多的也许就是教学法了。的确,在其他条件等同的情况下,不同的教学方法会导致完全不同的教学效果。

我们前面已经提到,在外语教学法的研究中,要分清方法论和具体方法的区别,因为汉语中"方法"一词既可以指具体的方法,也可以指总的方法,即方法论。例如,我们所说的"传统的教学法"是统称,"听说法"是指一种具体的方法,具体的方法之下还有更为具体的步骤和技巧。

英语中,有三个词均可以表达"方法"的意思:approach、method 和 technique。我国有学者根据 Anthony(1963)的区分将它们分别翻译成"路子""方法"和"技巧"。

按照 Anthony 的解释,"路子"是一套与语言教学的本质有关的假设(assumptions)。它好比一个轴心,主要描述教学材料的本质。"方法"是一套向学生传授语言材料的整体计划。它建立在所选择的"路子"的基础上,因而整体上与"路子"完全保持一致。"路子"是核心,"方法"是程序。一种"路子"可以有多种"方法"。"技巧"是在课堂上的具体操作步骤。它是一种完成某一特殊目的的策略。"技巧"必须与"方法"对应,因而与"路子"也紧密保持一致。

Anthony 指出,以上三者处于一种层级关系中:"技巧"用来实施某一"方法",而这一"方法"必须与某一"路子"相吻合(Anthony 1963:63-67)。

这样看来,我们以前所经常争论的哪个方法更好的问题其实主要停留在具体的方法的层次上,并没有从"路子"这个角度来评价国外的一些外语教学法,因而"知其一不知其二"地盲目套用国外的一些教学法,认为越新奇越好,而当发现效果并不尽如人意时便全面否定。殊不知,国外绝大多数的教学法都是在一定的历史背景下发展起来的,不但有一定的心理学和语言理论基础,而且与当时的社会需求和提倡者的个人特殊经历有关。我们在借鉴这些教学方法的时候,一定要与我们自己的教学目标和环境结合起来,择其合理之处或于我有用之处而用之,不能生搬硬套,因为特定的方法只有与特定的目的和环境相结合才可能产生预期的效果。

从现代外语教学发展历史来看,至少有三种不同的语言理论和有关语言能力的本质的观点影响了外语教学路子和方法的形成。一是结构主义。该流派将语言看作是由结构上相互联系的单位组成的、用来表达一定意义的结构系统。语言学习的目标被认为是掌握该系统中各种成分,即音位、语法单位、语法和词汇。听说法、全身反应法和沉默法都反映了这种语言观。二是功能主义。该流派将语言看作表达功能意义的载体。语言教学中的交际法就体现了这种语言观。该理论强调语言的语义和交际特点而不是语言的语法特征。三是所谓的"相互作用理论"(interactional view)。该理论将语言看作是实现人际关系和进行个人之间的社会交往的工具。按照这种语言观,语言教学的内容的组织可以通过交流和互动的模式进行。

20世纪对语言教学产生较大影响的心理学理论主要包括行为主义(behaviorist)心理学、心灵主义(mentalist)心理学和人文主义(humanist)心理学等。行为主义心理学强调刺激对语言习惯形成的重要作用,认为重复和操练是习得语言的必由之路;心灵主义心理学则强调先天因素对语言习得的影响,认为语言规则和能力的习得有一套既定的程序,教学的目的主要是提供合适的环境和条件让这种潜在的能力得到充分的发展;人文主义心理学强调的是人际关系和个人情感因素对语言能力习得的影响,认为语言学习中,最重要的是学习环境和气氛,学习者只有在放松和协调的状态下才能最有效地学习和掌握语言或其他知识。

对语言和语言学习本质的认识直接影响到教学方法的形成和选择。大纲的制定、教材的编写、课堂教学中具体方法和步骤的选择都自觉或不自觉地在不同程度上受到编写者或教师语言观和语言学习观的影响。

本章第二节中,我们将从语言理论和心理学基础、教学目标和大纲、教师和学生的角色关系、教学活动和教学步骤等角度对近几十年来国外一些主要的、有影响的外语教学法进行分析和评价,以便我们能比较清楚地了解这些教学法产生的背景和真正的特点。有关资料和分析的方法主要参考了 Richards 和 Rogers(1986)的《语言教学路子与方法》(*Approaches and Methods in Language Teaching*)和 Howatt(1984)的《英语语言教学史》(*A History of English Language Teaching*)等书。

## 第二节 现代外语教学法主要流派特点分析

### 一、口语法和情景教学法

口语法和情景教学法(The Oral Approach and the Situational Language Teaching)是 20 世纪 30 至 60 年代由英国应用语言学家和外语教师们设计和广泛运用的一种外语教学法。直到今天,我们在许多流行的外语教科书中仍然可以看到口语法和情景教学法的影子,如 *Streamline English*(Hartley & Viney,1979)、*Access to English*(Coles & Lord,1975)、*New Concept English*(Alexander,1967)等。

口语法和情景教学法的主要特点有:
(1) 语言教学从口语开始,材料在口头教过以后才教其书面形式;
(2) 目标语作为课堂用语;
(3) 新的语言点通过情景进行教学和操练;
(4) 根据词汇选择程序选择词汇以保证基本词汇的收选;
(5) 根据先易后难的原则对语法项目分级;
(6) 当学生达到一定的词汇和语法基础后再教阅读和写作。

其中第三条原则成为 20 世纪 60 年代该方法的主要特色,"情景"一词被逐渐用来替代了"口语"。

情景教学法的语言理论基础是英国的结构主义语言理论。口语被认为是语言的基础,结构是说话能力的核心。与美国结构主义语言学不同的是,在这里语言被看作是与现实世界的目标和情景有关的有目的的活动。

情景教学法的学习理论明显受到了行为主义心理学的影响。语言学习被认为是一种形成习惯的过程。

情景教学法中,结构大纲和词表有着特殊的作用。结构大纲中列出的是根据教学顺序安排的英语的基本结构和句型。结构必须在句子中教给学生,词汇根据对教该结构的有利程度加以选择。下面是一种典型的结构大纲的内容:

|  | Sentence pattern | Vocabulary |
| --- | --- | --- |
| 1st lesson | This is … | book, pencil, ruler, desk |
|  | That is … |  |
| 2nd lesson | These are … | chair, picture, door, window |
|  | Those are … |  |
| 3rd lesson | Is this …? Yes, it is. | watch, box, pen, blackboard |
|  | Is that …? Yes, it is. |  |

(Frisby, 1957: 134)

情景教学法中,教师的作用有三种:一是示范作用。演示目标结构所使用的语境并提供例句让学生模仿。二是协调指挥作用。教师就像一个乐队的指挥,通过提问、命令和其他提示方式让学生正确回答问题。因此,情景教学法中,教师起着主导作用,一切以教师为中心,由教师决定教学的进度。三是监督作用。在学生操练过程中,教师留意学生的语法和结构错误以便在以后的课堂中作为讲解要点。

情景教学法对教材和视觉辅助物依赖性很强。教材是根据不同的语法结构组织的教学单元。视觉辅助物主要有挂图、卡片、图画、人像等,教师可以自制或购买现成的。

下面是 Davis 等人描述的情景教学法的一些具体教学步骤:

(1)听力练习。教师清晰地连续几次重复某一结构或词,至少一次是慢速,如 Where … is … the … pen?

(2)学生全班或小组齐声模仿教师所说的内容。教师可通过"Repeat."或"Everybody."之类的命令或手势让学生配合。

(3)个别模仿。教师让几个学生复述例句以检查他们的发音。

(4)教师将学生有困难的音、词或词组根据 1—3 步骤单独进行操练。

(5)引进新句型。教师让学生运用已知的句型进行问答练习以引进新的句型。

（6）教师利用手势或提示词等让学生回答问题、发表陈述，或根据句型造句。

（7）教师利用提示词让学生练习新句型。

（8）问答练习。教师让学生一问一答直到大部分学生都轮到。

（9）纠正。教师通过摇头、重复错误之处等指出错误，让学生本人或其他学生对其进行纠正。只要有可能，教师尽量不自己纠正错误，因为让学生纠正错误可以鼓励他们认真听他人讲话。

(Davis et al.,1975:6－7)

## 二、听说法

听说法(The Audio-lingual Method)是在美国描写语言学家培训语言调查人员的"问询法"(informant method)和美国军队特别培训教程(ASTP)教学法的基础上发展起来的一种影响甚广的外语教学法。该教学法的语言理论基础是结构主义，心理学理论基础是行为主义心理学。它强调与目标语的大量接触和实践，强调语法结构的操练。

我们知道，结构主义语言学有两个重要的特点：一是强调口语的第一性；二是把语言看作一个由各种小的语言单位根据语法规则组合起来的结构系统。根据口语第一性的原则，外语教学应该注重学生口头语言表达能力的培养，而且应该先教听说，后教读写，即所谓的"听说领先，读写跟上"原则。根据语言是一种结构系统的观点，学习语言就意味着掌握从音位到句子的语言基本单位以及它们的组合规则。

听说法的重要学习原则包括：

（1）外语学习基本上是一个机械的习惯形成的过程。好习惯是通过正确的而不是错误的反应形成的。通过背诵对话和句型训练可将出错的机会减少到最低限度。语言是言语行为，也就是言语的自动发出和理解，学生可以通过类似方法学会语言。

（2）如果先教目标语语言项目的口头形式，然后再教其书面形式，学生可以更有效地掌握语言技能。听说训练可以为其他语言技能打下基础。

（3）类推、比较和分析能为语言学习提供更好的基础。类推涉及概括和区别，因而应等到学生在不同类型的语境中操练过某一句型并被认为掌握了其中涉及的类推原理后才对学生进行解释。操练可以使学生形成正确的类推。所以语法教学的方法本质上是演绎而非概括。

（4）某一语言的词汇对其本族语者所具有的意义只有在某一语言和文化环境中才能学到。因此，教一门语言意味着也教该语言社团的一部分文化。

Brooks(1964)认为听说法有短期和长期两种目标。前者包括训练听力理解、准确的发音、识别和书写书面印刷符号等。长期目标就是像本族语者一样使用目标语。

听说法是一种以结构为主的语言教学法。一开始就有一个语言大纲，包括所学语言的音位、词法和句法中的主要项目，按照教学的顺序编排。这种顺序主要根据对比分析的有关成果确定，因为当时大家认为学生学习外语的困难主要是由于母语与目标语的差异引起的，差异越大，困难越大。

语言技能按听、说、读、写的顺序训练。听说法的课堂活动主要为对话和句型操练。对话可以为主要结构提供语境和使用的文化背景。句型操练是听说法的特色之一，操练的类型有：

（1）重复(repetition)。学生听到一个句子后立即复述一遍。复述时，学生不能看书。要求复述的句子要短，如：

This is the seventh month. — This is the seventh month.

学生可以重复几次，还可以增加若干个词，如：

I used to know him. — I used to know him.

I used to know him years ago. — I used to know him years ago when we were in school …

（2）屈折(inflection)。原句中的某个词在重复时有所变化，如：

I bought the ticket. — I bought the tickets.

He bought the candy. — She bought the candy.

I called the young man. — I called the young men …

（3）替换(replacement)。原句中某词在重复时被替换，如：

He bought this house cheap. — He bought it cheap.

Helen left early. — She left early.

（4）转述(restatement)。学生根据听到的话重新组织话语，如：

Tell him to wait for you. — Wait for me.

Ask her how old she is. — How old are you?

Ask John when he began. — John, when did you begin?

（5）完成句子(completion)。学生补上所听句子中的一个空缺的词，然后重复，如：

I'll go my way and you go ... — I'll go my way and you go yours.

We all have ... own troubles. — We all have our own troubles.

（6）移位(transposition)。在添加单词后需改变词序，如：

I'm hungry. (so) — So am I.

I'll never do it again. (neither) — Neither will I.

（7）扩展(expansion)。在原句中插进某个单词，如：

I know him. (hardly) — I hardly know him.

I know him. (well) — I know him well.

（8）压缩(contraction)。用一个词代替某个短语或从句，如：

Put your hand on the table. — Put your hand there.

They believe that the earth is flat. — They believe it.

（9）转换(transformation)。对听到的句子进行否定、疑问、时态、情态、语态或体貌等方面的转换，如：

He knows my address.

He doesn't know my address.

Does he know my address?

He used to know my address.

He had known my address.

（10）合并(integration)。把两个单独的句子并成一个，如：

They must be honest. This is important. — It is important that they be honest.

I know that man. He is looking for you. — I know the man who is looking for you.

（11）回答(rejoinder)。学生对某一话语作恰当的回答，他事先被告知用下列某一方式回答：

Be polite.

Agree.

Agree emphatically.

Express surprise.

Express regret.

Disagree.

Disagree emphatically.

Question what is said.

Fail to understand.

举些例子:

a. Be polite. 如:

Thank you. —You are welcome.

May I take one? —Certainly.

b. Answer the question. 如:

What is your name? —My name is Smith.

Where did it happen? —In the middle of the street.

c. Agree. 如:

He is following us. —I think you are right.

This is good coffee. —It's very good.

(12) 连词成句(restoration)。学生将一组词根据其基本意义恢复成完整的句子,如:

students/waiting/bus    The students are waiting for the bus.

boys/build/house/tree — The boys built a house in a tree.

听说法中,学习者被看作是可以通过训练达到正确反应的动物。根据行为主义学习理论,教学的重点在于外部表现而非内部过程。学习者只需对刺激做出反应,因而无法对学习的内容、速度和方式作出选择。

与此相反,听说法中,教师处于十分积极和重要的地位。Brooks(1964)列出听说法中教师起如下的作用:

(1) 按照听、说、读、写的顺序介绍、保持和协调这几项技能的训练;

(2) 在课堂上使用或不使用英语;

(3) 作为学生所学的语言行为的样板;

(4) 用对话形式进行口语教学;

(5) 指导学生全班或小组齐声回答问题;

(6) 通过句型练习进行结构教学;

(7) 指导学生选择和学习词汇;

(8) 向学生展示目标语中词与意义如何相联系;

（9）让每个学生开口说话；
（10）鼓励学生大胆实践,强化其正确的反应；
（11）教短篇小说或其他的文学作品；
（12）建立并保持一个文化岛；
（13）教学第一天就制定好课堂教学有关规则。

(Brooks,1964:143)。

听说法中的教学材料是以教师为中心的,它起到辅助教师的作用。但是,在基础阶段往往不用教材。因为这个时候学生的主要任务是听、复述和回答,看书面材料被认为会分散他们的注意力。教材主要提供对话的内容和句型操练的材料等。

录音机和其他音响设备在听说法中必不可少,尤其是当教师为非本族语者时。录音材料可以提供对话和练习的准确样本。语言实验室也十分重要,它可以提供各种其他形式的句型练习的机会等。

下面是一堂典型的听说法课的教学步骤：

（1）学生首先听一段含有作为本课要点的结构的对话（教师读或放录音）。学生个别或齐声跟读。教师注意其发音、语调和流利程度,发现错误,立即纠正。对话后让学生慢慢地、一行一行地背诵。如果有必要,可把每句分成几个短语。齐声朗读对话时,可由一半学生扮演其中一个说话者的角色,另一半扮演另一个说话者的角色。这个阶段学生不得看书。

（2）通过改变某些主要单词和短语,将对话改编成适合学生兴趣和特点的形式,然后由学生进行角色表演。

（3）从对话中选择某些重要结构进行各种各样的句型操练。先集体,后个别。这个阶段虽可作些语法解释,但应严格限制。

（4）学生可以打开书本,进行与对话有关的阅读、写作和词汇练习。基础阶段的写作主要是模仿,即写出刚刚操练过的句子等。随着程度的提高,可对所学结构作适当改变,或进行命题作文,这将有助于学生的语言使用。

（5）在语言实验室进行一些其他形式的补充练习。

## 三、交际法

20世纪60年代后期,随着情景教学法在英国等欧洲国家的逐渐失宠,许多应用语言学家和语言教师接受了功能主义语言学和社会语言学的研究成果,开始重视学生语言交际能力的培养。当时欧洲日益增长的相互交流也使得培养学生的外语交际能力显得更加重要。英国语言学家Wilkins(1972)提出了一个可以作为制定语言交际教学大纲的基础的方案。他把语言意义分为两类:意念范畴(如时间、顺序、数量、地点和频度等概念)和交际功能范畴(如要求、否定、邀请、抱怨等)。他于1976年出版的《意念大纲》(*Notional Syllabuses*)一书对交际教学法的发展起到了重要的作用。20世纪70年代中期,交际教学法的范围大大扩展。大多数语言教师已经开始将它看作是一种将语言交际能力作为语言教学的目标并承认语言与交际的相互依赖关系是培养学生四项语言基本技能的语言教学法。

Howatt(1984)指出,交际教学法流派中可分出"温和派"和"激进派"两种。"温和派"强调向学习者提供使用英语进行交际的机会的重要性,将这类交际活动置于更大范围的语言教学中。"激进派"声称语言是通过交际习得的,因此这并不是一个激活已有的知识的问题,而是一个促进掌握语言系统本身的问题。前者可以称作"学用英语"(learning to use English),后者可称作"用英语学英语"(using English to learn it)。前者已成为近年来交际教学法的主流。

Finocchiaro 和 Brumfit(1983)把听说法和交际法的主要特征进行了对比:

| 听说法 | 交际法 |
| --- | --- |
| (1)对结构和形式的重视超过意义 | 意义压倒一切 |
| (2)要求记忆以结构为基础的对话 | 对话一般以交际功能为核心,通常不需要记忆 |
| (3)语言项目不一定情景化 | 情景化是一个基本前提 |
| (4)语言学习是学习结构、语音或单词 | 语言学习是学习交际 |
| (5)追求掌握或"过度学习" | 追求有效的交际 |
| (6)操练是一种主要的方法 | 有时有操练,但不重要 |
| (7)追求像本族语者一样的发音 | 追求可理解的发音 |
| (8)避免语法解释 | 接受任何能帮助学习者的手段——考虑到他们的年龄和兴趣 |

| | | |
|---|---|---|
| （9） | 只有在长期的严格操练和练习后才开始交际活动 | 可能在一开始就鼓励交际 |
| （10） | 禁止使用学生的母语 | 需要时允许适当使用一些母语 |
| （11） | 初级阶段禁止翻译 | 学生需要或对其有益时可以翻译 |
| （12） | 阅读和写作直到口语掌握后才开始 | 如果有需求，阅读和写作第一天就可开始 |
| （13） | 目标语语言系统通过该系统的句型直接教学掌握 | 目标语语言系统最好通过试图交际的过程掌握 |
| （14） | 追求的目标是语言能力 | 追求的目标是交际能力（即有效和恰当使用语言系统的能力） |
| （15） | 承认但不强调语言变体 | 语言变体在教学材料和教学法中是一个中心概念 |
| （16） | 单元的顺序完全由语言复杂性原则决定 | 顺序由能保持兴趣的内容、功能或意义决定 |
| （17） | 教师控制学生，阻止他们做任何与该理论不相符的事 | 教师帮助学生从事任何运用语言的活动 |
| （18） | "语言是习惯"，因此不惜代价避免错误 | 学生个人通过无数的试错（trial-and-error）创造语言 |
| （19） | 精确，即正确的形式，是基本的目标 | 流利和可接受的语言是基本目标：精确不是抽象的概念，而是通过语境决定的 |
| （20） | 要求学生与反映在语言材料中的语言系统进行交流 | 要求学生与学生和他人进行交流，不管是面对面、两人还是多人，或者是书面 |
| （21） | 要求教师明确指出学生需要使用的语言 | 教师不知道学生将要使用什么语言 |
| （22） | 内在的动机来自对语言结构的兴趣 | 内在的动机来自对语言交际的内容的兴趣 |

(Finocchiaro & Brumfit, 1983: 91-93)

交际法的语言理论基础主要来自两方面：一是 Hymes 的交际能力理论；二是 Halliday 的功能语言学理论。前面我们提到，Hymes 的交际能力理论是针对 Chomsky 的语言能力提出的。它包括知识和能力两个方面，光有语言知识不行，还必须具有运用语言知识的能力。根据 Halliday 的语言功能理论，语言的主要功能包括以下几个：

1. 工具功能：用语言获取他物；
2. 调节功能：用语言控制他人的行为；
3. 互动功能：用语言与他人交往；
4. 人际功能：用语言表达个人感情和意义；
5. 启发功能：用语言学习和发现；
6. 想象功能：用语言创造一个想象的世界；
7. 表达功能：用语言交流信息。

Widdowson 的语言交际观也对交际法的形成产生了影响。在 1978 年出版的《把语言作为交际活动来教》(*Teaching Language as Communication*)一书中，他提出了一种语言系统与篇章和话语中的交际价值关系的观点。他的注意力主要集中在使用语言达到不同交际目的的能力背后的交际行为上。

在语言理论层次上，交际法既丰富又不失弹性。其代表性的观点有：
（1）语言是表达意义的系统；
（2）语言的基本功能是交往和交际；
（3）语言的结构反映其功能和交际用途；
（4）语言的基本单位不仅仅是它的语法和结构特征，还包括反映在话语中的功能和交际意义的范畴。

交际法的倡导者们没有明确讨论过交际法的学习理论基础。但是，从交际法的有关实践来看，我们可以发现有三个原则在起作用：一是交际原则，即涉及交际的活动可以提高学习的效果；二是任务原则，即用语言完成有意义的任务的活动可以提高学习的效果；三是意义原则，即对学习者有意义的活动有利于学习过程。

Piepho(1981)认为交际法的总体目标可分为以下几个层次：
（1）综合的和内容层次（语言作为一种表达手段）；
（2）语言和工具层次（语言作为一个符号系统和学习对象）；
（3）人际关系和行为的情感层次（语言作为一种表达有关自己和他

人的价值及判断的手段);

(4) 个人学习需求层次(根据错误分析进行补救教学);

(5) 语言外目标的一般教育目标(语言作为学校课程的一部分)。

交际教学法并没有一个统一的教学大纲。不同的学者曾提出过不同的大纲和模式。Yalden(1983)列出了以下八种:

| 种类 | 代表人物或参考的理论 |
|---|---|
| (1) 结构加功能式 | Wilkins(1976) |
| (2) 以结构为核心的功能螺旋上升式 | Brumfit(1980) |
| (3) 结构、功能、工具式 | Allen(1980) |
| (4) 功能式 | Jupp and Hodlin(1975) |
| (5) 意念式 | Wilkins(1976) |
| (6) 互动式 | Widdowson(1979) |
| (7) 任务式 | Prabhu(1983) |
| (8) 学习者自发式 | Candlin(1976)、Henner Stanchina & Riley(1978) |

(1)至(5)类的大纲和大纲原型有大量的文献资料可供参考。(6)至(8)类的大纲或模式是后来发展起来的新热点,还缺乏详细的说明。

Littlewood(1981)区分了交际教学法中的两种主要活动类型,一种是"功能互动活动",另一种是"社会交往活动"。前者包括如比较不同图画的异同、推断图画中事件发生的可能顺序、发现地图或图画中的缺失部分之类的活动;后者包括如谈话和讨论、对话和角色扮演、模拟、即兴表演和辩论之类的活动。

Breen 和 Candlin(1980)指出,交际教学中的学习者角色应该是自我学习过程和学习目标之间的协商者(negotiator)。他对课堂或他人的贡献应该与他获得的相等同,因而他是在相互依赖的情况下学习的。

Breen 和 Candlin 认为,教师在交际教学法中有两个主要的作用:一是协调和加强所有学生之间以及这些学生与各种活动和篇章之间的交际过程;二是在教和学的小组活动中充当一个独立的参与者。后一种角色与第一种角色的目标紧密相关。这两种角色隐含了另外一系列教师所要充当的其他次要角色:首先,作为资源的组织者并且本人也充当一种资源;第二,作为课堂过程和活动的向导;第三,作为研究者和学习者,应具有适当的知识和能力,有对学习的本质和组织能力的实际的或观察到的经验。

另外一些研究者认为,教师的角色还包括需求分析者、顾问和小组活动管理者。

交际教学法的倡导者们认为,教学材料是影响课堂交际和语言使用的质量的重要因素,因而担当着促进交际性语言使用的重要作用。交际教学中通常使用三种材料:以篇章为基础的材料、以任务为基础的材料以及实物教具。

由于交际原则可以运用在任何层次、任何技能的教学中,再加上有关交际法的文献中讨论的课堂活动和练习形式极为丰富,因而要描述体现交际原则的典型课堂步骤非常困难。有人曾讨论过交际法课堂中的一些技巧和课堂组织步骤,如小组活动、语言游戏、角色扮演等,但这些活动本身以及使用的方式都并不为交际法所独有。

下面是 Finocchiaro 和 Brumfit(1983)描述的在教初级或中级程度的学生如何"提建议"(making a suggestion)时的一些步骤:

(1)提供一段简短的对话或几段小对话。在此之前,提供与对话有关、学习者可能会实际经历的交际场景(动机)并讨论功能和情景——人物、角色、语境、话题,以及与情景相符的语言正式程度。

(2)口头练习当天要教的对话片断(教师示范、全班复诵、半班、小组和个别学生复诵)。

(3)根据对话和语境进行问答练习(wh-或 or 问句)。

(4)与学生个人经历有关但围绕对话主题的问答练习。

(5)学习对话中的某一个基本的交际用语或表达该功能的某一结构。教师可用学生熟悉的词汇对该用语或结构进行操练。

(6)学习者发现该功能表达法或结构中的规则,包括四个方面:其口头形式、书面形式、在句中的位置以及在句中的正式程度,如果是结构,那么再加上其功能和意义。

(7)口头辨认、理解活动。

(8)口头表达活动——从有指导的到自由的交际活动。

(9)如果对话不在教材中,抄写该对话。

(10)书面家庭作业示范。

(11)学习效果评估(只限口头),如:How would you ask your friend to? And how would you ask me to?(Finocchiaro and Brumfit,1983:107-108)

## 四、全身反应法

全身反应法(Total Physical Response,简称 TPR),由美国加利福尼亚圣何塞州立大学(San Jose State University)心理学教授 James Asher 创立。它是一种通过语言与行为的协调来教语言的教学方法,其理论基础包括发展心理学、学习理论、人文主义教育学等。

全身反应法吸取了心理学中"记忆痕迹"理论的观点。该理论认为,记忆联系越是经常和强烈,该记忆的联想和回忆越是容易。从发展心理学的角度出发,Asher 认为,成年人成功的第二语言学习与儿童习得母语的过程相似。他指出,针对儿童的语言大多是命令句,儿童一般先用身体反应,而后再学会用语言进行反应。Asher 认为成年人应该学习儿童习得母语的方式。Asher 还吸取了人文主义心理学关于情感因素在学习中的作用的观点,认为一种对学生的言语输出不作严格要求并带有游戏性质的方法可以减少学生的心理负担,培养愉快的学习情绪,提高学习的效率。

Asher 强调理解先于开口,这与外语理论界所谓"理解法"(comprehension approach)有关。该理论认为:(1)语言学习中,理解能力先于输出能力;(2)说的教学应该在理解技能掌握以后开始;(3)听力中获得的技能可以转化为其他技能;(4)教学应该强调意义而不是形式;(5)教学应该尽量减少学生的心理压力。

Asher 没有直接讨论过全身反应法的语言理论基础,但从 TPR 的课堂练习的名称和安排方式来看,它是明显与结构主义语言观有关的。Asher 认为,大部分的语法结构和成千上万的单词可以通过教师熟练使用祈使句而掌握。他认为,动词,尤其是祈使句中的动词,是语言中的中心内容,语言使用和语言学习都要围绕它展开。

Asher 的语言学习理论与下面三种假设有关:

(1)大脑中有一种特定的语言学习的生理蓝图,它决定了第一和第二语言学习的最佳途径;

(2)大脑区域化决定了左右脑的不同学习功能;

(3)压力(情感过滤)影响学习行为和学习内容,压力越小,效果越好。

TPR 的总体目标是在初始阶段教给学生口语能力,而理解则是达到这一目的的手段。

祈使句操练是 TPR 中主要的课堂活动。它们主要用来调动学生的身体行为和活动。在 20 课时后才进行对话教学。其他的课堂活动包括角色扮演和幻灯片放映等。

在 TPR 中,学习者的角色基本上是听众和表演者。他们必须认真听每一个命令以准确作出身体上的反应。教学内容由教师根据以祈使句为基本模式的课程计划决定,学习者对教学内容几乎没有什么影响。

在 TPR 中,教师起着十分积极和直接的作用。Asher 指出:"教师是舞台导演,学生就是演员。"教师决定教什么、如何教。因而,需要教师课前认真作好准备,甚至要把课堂上要说的每一句话都写下来。

下面是 Asher 为总课时为 159 课时的成年移民英语课程准备的一份教学程序:

**复习**

学生对下列命令进行快速反应:

Pablo, drive your car around Miako and honk your horn.

Jeffe, throw your flowers to Maria.

Maria, scream.

Rita, pick up the knife and spoon and put them in the cup.

Eduardo, take a drink of water and give the cup to Ellen.

**新内容(新命令句)**

以下动词为要学的动词:

| | |
|---|---|
| Wash | your hands. |
| | your face. |
| | your hair. |
| | the cup. |
| Look for | a towel. |
| | the soap. |
| | a comb. |
| Hold | the book. |
| | the cup. |
| | the soap. |
| Comb | your hair. |

| | |
|---|---|
| Brush | Maria's hair. |
| | Shirou's hair. |
| | your teeth. |
| | your pants. |
| | the table. |

其他新学内容：

| | |
|---|---|
| Rectangle | Draw a rectangle on the chalkboard. |
| | Pick up a rectangle from the table and give it to me. |
| | Put the rectangle next to the square. |
| Triangle | Pick up the triangle from the table and give it to me. |
| | Catch the triangle and put it next to the rectangle. |
| Quickly | Walk quickly to the door and hit it. |
| | Quickly, run to the table and touch the square. |
| | Sit down quickly and laugh. |
| Slowly | Walk slowly to the window and jump. |
| | Slowly stand up. |
| | Slowly walk to me and hit me on the arm. |
| Toothpaste | Look for the toothpaste. |
| | Throw the toothpaste to Wing. |
| | Wing, unscrew the top of the toothpaste. |
| Toothbrush | Take out your toothbrush. |
| | Brush your teeth. |
| | Put your toothbrush in your book. |
| Teeth | Touch your teeth. |
| | Show your teeth to Dolores. |
| | Dolores, point to Eduardo's teeth. |
| Soap | Look for the soap. |
| | Give the soap to Elaine. |
| | Elaine, put the soap in Ramiro's ear. |
| Towel | Put the towel on Juan's arm. |
| | Juan, put the towel on your head and laugh. |
| | Maria, wipe your hands on the towel. |

然后,教师向学生提问一些能用手势回答的问题,如:
Where is the towel?(Eduardo, point to the towel!)
Where is the toothbrush?(Miako, point to the toothbrush!)
Where is Dolores?

**角色交换**:学生发出命令,教师和其他学生对此作出反应。

**阅读和写作**:教师在黑板上写下每一生词并用一个句子示例。然后教师读出每一句话并用动作示范一遍。

## 五、沉默法

沉默法(The Silent Way)是美国教育家Caleb Gattegno设计的一种外语教学法。该教学法认为,外语教师在课堂上应该尽量沉默,而让学生尽量多开口。沉默法的要点是使用彩色图表和奎西奈彩色棒(Cuisenaire rods)。

沉默法主要的学习理论假设如下:

(1)通过发现或创造效果更好,而不是通过记忆和重复学习;

(2)通过相应的物体学习有助于学习效果;

(3)通过解决与学习材料有关的问题有助于提高学习效果。

Gattegno(1963)对语言理论在外语教学法中的作用公开持怀疑态度。他认为,语言是经历的一种替代物,因而正是经历赋予语言以意义。尽管如此,通过沉默法所使用的教学材料和顺序,我们可以明显发现它的理论基础是结构主义语言理论。语言被看作是一组与特定意义任意相联系的通过语法规则结合起来的语音组合。语言从其社会语境中抽离出来通过虚拟的语境教给学生。在沉默法中,这种虚拟的语境由彩色棒所代表。课程顺序根据语法的复杂程度安排。新的词汇和结构材料被切分成小的组成部分,一个个教给学生。句子是基本的教学单位,教师的注意力放在命题意义而不是其交际价值上。学生接触的是目标语的结构模式并通过演绎推理学习语法规则。

Gattngno把词汇看作语言学习的重要部分,认为词汇的选择极其重要。

Gattegno认为,第二语言学习完全不同于母语习得过程。由于学习者已有的知识,学习外语的过程根本不能等同于母语习得。所谓的"直接法"或"自然法"只会使人误入歧途。成功的外语学习应该在一种严格控制的"人为"的方法下进行。

沉默法的总体目标是通过语言的基本要素的训练培养初学者听和说两方面的能力。

沉默法采纳的基本上是结构式的教学大纲,课程根据语法项目和相关词汇安排。但是 Gattegno 没有提供如何选择和安排语法和词汇项目的细节。沉默法没有统一的教学大纲。不过,从沉默法的有关实践来看,语法项目是根据其复杂程度来安排的。通常情况下,祈使句是先教的结构,因为行为动词往往容易通过沉默法材料向学生演示。新的内容,如名词的复数,常通过已经熟悉的结构教给学生。

沉默法中的任务和活动具有鼓励学生不通过教师的直接口头讲授或不必要的示范进行口头回应的作用,因而课堂活动主要是学生对命令句、问句和视觉提示作出反应。

Gattegno 把语言学习看作是一种通过自我意识和自我挑战的个人成长过程。学习者起先经历一种对某一特定方面活动无序或几乎无序的感觉,随后慢慢获得越来越多的知识。然后开始一种系统的分析,最初通过不断的试验,而后通过对已获得的其他技能进行直接的试验,直到完全掌握。学习者必须培养自我独立意识、自主能力和责任心。学习者之间的相互影响很大,在某种意义上甚至影响所教的语言内容。在沉默法中,学生的角色是多种多样的。有时他作为一个独立的学习者,有时作为小组活动的一个成员,有时还要扮演教师、陪练、解决问题者和自我评估者等角色。学生必须自行决定什么时候该扮演什么角色。

在沉默法中,教师的沉默是其主要特色。因此教师必须学会自我控制,改变传统的以教师作为样板、随时向学生提供帮助、有求必应的角色心理。Gattegno 指出,在沉默法中,学生的学比教师的教更重要。当然,这并不是说教师在沉默法中的作用并不重要。Stevick(1980)指出,沉默法中,教师的作用有三个:(1)教;(2)测试;(3)不妨碍学生。"教"就是一次性地把某一项目介绍给学生,一般通过非语言线索解释其意义。紧接着开始测试,即无声地要求学生根据所教内容进行复用。最后,教师无声地监督学生用新学的语言项目进行交际。总的来说,沉默法中,教师的作用就是给学生创造一个鼓励冒险、提高学习效率的环境。教师本人作为一个中立的观察者,对学生的成功与失误不轻易表露自己的情绪。学生把教师看作是一个不偏不倚的裁判,可以从他那里获得支持,但他感情上不卷入。

沉默法的另一个独特之处是它所使用的教学材料。这些材料包括一套彩色棒、用彩笔书写的发音和词汇挂图、一根指示棒以及阅读和写作练习。所有这些材料都是用来解释目标语中语音和意义的关系的。这些材料可供教师或学生单独使用或师生共同使用。

沉默法有一套标准的课堂程序。课堂的前半部分是发音教学,主要通过图表等让学生理解和操练词、词组和句子的发音、重音和语调等。语音教学结束后,紧接着就练习句型,进行结构和词汇的操练。教师先说一个句子,然后通过彩色棒进行直观演示。接着就让学生试着进行练习。

下面是一份用沉默法进行泰语教学的教学步骤表:

(1)教师将彩色棒堆放在讲台上。

(2)教师拿起其中的两到三根不同色彩的彩色棒,每拿一根就说:mai。

(3)教师拿起任何一种颜色的彩色棒,示意某一学生回应;学生回答:mai。如果该生答错,教师请另一个学生为其纠正。

(4)教师然后拿起一根红色棒说:mai sii daeng。

(5)教师拿起一根绿色棒说:mai sii khiaw。

(6)教师拿起红色或绿色棒,示意某学生回应,如该生答错,重复(3)。

(7)教师用同样方法介绍二、三种其他颜色的彩色棒。

(8)教师向学生展示刚教过的颜色棒中的任何一种,让学生回应。如学生讲错,可由其他学生纠正或教师纠正。

(9)学生掌握后,教师将一根红色棒举起说:mai sii daeng nung an。

(10)教师然后举起两根红色棒并说:mai sii daeng song an。

(11)教师举起两根绿色棒并说:mai sii khiaw song an。

(12)教师举起两根不同颜色的彩色棒要求学生回应。

(13)教师根据学生实际情况介绍其他的数字和颜色。

(14)将彩色棒堆在一起。教师通过动作示意将彩色棒捡起并说出相应的语句。所有学生都要完成这一任务。鼓励学生互相纠正错误。

(15)教师然后说:kep mai sii daeng song an。

(16)教师示意某一学生递给他所要的彩色棒,并要求其他学生递给他他所要的彩色棒。所有这一切都通过教师的毫无歧义的动作用目标语进行。

（17）教师要求学生互相传递彩色棒。

（18）鼓励学生进行试验，只有学生无法自我纠正错误时教师才开口说话。

## 六、社团学习法

社团学习法（Community Language Learning，CLL），是由美国芝加哥洛约拉大学（Loyola University Chicago）的心理学教授 Charles A. Curran 提出的一种外语教学法。社团学习法吸取了心理学中的心理咨询（counseling）的一些理论和实践方法，把教师看作是教室里的咨询医生（counselor），把学生看作是病人（client）。其基本程序是：一群学生在教室里围坐成一个圆圈，教师站在圈外；其中一个学生用母语轻声传达一个信息；教师将此译成外语；学生用外语重复一遍并用录音机录下；学生在教师的帮助下用外语传达更多的信息；学生然后对自己的感觉进行反思。

Curran 本人对他的教学方法的语言学基础谈得很少。他的学生 La Forge(1983)曾试图解释该方法的语言观。他似乎同意语言理论应该以语音特征、句子和语言的抽象模式为出发点的观点。他认为，外语学习者的任务是"理解语音系统、了解基本的意义并构建外语的基本语法"。显然，以基本语音和语法为出发点与传统的结构主义语言观并无多少区别。但是，近年来 La Forge 等人开始把语言看作是一种"社会过程"，这一过程包括以下几个小过程：

（1）整体个人过程(the whole-person process)；
（2）教育过程(the educational process)；
（3）人际过程(the interpersonal process)；
（4）发展过程(the developmental process)；
（5）交际过程(the communicative process)；
（6）文化过程(the cultural process)。

CLL 的互动有两种基本形式：学习者之间的交流以及学习者与教师的交流。

CLL 提倡一种整体的语言学习方法，因为"真正"的学习既带有认知性又带有情感性。这就是所谓的"整体个人过程"(whole-person process)。

这一过程又分为五个阶段,与儿童的个体发生相似:第一,"出生"阶段,建立安全和归属感;第二阶段,随着学习者的能力的提高,他像儿童一样,开始逐渐获得一些独立能力;到了第三阶段,学习者开始"独立说话",为了证实自己的身份,经常拒绝一些不必要的建议;第四阶段,学习者已感觉到可以进行批评了;到了最后一个阶段,学习者仅仅改进其风格和语言的恰当性。

Curran(1972)用 SARD 这样一个首字母缩略词来小结他的语言学习观。S 代表安全感(security)。学习者只有在有一种安全感的情况下,他才可能进入成功的学习状态。A 代表注意力和进取心(attention and aggression)。R 代表记忆和反思(retention and reflection)。如果学习者全身心地投入学习过程,所记忆的内容被内化成为学习者外语知识的一部分。反思是学习中某一有意识的静默过程,学习者对前面学过的内容进行反思,对目前所处的学习阶段和将来的目标进行评估。D 代表区别(discrimination)。当学习者学了一系列材料后,他们就想对此进行整理,发现它们之间的相互联系。这一区别过程逐渐成熟最终使学习者能够在课堂外用语言进行交际。

CLL 没有明确讨论过教学目标。该教学法的倡导者们主要描述了如何在外语初级口语课上使用该教学法。他们似乎认为,教师通过这种方法可以将自己的外语知识成功地传授给学生。这意味着获得近似本族语者的语言能力是该方法的目标。

CLL 主要用于口语教学中,但经过改进,也可用于写作教学中。CLL 没有传统意义上的大纲,即事先设计好要教的语法、词汇和其他的语言项目以及教学的顺序。如果根据 Curran 的教学步骤,课程的进展是围绕话题进行的,学生指定要谈论的内容和要向其他学习者传达的信息。教师的责任是提供与学生此刻水平相当的表达这些意义的方式。

与其他大多数教学法一样,CLL 把传统的方法和它本身独创的方法结合了起来。这些方法包括:

(1)翻译。学生围成一圈,其中一人低声说出他(她)要表达的意思,教师将其译成目标语,学生重复教师的翻译。

(2)小组活动。如讨论一个话题、准备一段对话、准备一个讲给教师和其他同学听的故事等。

(3)录音。学生将用目标语进行的对话录下来。

(4) 记录。学生将录音上的对话等记录下来进行操练或进行形式分析。

(5) 分析。学生分析记录下来的目标语句子,并特别注意某些词汇和语法的特殊用法。

(6) 反思和观察。学生对课堂经验进行反思并向他人报告,包括互相之间的感觉、对沉默的反应、对所要说的内容的关心等。

(7) 听。学生聆听教师的翻译和在课堂交流中的话语。

(8) 自由对话。学生和教师,或和同学进行自由对话。

在社团学习法中,学习者成了由同学和教师组成的社团的一员并通过与社团成员的交流学习外语。学习不是被看作一种个人成就,而是一种集体取得的成功。学习者认真听教师讲述,自由提供想要表达的意思,重复目标语,向社团中的其他成员提供支持,向他们报告自己的内心感受,作为其他成员的顾问等。CLL 学习者一般每组六到七人,每组一个教师或每人一个教师。

从根本上说,教师的作用像心理咨询中的医生。心理医生的病人一般是有心理问题的人,他们经常用富有情感的语言向医生描述他们的问题。医生的作用是平静地、不带任何评价地对待病人的问题,通过心理分析帮助他们更好地理解自己的问题。在学生学习的五个不同阶段,教师的作用也有所变化。在最初的几个阶段中,教师主要起的是辅助的作用,给学生提供对应的目标语和供他们模仿的表达法。在后面的几个阶段里,学生进行交流,教师监督他们的话语,需要时提供帮助。教师最初的角色被比作是小孩的父母,随着学生的逐渐成熟,教师慢慢变得反过来依靠学生。在学习的后期阶段,教师的另一个作用是提供一个学习和成长的安全环境。

由于 CLL 课程源于社团成员的交流,因而教材并不被看作是一种必要的组成部分。再说,教材把特定的语言内容强加在学习者的身上,只会影响他们的成长和交流。CLL 中的教学材料可由教师随着课程的进展而设计。但一般也就是在黑板上写上一些"小结"(summary)之类的东西,或通过放映机放出学生会话中的一些语言特征等。会话也可以记录下来散发给学生分析。学生也可以集体编写材料,如对话或小话剧的脚本等。

下面是 Dieter Stroinig (in Stevick, 1980: 185-186)描述的一堂 CLL 课的过程:

(1) 打招呼,自我介绍;
(2) 教师介绍该课程的目标和指导原则;
(3) 外语交流开始;
　　1) 学生围成一个互相能看见的圆圈,并使用麦克风;
　　2) 一个学生用母语(英语)向另一个学生传达了一条信息;
　　3) 站在身后的教师用外语(德语)重复该学生的话;
　　4) 该学生然后用德语对听话者重复这句话,并录音;
　　5) 每个学生都给机会说出和录下几条信息;
　　6) 隔一段时间重放一次录音;
　　7) 每个学生用英语重复自己刚才用德语讲过的话,以帮助其他同学回忆。
(4) 学生然后进入一段反思期,教师要求其非常坦率地报告自己对刚才的经历的感受;
(5) 从刚刚录下的材料中,教师选择一些包含语法、拼写等要点的句子写在黑板上;
(6) 教师鼓励学生对以上内容提问;
(7) 教师鼓励学生把黑板上的句子抄下来,注上其意义和用法,作为家庭教材。

## 七、自然法

　　1977 年,美国加利福尼亚的一位名叫 Tracy Terrel 的西班牙语老师根据自己的西班牙语教学实践,结合第二语言习得理论中有关自然主义原则的理论,尤其是 Stephen Krashen 的关于第二语言习得的理论,提出了一种新的外语教学法,即所谓的"自然法"(the Natural Approach)。1983 年,Krashen 和 Terrel 合作出版了《自然法》(*The Natural Approach*)一书,比较全面地论述了"自然法"的理论原则和实践方法。该书的理论部分由 Krashen 执笔,实践部分由 Terrel 执笔。

　　尽管 Krashen 和 Terrel 本人也承认他们的"自然法"与早先的"自然法"(the Natural Method)有渊源关系,但是它们之间还是有着重要的区别。原先的"自然法"其实是"直接法"的一个别称。它主张教学过程中由教师向学生提供大量的外语独白,通过手势或表演使学生理解其意义,直到他们自己能说出这些外语句子。"直接法"中的"自然"仅仅强调该方法的原则与儿童母语学习的原则的一致性。同样,Krashen 和 Terrel 所说的"自然"也被认为与成功的第二语言习得中的自然原则一致。但是,与"直接法"不同的是,它并不强调教师独白、直接复述和正式的问答练习,也并不十分强调所说目标语的精确性。相反,它强调学生应该多接触目标语,或称"输入",而不是操练。它强调学习情绪的最优化,强调在开口前延长听的时间,强调用书面和其他材料作为可理解的输入。它还特别强调理解在该方法中的中心地位。

Krashen 和 Terrel 把交际看作是语言的基本功能。由于他们的"自然法"注重交际能力,他们把该法称作是交际法的范例之一。但与其他的交际法的倡导者不同,他们并不采纳某一语言理论。在他们看来,语言是表达意义和信息的工具。语言由词汇、结构和信息组成。信息中的词项必然通过语法进行组合,信息越复杂,语法结构就越复杂。尽管 Terrel 和 Krashen 这样看待语法,但是,他们觉得语法结构并不需要教师和学生进行明确的分析或特别的注意。

"自然法"有关学习的理论基础主要来自 Krashen 的习得理论。他的习得理论由五个"假设"组成。这五个假设是:

(1)习得/学习假设。Krashen 认为,获得外语能力有两种途径,一是习得,二是学习。习得指通过理解语言和使用语言进行有意义的交际而自然获得语言能力的一种无意识过程。这是一种"自然"的过程,与儿童掌握母语相似。相反,学习指一种有意识地掌握某一语言的语法规则的过程,其结果是学生了解该语言的形式方面的知识并能用语言描述这些知识。学习必须通过正式的教学,纠正错误有助于掌握规则。根据这一理论,学习不会导致习得。

(2)监控假设。习得的知识使我们能用外语与人交流。有意识的学习只能起到监控和编辑的作用,用以检查和修正习得系统的输出。

(3)自然顺序假设。语法结构的习得有一种固定的顺序。

(4)输入假设。人们一般通过理解稍微超出他们目前语言水平的输入而习得该语言,即 i+1。

(5)情感过滤假设。学习者的情感状态或态度,如动机、自信和焦虑可以影响习得所必需的输入。一般来说,动机强烈、自信心强的学习者在个人和课堂焦虑程度低的情况下容易习得语言。

以上这五个假设对语言教学的含义是:

(1) 应该提供尽可能多的输入。

(2) 任何帮助理解的东西都很重要。提供视觉辅助,接触各种各样的词汇而不是句法结构。

(3) 课堂的注意力应集中在听和读上,说应该慢慢出现。

(4) 为了降低情感过滤,学生应该注意有意义的交际而不是形式,输入应该生动有趣,有助于活跃课堂气氛。

Krashen 和 Terrel 从两个角度进行课程组织。

首先,他们列出一些语言课程的典型目标,然后说明其中哪些是"自然法"试图达到的。他们列了以下四个方面的目标:

(1) 基本个人交际技能:口头(如在公共场所聆听通知);

(2) 基本个人交际技能:书面(如读、写私人信件);

(3) 学习技能:口头(如听讲座);

(4) 学习技能:书面(如记课堂笔记)。

其中,他们指出"自然法"主要是为了培养学生的口头和书面交际技能。

其次,Krashen 和 Terrel 认为一个语言课程的目的应该适合学生的需求和特别兴趣:

> "自然法的目标是根据对学生需求的调查而制定的。我们确定他们将在什么样的场合使用语言,会出现什么样的话题。在确定交际目标时,我们并不期望学生在某一课程结束时掌握一组结构或形式,相反,我们希望他们能够应付某一特定场合的一组特定话题。我们并不根据语法大纲来组织课堂活动。"

(Krashen & Terrel,1983:71)

"自然法"教学活动与其他交际性的教学法中的活动并无多少区别。它包括问答练习和利用手势、哑剧、图表、图片等实物以及学生结对子和小组活动等。它的特点是用熟悉的方法来向学生提供可理解的输入,为学生营造一个帮助理解输入、降低学生焦虑程度以及增强学生自信心的课堂环境。

学习者在自然法中的角色可以概括为以下几种:

(1) 提供一定的信息,以便习得活动能够集中在与他们的需求密切相关的话题和情景上。

（2）主动协助创造可理解的输入。应该学会使用控制话题的技巧来调节他们的输入。

（3）决定什么时候开始说话、什么时候提高其质量。

（4）如果课程中安排了练习，如语法练习，与教师一起商量决定花多少时间在上面并争取独立完成、自我纠正其中的错误。

在自然法中，教师有三种重要作用。首先，教师是目标语可理解性输入的主要来源。教师应保证语言输入连续不断，并提供大量的非语言线索帮助学生理解这些输入。第二，教师应该创造一种有趣、友好、情感过滤低的课堂环境。第三，教师应为学生选择和协调各种各样根据班级大小、内容和语境等设计的课堂活动。

自然法中的教学材料的主要作用是通过提供额外的帮助让学习者理解和习得目标语的语境，通过把课堂活动与现实世界相联系、通过使学习者互相之间进行真正的交际使课堂活动尽可能地有意义。材料来自实物而不是教材。材料的基本作用是提高理解和交际。图画和其他的视觉辅助很重要，因为它们提供了交际的内容。

由于自然法从其他各种教学法中吸取了许多方法和技巧，其创新意义主要体现在使用这些方法和技巧的目的和方式上。下面的一些步骤用来说明如何使用熟悉的方法来提供可理解的输入，但不需要学生用目标语进行回应：

（1）用一些简单的"全身反应法"命令句开场，如"Stand up.""Turn around.""Raise your hand."等等。

（2）用"全身反应法"介绍人体部位、数字和顺序。如"Lay your right hand on your head, put both hands on your shoulder, first touch your nose, then stand up and turn to the right three times."等等。

（3）用命令句介绍课堂用语实物。如"Pick up a pencil and put it under the book, touch a wall, go to the door and knock three times. Pick up the record and place it in the tray. Take the green blanket to Larry. Pick up the soap and take it to the woman wearing the green blouse."等等。

（4）利用身体和衣着特征辨认班级成员。教师利用语境和物体本身来介绍关键词的意义：hair, long, short, 等等。然后对某一个学生开始描述。"What is your name?"（选择一学生）"Class. Look at Barbara. She has long brown hair. Her hair is long and brown. Her hair is not short. It is long."（用手势和语境等保证理解）"What's the name of the student with long brown hair?"（Barbara）"What is the name of the woman with short brown hair?"或"What is the name of the student sitting next to the man with short brown hair and glasses?"

（5）用图画,尤其是杂志上的图片等介绍新词汇,并继续只需用学生姓名来回答的活动。教师向全班依次介绍每一幅图画,每幅画只注意其中的某一项目或活动。介绍图画时,可同时介绍与其有关的5到6个新词,然后教师把图画交给某个同学。学生们的任务是记住哪个人拿了哪幅画。如"Tom has the picture of the sailboat and Joan has the picture of the family watching television."等等。教师然后可以问"Who has the picture with the sailboat?"或"Does Susan or Tom have the picture of the people on the beach?"之类的问题。

（6）图画与"全身反应法"并用。如"Jim, find the picture of the little girl with her dog and give it to the woman with the pink blouse."。

（7）图画与命令句和条件句并用。如"If there is a woman in your picture, stand up. If there is something blue in your picture, touch your right shoulder."。

（8）要求学生从几幅图画中辨认某幅被描述的图画。图一,"There are several people in this picture. One appears to be a father, the other a daughter. What are they doing? Cooking. They are cooking a hamburger.";图二,"There are two men in this picture. They are young. They are boxing.";图三,……

## 八、暗示法

暗示法（Suggestopaedia）由保加利亚心理分析教育家 Georgi Lozanov 首创。它的特点是强调教室的布置和安排、音乐的使用,以及教师的绝对权威作用。Lozanov（1978）承认,他的暗示法中有着印度瑜伽和苏联心理学的成分。他从瑜伽中借用了改变意识和注意的技巧,从苏联心理学中借用了关于对所有学生都可以教给某一学科的同样程度的技能的概念。Lozanov 声称不同智力的学生都可以通过暗示法获得成功。学生课外花不花时间没有关系。Lozanov 指出,只有在放松和注意力集中的情况下才能有效地学习。音乐节奏在暗示法中有着十分重要的作用。Gaston(1968)认为音乐在暗示疗法中的作用有三种:(1)帮助建立和维持人际关系;(2)通过从音乐表演中获得的自我满足增加自尊;(3)利用节奏独特的潜力带来活力和秩序。

　　Lozanov 没有明确说明他的语言观是什么。从他对教学材料和教学步骤的描述来看,他好像认为语言主要由词汇组成,语法规则是为词汇的组织服务的。暗示法认为,权威性(authority)、婴儿化(infantilization)、双面性(double planedness)、语调、节奏和音乐的类型等是该法的重要特色。由于人们往往最容易记住权威人物或机构的信息,Lozanov 提出了一系列使学生感觉学校和教师权威性的因素和做法,如学校的声誉、教师的自信、与学生的距离、表演才能、积极的态度,以及对某一教学法的信心等都能增加学校和教师的权威性。所谓"婴儿化"是指教师和学生之间的一种特殊关系。教师参加学生的角色表演、游戏、唱歌和体育活动可帮助年龄大的学习者找回小孩所具有的那种自信、自发性和接受能力。"双面性"指的是学生的学习不仅受直接的教学还受教学环境的影响。教室的布置、背景音乐、椅子的形状、教师的个性被认为与教学材料的形式一样重要。暗示法中,语调、音乐的类型和教学的节奏等与教学的成功有很大的关系。研究发现,每分钟 60 节拍的音乐不但对人的记忆有益,而且对植物(如蔬菜)的生长有促进作用。在 Bach 的巴洛克音乐和 Ravi Shankar 的印度音乐环境中,蔬菜长得既快又好,而在室内播放摇滚音乐的环境中,蔬菜却很快枯萎、死去。

　　暗示法旨在快速培养学生的高级会话能力。Lozanov 指出,教学的目的原则上不是记忆,而是理解和创造性地解决问题。

　　一期暗示法课程一般约 30 天左右。每期 10 个单元,每天 4 课时,每周 6 天。每单元的重点是约 1,200 个单词组成的对话和相应的词汇表和语法注释。对话根据词汇和语法的难度分级。整个课程和每个单元的安排都有具体的规定。每一单元花三天时间:第一天,半天;第二天,一天;第三天,半天。每一新单元的第一天,教师讨论该单元中的对话的一般内容(不是结构),然后发给学生印有对话及其目标语译文的书面材料。教师回答学生有关对话的问题,然后教师再用特殊的方法进行第二、第三次朗读对话。第二、第三天对课文进行初步和进一步的扩展练习。初步练习为对话的模仿、问答、阅读以及对 150 个左右单词的操练等;进一步的练习包括鼓励学生根据对话进行重新组合和输出、朗读与对话相仿的小故事等。

整个课程的安排是这样的:第一天,对学生的外语程度进行测试,根据测试结果把学生分成两个班级,一个是起步班,一个是非起步班。教师然后介绍课程的有关情况以及对课程应持的态度。这样做主要是为了使学生进入一种积极的、轻松和自信的学习状态。然后用目标语给每个学生起一个新名字,并用目标语文化为其编造一个新的身世,以便在以后的课程中使用。整个过程中,有两次对材料进行操练的机会。一是在期中,要求学生在可能的环境中练习目标语;二是在期末,要求每个学生用目标语根据语境即兴表演。

听力练习是暗示法的特色之一。暗示法中的听力练习与一般的听力练习不同,它们一般在每个单元的第一天进行。学生首先阅读新课文并与教师讨论其内容。然后,学生开始放松,舒适地坐在转椅上听教师用某一特殊的方式朗读课文。在教师第二次朗读课文时,他边读边演戏般地在背景音乐中用动作将课文内容表演出来。这个阶段里,学生按照教师的指点,躺在椅子上作有规律的深呼吸。Lozanov 认为,无意识的学习就此开始。

学生参加暗示法学习班完全自愿。但是一旦参加,就必须严格遵守班级的规定和活动安排。学习期间,课堂上、校园里严禁吸烟。学生的心理状态对成功至关重要,因而事先要做一些集中注意力的准备活动。他们不得对教学材料作任何的分析或安排,必须保持一种被动的状态让材料通过大脑,在大脑中反复。

教师的主要作用是创造可暗示的课堂环境,用学生最可能接受和记忆的方法将语言材料教给学生。Lozanov 认为教师应该做到以下几点:

(1) 对暗示法表现出绝对的信心;
(2) 言谈举止和服饰一丝不苟;
(3) 精心组织教学过程的开始阶段,包括音乐的选择和播放、守时等;
(4) 对教学时间保持严肃的态度;
(5) 进行测试并有策略地对待差的答卷;
(6) 强调对教学材料整体的而非分析型的态度;
(7) 保持谨慎的热情。

(Lozanov,1978:275 – 276)

按照 Lozanov 的要求,教师必须善于表演、唱歌并具有心理暗示治疗的技巧,因而要经过 3 到 6 个月的培训。

暗示法中教学材料分直接和间接两种。直接的包括课文和录音,间接的包括课堂布置和音乐。

4 个小时的教学可以分成三个阶段:第一阶段是口头复习阶段。教师和学生对前面学过的内容用研讨或提问的方式进行复习;第二阶段介绍和讨论新的材料;第三阶段,音乐时间是暗示法的最大特色。以下是 Lozanov 对这个阶段的活动的描述:

> "一开始,所有谈话停止一、二分钟,教师听录音机中放出的音乐。慢慢地,听了几段并进入状态以后,他开始朗读或背诵课文,声音随音乐的起伏而变化。学生边听边看教材中配有译文的课文。第一和第二段音乐期间,有几分钟的沉默。有时间隔可长些并允许学生活动一会。第二次播放音乐前,又是几分钟的静默。听了几段音乐后,教师开始朗读课文。这一次,学生合上书听教师读。最后,学生悄悄地离开教室。他们被告知可做任何与所学课文有关的家庭作业,但是晚上睡觉前和早上醒来后必须粗略地将课文读一遍。"
> (Lozanov,1978:272)

## 第三节 任务型外语教学

### 一、任务型教学的产生与发展

任务型教学可追溯至 20 世纪 80 年代初英籍印度语言学家 N. S. Prabhu 在印度南部班加罗尔(Bangalore)地区主持进行的英语作为第二语言的交际教学改革试验(the Bangalore Communicational Teaching Project)。

20 世纪 70 年代,交际教学法日趋兴盛。交际法的本质特征是"学用一致",其途径是教学交际化。但在如何看待交际与教学的关系问题上,却存在"强"和"弱"两种观点。强调"通过交际来学"即"在运用中学习英语"属"强"交际观(using English to learn it),而"弱"交际观则认为要"为交际而学/教",或者说"(要)学会用英语"(learning to use English)。作为强交际观的支持者,Prabhu(1982:2)认为:"学习者的语法建构是一个无意识的过程,通过创造一种条件使学习者全神专注于意义、专注于说或做,能够最有效地促进这一过程。……当学习者的注意力放在意义上时,(语言)形式学得最好。"

因此,班加罗尔实验旨在改革"语言结构为本"的传统教学,教学内容的确定摒弃了传统的结构大纲或功能—意念大纲,而代之以任务大纲。教学单元由一个个任务组成,课堂教学围绕完成具体的交际任务,强调语言的自然输入(natural input),强调在实践中学习语言,学生专注于完成任务,而语言的学习是在任务的执行过程中发生的,或者说是完成交际任务的副产品(by-product),这就是所谓的"通过交际(在无意识中)学英语"。值得一提的是,Prabhu区分了三种不同类型的语言学习任务并在其实验中广泛采用。它们是:信息差任务(information-gap tasks)、观点差任务(opinion-gap tasks)和推理差任务(reasoning-gap tasks)。三种任务为创造接近自然的语言学习环境和开展有真正意义的交际活动提供了依托。如今它们仍然是任务型教学方法的主要任务类型。1982年,Prabhu向英国文化协会提交了班加罗尔实验情况的报告,并于1983年提出了任务型教学方法(task-based approach)。

由于当时弱交际观占了主导地位,提倡强交际观的班加罗尔实验并未在语言教学领域引起太大的反响。但几乎就在同时,"言语交际是一个综合的过程而非一系列分立的语言项目的学习结果"成为语言教学界的一个重要议题。结构、功能或意念大纲均提出了有序的、分立的语言项目,但它们无法使这一教学方法成为一个综合的过程。在此期间,语言教学领域的研究重点已开始从研究如何教转向了研究如何学,学习活动(过程)本身与学习目标(语言)同样重要的观点逐渐成为语言教学界的共识。这一切进一步引起了人们对分立语言项目大纲的质疑。由于任务型教学大纲和与之相应的任务型教学模式既体现了语言学习的综合性,又强调了语言学习过程而再次引起了语言教学研究者的关注。Candlin(1987)、Nunan(1989)、Long(1989)、Crookes(1993)、Willis(1996)、Skehan(1998)和其他语言教学的专家学者都从不同方面对任务型语言教学进行了研究,赋予其新的内涵。特别是近十年来,语言研究、语言学习研究、二语习得研究的成果为任务型教学的成熟和发展不断注入新的生机和活力。任务型教学在创造接近真实自然的语言学习环境、提供交流互动和意义协商机会、促进学生积极的认知参与、培养用语言做事和解决问题的能力等方面的潜能和价值备受注目,因此成为语言教学领域的研究热点。

## 二、任务及任务型教学原则

任何一种第二/外语教学方法都体现着对语言的本质、语言学习过程、如何"教"才能促进"学"的独特认识。"任务"是任务型教学的灵魂。什么样的任务符合任务型教学的要求？Skehan(1998:95)在综述了 Candlin, Nunan 和 Long 等人观点的基础上提出的"任务"的五个主要特征得到了广泛认同：

(1) 意义是首要的；
(2) 有某个交际问题需要解决；
(3) 与真实世界中类似的活动有一定关系；
(4) 完成任务是首要的考虑；
(5) 根据任务的结果评估任务的执行情况。

换句话说，"任务"首先关注的是学生如何用语言沟通信息，进行有实质意义的交际，而不强调使用何种语言形式；任务具有在现实生活中发生的可能性；学生应把学习的重点放在如何完成任务上；评估的标准是任务是否成功完成。

用这样的任务组织的语言教学应该具有什么样的特征呢？Nunan(1991:279)作为任务型教学的主要倡导者就任务型教学的特征进行了如下概括：

(1) 强调通过用目标语相互作用和影响学会交际；
(2) 将真实文本引入学习环境；
(3) 为学习者提供不仅关注语言，而且关注学习过程本身的机会；
(4) 增强学习者个人经历作为重要的、促进课堂学习的要素的作用；
(5) 努力使课堂语言学习与课外语言激活联系起来。

Nunan 的表述蕴含着任务型教学所遵循的一系列原则，其中包括：交互性原则、语言材料的真实性原则、过程性原则、重视学习者个人经验对学习的促进作用原则和课堂语言学习与课外语言使用相关性原则。下面我们就这些原则体现的任务型教学的理念做进一步分析说明。

第一，互动性原则。"互动"之所以重要是因为语言学习本身的最终目的是要学会用语言交际。互动性是交际的核心，真正的交际必然是双向或多向的。正是交际各方的互动才创造了语言运用的机会，使理解与表达相辅相成。互动也使交际各方从他人的反馈中不断修正自己的语言,学会运用交际策略、合作原则进行意义协商,达到交际目的。因此,英语课堂不应是信息由教师向学生单向流动,成为教师的"一言堂",而应是双向或多向交流,师生互动、学生互动。互动性应成为英语教学的基本原则。

第二,语言材料的真实性原则。语言是文化的载体。从某种意义上说,学习一种语言就是学习一种文化。采用真实语言材料的意义在于:它能使学习者直接接触目标语文化,获得真实体验。同时,系统功能语言学的语义语境理论认为,语义的产生和理解不能脱离语境。由于真实语言材料不脱离语境,能保证学得的语言是动态的、有血有肉的。

第三,过程性原则。任务型教学倡导者们坚信,有效的语言学习不是通过传授,而是通过亲身经历。语言学习活动和学习内容一样重要。但传统外语教学却忽视过程性,一味将学生的注意力引向学习内容本身。以语言规则学习为例,传统教学的方法主要表现为用灌输的方式直接呈现、讲解语言规则,只说明"可以这样做"或"应该这样做",却忽视让学习者真正明白"为什么可以这样做"和"为什么应该这样做"。忽视学习过程不可避免地造成学生死记硬背,即使学了规则却不会用,语言知识难以转变成真正的交际能力。与此相反,任务型教学以活动和任务组织教学内容,创造接近真实的语言学习环境,由学习者在完成任务中体验语言、感悟和发现规则、运用规则,在用目标语解决问题的过程中学会交际。同时,语言学习的过程也将促进学习者学会认知、学会做事、学会合作。

第四,重视学习者个人经历对学习的促进原则。该原则体现了对学习者主体地位的确认和关注。一方面,要把学生的知识背景、已有的关于语言和外语学习的经验作为一种资源加以开发利用;另一方面,教学过程必须强调学生积极的认知参与、对学习内容的感受和体验,帮助他们建构起对语言结构、功能、语义及其用法的完整认识。这一原则是对过程性原则的进一步补充。

第五,课堂语言学习与课外语言运用的相关性原则。该原则体现了"学用结合""学以致用"的理念,目的在于克服传统语言教学与社会实践的脱节,缩小课堂与社会的差距,使交际真实化、课堂社会化,把学生作为社会的人,通过学习促进其社会化进程。同时,课内学习与课外运用的相关性也有利于激发学生的动机和兴趣。

上述五项原则事实上揭示了任务型教学的本质特征,体现了该教学途径的思想精髓和根本价值,是其引人注目、备受推崇、值得借鉴的原因和意义所在。

### 三、任务型教学的理论基础

为什么要把任务作为课堂的焦点?为什么要强调学习任务的意义性、真实性、相关性?为什么任务型教学要遵循上述原则,把"用中学"、互动、体验、参与、自我建构视为语言学习的有效途径?这些问题反映了任务型教学的语言观、语言学习观和教学观,可以从系统功能语言学、当代认知学习理论和活动教学论有关语言的本质、学习的发生、如何"教"能够促进"学"等的思想观点中找到解答,它们构成了任务型教学的理论基础。

1. 系统功能语言学与任务型教学

系统功能语言学是 20 世纪相当有影响的语言学理论之一。在它之前的结构主义语言学、转换生成语言学均以语言结构或语言规则为研究对象,视语言为抽象的符号系统。系统功能语言学认为语言是社会符号,试图从社会学角度诠释语言与意义,其关注焦点转向语言的社会功能和动态使用,对 20 世纪 80 年代以后语言教学的发展产生了重大影响。

系统功能语言学的主要特征包括:(1) 以社会学视角研究语言的性质;(2) 以功能、语义、语境为研究重点。下面我们作简要说明。

(1) 以社会学视角研究语言的性质

系统功能语言学的创始人韩礼德(M. A. K. Halliday)吸收了社会学家伯恩施坦(B. Bernstein)、社会语言学家拉波夫(W. Labov)和人类学家马林诺夫斯基(B. Malinowski)等人的理论,认为转换生成语言学派代表的是"生物体内部"(intra-organism)的研究视角,侧重从语言使用者个体的大脑机制内部探讨语言的工作机制。与此相对,韩礼德称自己采取的是生物体之间(inter-organism)的研究视角,关注语言的社会属性,研究人们如何借助语言建立和维系社会关系,也就是研究语言在构建人类社会的结构以及参与确定个人的社会角色(social roles)时所起的作用。同样,他关注语言在促进人的社会化进程中的作用,提出了儿童"语言发展"(language development)而非"语言习得"(language acquisition)的理论。儿童最初的咿呀学语是自己创造出来用以调节他与周围世界关系的"原型语言"(protolanguage),因此是有意义的,虽然相当原始,但却足以表明儿童认识世界并将自己纳入已有的成人社会的本能。这种原型语言与成人世界的语言产生互动,儿童本人在接受了成人语言的同时也接受了那些既定的社会关系和社会结构,换言之,儿童在掌握成人语言的同时也发展成为"社会的人"(a social man)(Halliday,1978:93—100)。因此,语言是社会符号,语言的性质是一个社会意义学系统。

(2) 以功能、语义、语境为研究重点

功能。韩礼德从研究儿童学习语言的过程入手解释语言的功能,认为这是一个学习如何借助语言表达各种需要的过程。他对语言在儿童不同发展阶段起到的作用进行了详细的记录和分析,认为儿童自出生之日起就开始学习如何用语言来表达各种意义,以满足"做人"的要求。系统功能语言学将儿童语言的功能归纳为七种,认为伴随儿童放弃原型语言向成人语言的过渡,七种功能将不断演化,最终成为高度抽象、复杂的概念功能和人际功能。概念功能、人际功能以及语言本身具有的语篇功能(textual function)构成成人语言的纯理功能。概念功能指语言对人们在现实世界(包括内心世界)中的各种经历加以表达的功能;人际功能指讲话者运用语言参加社会活动的功能;而语篇功能指语言使本身前后连贯,并与语域发生联系的功能。之所以将二者称之为纯理功能意在表明这三种功能是高度抽象的。

语义。韩礼德将语言的性质界定为一个社会意义学系统(Halliday,1978)旨在强调语言学研究的重心应该是意义。他提出的意义进化理论(Halliday,1992)认为,人类经验由两个层面构成,其一是人类为了满足生存需要与大自然接触或抗争的物质层面,其二是人类认识世界的意识层面。意义是人类经验的物质层面与意识层面相互融合的结果,语言表达形式同样是这两者融合的结果;人类表达意义的过程实际上是一个创造意义的过程(semogenesis),或者用韩礼德的话说是说话人(locutor)建构的过程。正因为意义的形成过程是人类意识与人类经验互动的结果,意义本身必然是相对的。意义存在于语言的所有层面,语言符号不能脱离它所代表的意义而独立存在。

语境。系统功能语言学认为,语言并非一个独立自足的符号系统,语义的产生和理解与语境因素密切相关。语言研究离不开意义研究,而意义研究不能脱离具体的交际环境。语境可大致分为文化语境和情景语境:文化语境主要指人类在特定文化背景中的行为模式,这种模式制约语篇的语类结构(generic structure)等带有宏观意义的语义结构;情景语境指的是与语言交际行为直接相关的话语范围(field of discourse)、话语基调(tenor of discourse)和话语方式(mode of discourse)三种因素。其中话语范围指话题以及与话题有关的活动;话语基调指讲话者与受话者之间的社会关系以及讲话者的交际目的;话语方式指话语活动所选择的交流渠道。显然,语境因素制约语义的表达与理解。因此,系统功能语言学把语篇作为分析的对象,强调在语篇而不是在词汇或句子层面上研究语义,即语篇语义(discourse semantics)。这进一步表明,系统功能语言学研究的语言现象不是孤立存在的,它关注语言在实际交际场景中的具体运用和受到的种种制约。语义具有动态性、交互性等特征,存在于具体的使用过程中。

系统功能语言学的上述观点对语言教学产生了重要的影响。首先,确定社会属性是语言的本质特征从根本上解释了为什么外语教学不能停留于知识传授,不能把一门外语当作知识来教、来学。既然语言交际是一种社会行为,借助语言进行复杂而有效的交际是人类有别于其他动物的重要特征;又由于语言是形式和功能的统一,语言的社会属性借助语言的形式和功能得以体现,那么,忽视语言的社会属性,割裂语言的形式与功能,把语言仅仅当作知识来教的外语教学是没有意义的,起码是不完整的。外语教学必须既关注形式又关注功能,并努力创造条件,使学习者把对语言形式和功能的理解掌握转化为具体实际的语言运用能力。

其次,语境理论表明:人们借助语言建立和维系社会关系,语言的使用不可避免地反映出使用者特殊的文化背景、扮演的社会角色以及语言使用当时当地的环境,因此,对语义的理解就不能脱离使用语言的人和语境。鉴于此,外语教学内容的选择应以真实语言材料为主,语言系统应被视为动态的、开放的,对于词汇及其用法的理解也必须是动态的、基于情境的。培养学习者动态的语言意识(主要包括文化意识、语境意识)是语言教学的重要内容。

第三,关注语言学习过程,拉近课堂与社会的距离。系统功能语言学认为,儿童学习语言的同时,也发展成为"社会的人"。这表明,外语教学应努力拉近课堂与实际生活的距离,使学习过程成为促进学习者实现社会化的过程。外语教学要努力创设接近自然的语言学习环境、设置问题情境,让学习者学会运用已有知识技能,根据特定的语境、人和事,灵活得体地运用目标语协商交流,应对交际问题,同时学会认知、学会做事、学会合作,成为"社会的人"。

系统功能语言学理论为任务型教学强调语言意义的第一性、围绕任务组织课堂、创设情境以及语言材料的真实性要求等等提供了强有力的理论支持。这些主张和要求是对系统功能语言学功能、语义、语境理论的实践,其目的在于创设丰富的、接近真实的语言环境,让学习者在"用目标语做事"中,通过相互间的交流互动,感受语言的社会功能,理解语言在建立和维系人与人之间的社会关系中所起的重要作用,进而领悟、掌握语言的动态使用。任务的真实性拉近了课堂与社会的距离,使学习过程本身也成为促进学习者社会化的过程。

2. 当代认知学习理论与任务型教学

如果我们从普通学习论的角度加以分析,就不难发现任务型教学的观点见解与当代认知学习理论有关学习过程的阐释是一致的,蕴含了皮亚杰认知发展论、布鲁纳发现学习论、奥苏贝尔意义学习论和社会建构主义的社会互动学习理论思想。这些思想构成了任务型语言教学的学习论基础。

(1) 皮亚杰认知发展论

瑞士心理学家皮亚杰(J. Piaget)的学习理论以研究儿童认知发展为基础,其学说影响最深远的一面是它所强调的学习过程的建构性。他坚持用主体和客体相互作用的观点来研究儿童的认知发展。他认为:儿童是在与周围环境相互作用的过程中,逐步建构起关于外部世界的知识,从而使自身认知结构得到发展的。儿童认知发展受同化、顺化和平衡三个基本过程的影响。所谓"同化"指个体把外部环境中仍适合原有认知结构的新信息吸收整合进来,成为其认知结构的一部分。相反,若原认知结构无法同化新信息,个体为了适应环境要求而主动修改、重组原有认知结构即为"顺化"。"同化"与"顺化"相伴而行。儿童正是通过这两种形式来达到与周围环境的平衡:若"同化"可行,则平衡保持;反之则被打破,要寻找新的平衡就必须对原有图式进行修改或创造新图式,即通过"顺化"达到新的平衡。平衡状态不是静止的。新的认知结构既以原有认知结构为基础,又有别于原认知结构,这种区别既可以是质的,也可以是量的。儿童的认知结构正是在与周围环境的交互作用中通过"同化"与"顺化"逐步建构起来,并在"平衡——不平衡——新的平衡"的循环中得到不断丰富、提高和发展。

皮亚杰认知发展论的一个基本观点是:学习的结果并非外部信息的简单堆积,而是获得越来越多认识事物、解决问题的程序,也就是在"同化""顺化"的共同作用下,形成或重建新的、更为复杂或完整的认知图式。学习是一个能动的过程,学习的发生必须以认知主体的积极参与、主动理解和建构为前提,企图从外部注入知识是难以奏效的。因此,教育应该为学生提供富有个人意义的学习经验,激发学生通过亲身体悟、甚至通过犯错误和改正错误来促进认知发展,因为犯错误和改正错误其实就是在调节、修订原有认知结构。

结合语言教学来说,语言学习应该成为学习者积极建构语言输入的个人意义的过程。学习者要积极应对语言输入,使其潜在意义(语言结构、词汇及用法等)在其原有认知结构中找到合适的同化点。主要依赖记忆获得的语言知识因为缺少与认知主体的互动而无法成为学习者认知结构的有机组成部分,学习者既不会运用也难以产生深刻的思维。教师的任务则是创造条件,帮助和促进这一建构过程。对于学生的语言错误应帮助分析原因,而并非如行为主义所言要见错就纠,以此促进学习者已有语言图式的修改重组、新图式的建立,达到新的平衡。

皮亚杰的学习理论解释了任务型教学有关第二语言学习过程的主张:这是一个学习者建构起对目标语系统的假设,并在不断的接触和运用中验证假设、修正假设,使自身关于目标语系统的认识不断完善的过程。所谓验证假设、修正假设实质上也就是同化、顺化、打破平衡、达到新的平衡,进而使有关目标语系统的图式更加系统化、复杂化,使语言学习向更高水平发展。以任务为核心单位计划、组织语言教学的目的就在于为学习者提供认识、体验、实践目标语的机会、环境和条件。学习者为了完成任务积极思考,在用目标语交流互动、意义协商中,感受目标语的使用,领悟语言的规则,建构并不断完善关于目标语系统的认识。

(2) 布鲁纳发现学习论

布鲁纳(J. S. Bruner)的重要贡献在于扩展了皮亚杰的认知发展理论并试图将其用于指导教学实践。他提出了儿童的三种不同思维形式及其发展规律,认为教育的目的在于发展学生的理解力和认知的技能与策略,教学不是使学生获得关于事实的现成信息,而是配合其身心发展,教他们如何思维,如何学会学习。他所倡导的"发现法"不仅仅指发现未知,而是指主动求知去获得知识的任何活动。因此,从本质上说,"发现法"强调的是认知主体的积极参与。其特征可概括为4个强调:(1)强调学习过程;(2)强调直觉思维;(3)强调内在动机;(4)强调信息的提取。(施良方,1994:225—227)

布鲁纳认为:认识是一个过程,而不是一种产品。学习的主要目的不是要记住教师和教科书上所讲的内容,而是要参与建立该学科知识体系的过程。学生不是消极的知识接受者,而是积极的探究者。因此,教师的作用是要创设一种学生能够独立探究的情景,而不是提供现成的知识。在布鲁纳看来,直觉思维由于不循规蹈矩,常常采取跳跃、走捷径方式而对科学发现活动极为重要。直觉思维的本质是图像性的,教师要帮助学生在探究活动中形成丰富的想象。强调内在动机的目的在于:与谋求好成绩、避免惩罚等来自外部的动机相比,激发学生渴求自身能力发展的内在动机尤为重要。至于强调信息的提取,布鲁纳认为,人类记忆的首要问题不是储存,而是提取。信息的组织方式对信息能否有效提取关系重大。学生自行发现、自行组织的知识,能够产生良好的记忆效果,使用时便于提取。

显然,任务型教学践行了"发现法"的教学理念。首先,任务型教学强调语言学习过程,强调"用中学"。一方面坚信有效的语言学习不是传授性的(instructional),而是经历性的(experiential),学习活动和学习内容同样重要;另一方面不主张直接呈现或讲解语言形式,而是提供交际任务,在用目标语完成任务的过程中,感悟语言的规则系统,主动发现并将其归纳、掌握、内化。因此,任务中相当一部分语言知识的加工是隐性的(implicit)。其次,挑战性是任务设计的基本要求之一,通过完成任务展示能力、感受成功有利于形成内在动机。最后,就语言学习而言,信息的提取主要表现为语言的运用,在借助任务创造的交际情景中"用中学",学会活生生的语言,从根本上避免了机械学习,死记硬背。

(3)奥苏贝尔意义学习论

关于机械学习、死记硬背的危害,奥苏贝尔(D. P. Ausubel)的意义学习论分析得更为透彻。所谓意义学习是相对于机械学习、死记硬背而言的。由于未能与学习者原有认知结构建立起联系,机械学习得到的不过是一些孤立的、凌乱的信息,既难以提取,更谈不上会用,因此是无效的。

意义学习的实质就是要使新信息与学习者原有认知结构建立起内在联系,使之内化为其认知结构的有机组成部分,真正成为学习者自己的东西。外语学习的特殊性容易导致机械学习,有些教学方法,如听说法,甚至把机械的句型操练视为建立起语言习惯的"法宝"。因此外语教学更应把避免机械学习,促进意义学习的产生视为教学设计的重要一环。

(4) 社会建构主义学习理论

建构主义兴盛于20世纪末,是学习理论由行为主义发展到认知主义以后的进一步发展。皮亚杰被公认为建构主义思想的先驱。

建构主义学习观的核心可概括为:第一,学习是一个积极主动的建构过程,学习者不是被动地接受外在信息,而是主动地根据已有认知结构有选择地注意和感知外在信息,建构当前事物的意义。第二,这种建构过程是双向的。一方面,通过使用先前知识,学习者建构当前事物的意义,以超越所给的信息;另一方面,被利用的先前知识不是从记忆中原封不动地提取,而是要根据具体事例变化了的情形重新建构,从而得到调整和丰富发展。第三,意义具有主观性,学习者个人经历的差异导致对相同事物意义建构的多元化。显然,建构主义学习理论充分肯定了学习者的主动性、与认知对象的互动、学习者的个人经历和体验的极端重要性,将学习者个人在学习过程中的作用提到了前所未有的高度。

社会建构主义作为建构主义的一个重要分支,在赞同建构主义基本观点的同时,在有关知识建构中"个体与社会"的关系问题上独树一帜。以维果茨基(L. Vygotsky)的社会文化历史观为理论依据,社会建构主义认为既然个体的学习是在一定的历史、社会文化背景下进行的,社会对个体的发展起到重要的支持和促进作用,学习中的互动应不仅仅是个体与其物理环境的互动,而更多的是个体间的(儿童与儿童、儿童与成人),即个体与社会的相互作用。依维果茨基所言,人的高级心理机能的发展是社会性相互作用内化的结果。

维果茨基的"中介作用"(mediation)和"最近发展区"(zone of proximal development)学说解释了社会何以促进儿童知识的建构。所谓"中介作用"指儿童身边的重要人物在他认知发展过程中所起的作用。有效学习的关键在于儿童和"中介人"(父母、老师、同伴)之间的交往互动的质量。"最近发展区"是指比儿童现有知识技能略高出一个层次、经他人协助可达到的水平。这是对儿童认知发展有重要意义的中介人(特别是家长、教师)大有可为的领域。若"中介作用"适时、适度、得法,就能促进"最近发展"变为现实的发展。

建构主义以及社会建构主义关于知识及其意义、学习的自我建构、社会互动与认知发展的关系等思想在带给我们诸多启示的同时,也加深了我们对任务型外语教学的理解。

按照建构主义学习理论,真正能够为学习者感受、认知、成为其认知结构组成部分的是那些在学习者看来有意义的东西。如果教师忽视学习者的经历背景、情感兴趣、现实处境等因素,而一味地将"知识""客观真理"强加给他们,这种知识教学恐怕难以奏效。对外语教学而言,若置学习者的认知水平、学习需求、动机兴趣等具体情况于不顾,而一味地讲解目标语的句法、词汇、语义等语言系统知识,一厢情愿地认为这样就能使学生掌握目标语,其结果往往事倍功半。教与学是不能画等号的。

这从另一个侧面解释了为什么任务型教学强调"意义是首要的","有某个交际问题需要解决"以及"与真实世界中类似活动有一定联系"。意义的第一性既要求任务本身有意义,也要求对学习者有意义。"有某个交际问题需要解决"以明确的交际目的保证学习活动本身有意义,不会停留于为形式而形式;"与真实世界中类似活动有一定联系"强调了任务与学习者目前或未来生活中将要面对的交际问题相关。这种相关性着眼于学习者需求,因而便于他们理解任务的个人意义,激发内在动机,最终促进学习的产生。

"最近发展区"和"中介作用"学说则对任务型教学倡导的合作学习、交流互动、意义协商等等提供了强有力的理论支持。"任务"通常是两人或小组合作完成的。在这个过程中,同伴/小组成员相互协作、相互学习,中介作用得到发挥。为完成交际任务,一方面,学生们必须设法理解他人并表达自我,为确认理解准确无误还要学会解释和澄清意义,运用交际策略和语用知识;另一方面,他们不得不倾听一些目前自身语言能力尚不能及的语言(表达形式),但这些语言(形式)有可能被同化吸收,将来派上用场。这样的交流互动无疑有利于学习者语言系统的重构和扩展,丰富的目标语体验有利于促进语言习得。强调合作学习的另一重要意义在于:由于每个人的经历、背景有限,对事物的理解总会带有片面性,通过小组成员间的交流、协商,这种片面性能够得到纠正。

教师要借助任务积极发挥中介作用,努力成为学习的促进者。首先,在选择任务时要考虑学生的认知水平、经验背景、兴趣需求,根据具体情况不断进行调整;其次,精心搞好教学设计,创设有利于语言习得的环境和良好的学习氛围;第三,提供必要的帮助,增强学生的自信心,培养良好的学习习惯,引导学生学会学习。

### 3. 活动教学论与任务型教学

如果我们从教学论的角度来进行分析,任务型教学又是活动教学理念的一种实践。

活动教学的基本主张及其规范要求可概括为如下四点:第一,坚持"以活动促发展"的基本指导思想;第二,倡导以主动学习为基本习得方式;第三,侧重以问题性、策略性、情感性、技能性等程序性知识为基本学习内容;第四,强调以能力培养为核心,以素质整体发展为取向。显然,任务型教学是活动教学观在语言教学领域的一种实践。

首先,任务型教学以活动贯穿教学始终,激发主动学习。从教学内容的选择、到课堂教学的组织、实施乃至评价,任务型教学都围绕任务来进行。事实上,所谓"任务"就是有明确目的的交际活动。一方面,活动贯穿教学始终为学习者提供了丰富的目标语输入和产出机会;另一方面,由于任务源于生活、贴近学生实际,它又有利于激发学生的参与热情、交流互动和意义协商,完成任务的过程使参与者有机会就目标语的使用相互学习借鉴、进而促进各方中介语系统的扩展、修订、重构。这一切不仅从根本上避免了教师的"一言堂",也使得任务型教学倡导的合作学习、交往学习、探索发现学习、体验学习等主动学习方式真正落到了实处。

其次,遵循了现代认知心理学广义知识观有关陈述性知识和程序性知识划分的理论。所谓"陈述性知识"主要指事物的名称、概念、命题等方面的知识,可以通过教师的讲解为学生所掌握和记忆。"程序性知识"主要涉及概念、规则和原理的理解与应用,以及解决问题的技能、方法与策略的形成等等。这类知识具有较强的特殊性、个体性和动态性,单靠讲授、告知难以掌握,还必须通过操作、探究、体验,将储存于头脑中静态的命题知识转化为动态的应用操作技能、解决问题能力。广义知识观的上述观点揭示了在外语教学中给予活动以应有地位的极端重要性。因此,任务型教学坚持"在用中学"遵循了知识的内在特性规律。学习语言知识的目的是运用,只有把语言规则当作动态的程序性知识来教、来学、在丰富的语言情境中领悟、体验、运用规则,才能实现规则的内化,并最终转化为语言交际能力。这也解释了为什么传统教学中老师辛辛苦苦地讲,学生花费大量时间精力背单词、学语法、做习题,英语运用能力却长期在低水平徘徊的根本原因。这种把语言当成静态的知识来教、来学的做法,由于违反了语言活动的本质特征和使用规律,其结果必然事倍功半。

最后,把以活动促发展落实在教学过程中。从发展能力、提高素质角度看,人作为社会的个体,交际能力是基本生存能力之一。因此可以说,语言教学注重培养交际能力的意义不仅在于学习语言,也是为了人的发展。任务型教学所强调的自主性、参与性、体验性、互动性等在促使学生学会用目标语交际的同时,又学会观察思考发现、学会沟通合作、学会做事、学会学习。无疑,它也是以活动促进学生发展、促进其综合素质提高的。

4. 第二语言习得研究与任务型教学

任务型教学还从第二语言习得研究的成果中吸取营养,丰富了其理论基础。"输入假说""互动假说""输出假说"对任务型教学的发展、完善都产生了重要影响。

1985年,Krashen 提出"输入假说"用以解释语言习得的发生。其核心思想是输入对于语言学习很重要,只有当输入的语言形式略高于学习者现有水平时才能够被其理解,继而得到内化,产生语言习得。他提出"i+1"的公式(i 代表学习者现有水平,i+1 即略超出现有水平)。在他看来,语言习得的唯一途径是通过理解信息或者说吸收可理解输入。他同时还提出了"情感过滤说",认为学习者的态度会影响习得,良好的情感将形成低过滤,促使学习者从输入中获得更多。因此,有别于传统输入研究主要从"教"的角度研究输入什么和如何输入,Krashen 输入说在强调输入重要性的同时,明确指出输入不等于理解,要关注学习者内在因素,特别是现有水平、知识背景、情感态度等状况,并以此作为选择语言输入材料的重要依据。

Long 的"互动假说"(the Interaction Hypothesis, 1983)从另一个侧面研究了如何使语言输入可理解。其基本假设是:交流发生困难时,交谈的双方都必须依据对方理解与否的反馈,进行诸如重复、释义、改变语速等语言上的调整(linguistic adjustments, modification of the interactional structure),也就是说要进行意义协商,调整的结果导致语言输入变得可以理解,从而促进语言习得。互动假说对于语言教学的启示在于:若语言课堂长期处于教师对学生的单向信息流动,缺少师生之间、学生之间双向、多向的互动调整和意义协商,教师不了解学生是否理解语言输入,学生也无法从教师有针对性的反馈中获得求证,这样的语言课堂恐怕难以取得理想的效果。

Swain(1985)的"可理解输出假说"(comprehensible output)是在对加拿大法语沉浸式教学(immersion program)调查研究的基础上提出的。针对沉浸式教学虽进行了大量的"可理解输入",但效果不够理想的问题,她认为要使学习者的第二语言水平全面提高,达到既流利又准确,仅有"可理解输入"是不够的,还必须有充分的"可理解输出"。也就是说,要积极创造条件,鼓励学习者用目标语交际,因为只有在这一过程中,学习者才会反复修正语言,使其更加连贯、准确,即追求所谓"可理解输出",以达到充分准确表达自我、为他人理解的目的。总而言之,输出对二语习得的促进作用可概括为以下几个方面:(1)能引起学习者对语言问题的注意;(2)能促使学习者对目标语的结构及语义进行假设验证;(3)具有元语言功能;(4)能促进目标语表达的自动化。

"输入学说""互动学说""输出学说"从学科教学的角度解释了为什么任务型教学坚持围绕任务组织课堂,借助任务创造接近自然的语言学习环境,把创造语言输入、输出、交流互动和意义协商的机会视为有效课堂教学的基本要素,从"学"的角度设计课堂活动,试图通过人人参与并完成交际任务,师生互动、学生互动,从根本上改变语言课堂普遍存在的信息流向单一、意义协商匮乏的状况。因此可以说,二语习得研究对任务型教学的发展有着深刻的影响,它与系统功能语言学、认知学习论、活动教学论一起,共同构成了任务型教学的理论基础。

## 四、任务型外语教学的优点与局限性

以上我们对任务型教学的理论基础和课堂教学特征进行了探讨。不难看出,任务型教学的形成、发展和倡导与国际教育改革思潮、认知学习理论的发展、二语习得研究成果等有着密切的内在关系,是第二语言教学方法与时俱进的生动体现。显然,与传统第二语言教学方法相比,任务型教学有了很大的进步。

任务型教学的优点可概括为：

第一，体现了新的语言学习观和教学观。认知学习理论认为：学习是一个自主的过程,学习者的创造性思维和积极的认知参与是学习过程最有效、最活跃的因素；二语习得研究成果表明,语言学习过程不是线性的、累积的,而是学习者运用自己的语言体验对语言系统不断进行推论、假设、验证与概括的过程。由于教学无法决定学习者的语言发展道路,教师的作用不仅仅是传授或讲解语言知识,而更应是学生学习的帮助者、促进者、支持者。全新的学习观和教学观必然导致课堂上师生角色的根本变化。任务型教学恰恰体现了这种教学范式的转换,学生成为课堂活动的主体和中心,有了更多表达学习需求和情感需求的机会。他们需要主动思考,视学习为自己的责任,为完成交际任务与小组、与同伴积极协商、团结合作。教师也不能再像传统语言课堂那样凭一本书、一个教案就可以对付。他要从"学"的角度设计课堂,把学生的认知水平、兴趣和需求时刻放在心上；他要精心选择语言素材、确定难度适宜的交际任务；他要考虑如何营造愉快的课堂氛围以利于激发学生对语言的积极思考,使他们感到安全、自信、乐于参与,帮助他们学会学习。

第二，拉近了课堂与生活的距离。一方面,学习材料的真实性和任务与现实生活的相关性使课堂学习与实际生活建立起了直接联系,学习者有能力完成课堂交际任务就意味着他们有能力去完成课堂外的类似交际任务；另一方面,若从教育社会学的角度来思考的话,任务型教学所倡导的合作学习和师生、学生互动、意义协商,即是将课堂看作一个"小社会",视教学为人际交往的过程。较之传统语言课堂以教师的"一言堂"为主,或者教师问、学生答的单向交流为主,学生在任务型教学中较少受到语言形式的羁绊,可以放松自己,专注于意义,使得它更接近现实生活中的交际情景,课堂话语形式更为复杂多样,无疑更接近真实生活。

第三，任务型教学把培养学生的学习能力作为教学目标之一,并落实在具体教学环节上,由于学生要努力表达他们想说的话,他们会更加自觉地吸收为了完成任务所需的语言,而且可能有不止一项语言能力受到强化。与此同时,合作学习、共同协商在促进培养交际能力的同时也使学习者学会合作、学会共处；在教师的启发下,每个学生都有机会独立思考,易于保持学习的积极性,养成良好的学习习惯。

然而,和任何一种教学方法一样,任务型教学也有其自身的局限性,主要表现在:

第一,对语言学习过程的认识过于偏激。任务型教学有关第二语言学习过程的认识主要基于二语习得研究,特别是中介语理论、学习者"内在大纲"说。中介语理论认为:学习者一旦开始二语学习,就会建立一个既不同于母语系统,也有别于目标语系统的所谓"中介语系统"。二语习得过程就是学习者对目标语提出假设,在进一步的接触、使用中去验证、修正假设,使中介语系统调整、重组,进而不断向目标语系统过渡。"内在大纲"说认为:学习者拥有一种控制学习目标语规则的程序化的序列,该序列并不因为外界因素(如教学序列)的影响而改变。也就是说,学习者的语言系统是自主的,学习者的内在大纲决定着这个系统的发展。以此为依据,任务型教学在重视学习者自主性、主动性的同时,低估了教学的作用。它站在了传统语言教学的对立面,反对将语言规则直接告知学生,认为教学的作用主要是引起学生对目标语系统的注意,应由学生自己去完成对系统的抽象和概括。这显然有些矫枉过正。我们反对一味地讲解语言形式,但规则具有生成性,对于初学者,特别是在把英语作为外语、对目标语的接触极其有限的情况下,规则的学习更是不可或缺的。必要的讲解有利于规则的明晰化。认知图式理论表明,规则的学习有利于形成目标语系统的图式,使新的语言形式找到落脚点,使用时便于提取,从而大大降低认知加工量。

第二,任务选择的随意性。以学习任务为单位来选择、编排教学内容、组织课堂是任务型教学有别于一切传统教学方式的本质特征之一。如何选择任务、依照什么样的顺序排列任务应有一套系统的方法。理想状态的任务应具有连续性、系统性,依据任务本身难易度分级而体现出层次性,以满足不同知识背景和认知水平的学习者。这些问题本应由教学大纲来解决。但迄今为止,与任务型教学对应的任务型大纲未能有效地解决这些问题,实际教学中任务的选择和排序常常成为教师的"想当然"。因此,无章可循不可避免会导致认识和操作上的混乱。

第三,适用范围的局限性。任务型教学要求学习者在使用和感受目标语的过程中自己领悟、进而归纳概括出规则的主张需要前提条件,即学习者对目标语的接触量必须达到或接近自然语习得条件下对目标语的接触量。这一条件对于已经生活在随时接触和使用目标语的社会之中、将其作为第二语言来学的学习者是有可能满足的;但对于将目标语作为外语来学的学习者,仅凭课堂上有限的目标语接触就指望他们能够领悟并概括规则是不切实际的。这就意味着任务型教学作为第二语言教学途径或许很有效,但若用于将目标语作为外语来学的环境,其适用性是有限的。

第四,以任务是否完成取代专项测试,过于简单化的评价方法若用于学历教育恐怕难以令公众信服和接受。

## 五、任务型外语教学在我国教学实践中的问题

任务型教学引入我国后,受到了极大的青睐,在不同阶段的英语教学大纲和教材中都有所体现,但各级大纲对于任务的主题和设计并没有明确的依据。近年来,随着任务型教学在外语教学实践中的推行,遇到较多因素的制约,呈现出较多的问题。

首先,任务型教学起源于二语环境,班级规模上倾向于小班教学。然而,在我国环境下,班级规模偏大,从小学到中学,许多班级多达60人,少的也有40人以上,教室内都配备有固定的课桌椅,对任务的开展造成了很大的障碍。

其次,我国英语教学中应试倾向明显。例如,我国的中考、高考、甚至小升初的择校考试都要考查英语。在这样的背景下,课堂教学往往都围绕语言知识点,很难只关注语言的综合运用。教师为了激发学生的学习兴趣,可能顶多设计一些任务来训练语言点,也就形成了以任务为支撑的英语教学(task-supported English teaching)。因此,与基于任务的英语教学相比,以任务为支撑的英语教学在课堂教学中更为常见。

第三,我国目前师资力量决定了很难大规模推行任务教学。以义务教育和普通高中阶段的英语教学为例,虽然课程标准中均推荐使用任务型教学,但由于各地外语教师的专业素养相差很大,有些老师认为任务型教学就是以学生活动为中心的教学方法,只要让学生在课堂上参与语言活动就能学好英语,而传统的教师讲授、句型操练和语法练习等课堂教法应当完全摈弃。还有一些教师,或由于自身缺乏较强语言素质和教学能力,或迫于应试教育的压力,在进行新教材教学时仍然使用语法翻译法和知识讲授为主的教学方法,只管传授知识、不管培养能力。再加上缺乏相

应的培训,他们对于练习和任务的差别并不明确,也造成了任务和练习的混用,阻碍了任务教学的效果。

第四,就学生而言,完成有些任务需要一定的语言基础,鉴于大班教学的规模,学生差异很大,对于有些同学而言有些任务很难进行下去。

上述有关任务型教学优点与局限性的探讨有利于我们全面、客观地认识任务型教学,启发我们对许多问题作进一步思考、作出实事求是的判断。以此为前提,任务型教学才能在中国特定的外语教学环境中获得有益借鉴,与其他教学方法相互取长补短,真正成为我国外语教学方法的有机组成部分。

## 第四节 网络与外语教学

计算机辅助语言教学自20世纪60年代以来在外语教学研究和实践中一直起着重要的作用。随着多媒体和网络技术的飞速发展和广泛应用,原本只有少数专家关注的计算机辅助语言教学现在成为越来越多普通外语教师和学生青睐的外语教学模式。特别是网络外语教学的兴起和发展使外语学习呈现出前所未有的生机与活力,互联网上丰富多彩的语言材料和真实自然的交际环境在很大程度上弥补了传统课堂教学的不足。然而,网络外语教学在令人兴奋的同时,也给我们外语教师带来了挑战,因为网络使外语教学变得更加复杂,更加难以控制。2020年,在新冠疫情的影响下,我国高等院校及中小学的春季教学由实体课堂转入线上进行,短时间内大规模的教学模式转换对教学管理人员、一线教师以及学生都是巨大挑战。Warschauer等(2000)将利用互联网进行外语教学比喻成从一支水流喷射而出的消防栓上取一杯水。这个比喻非常生动、贴切地说明,基于网络的外语教学虽然潜力巨大,但是,不经过科学研究和精心设计,这些潜力很难变成现实的教学成果。

下面我们从四个方面对网络外语教学进行分析和阐述。第一,以计算机辅助语言教学的发展历程为主要内容,通过对计算机技术在外语教学中应用的各个阶段进行分析,说明网络外语教学诞生的基础;第二,对网络外语教学的特点进行分析,然后将其与传统的课堂外语教学进行比较,最后阐明如何处理两者之间关系的问题;第三,介绍网络外语教学研究和实践现状;第四,对网络外语教学的前景进行展望。

## 一、计算机辅助外语教学的发展历程

语言学在 20 世纪经历了从结构主义到认知主义和功能主义的发展阶段。受其影响,外语教学方法也发生了从听说法到交际法的转变。有趣的是,计算机在外语教学中的应用也随着外语教学观念的转变和计算机技术的不断发展,经历了计算机作为句型训练工具,到计算机作为语言输入和任务呈现工具,再到计算机网络作为语言学习环境,提供给学习者外语学习所需的真实材料、真实交际对象、真实任务等学习条件三个阶段。计算机辅助外语教学的这三个阶段被 Warschauer(1998)分别定义为行为主义的 CALL(behaviorist CALL),交际法的 CALL(communicative CALL)和综合的 CALL(integrative CALL)。

行为主义 CALL 流行于 20 世纪 60、70 年代,当时受行为主义学习理论和结构主义语言学理论的影响,外语教学以反复的句型操练为主要形式,即所谓的"drill and kill"。而此时刚刚诞生的计算机主机(mainframe)正好能够满足大量机械操练的需要,它仿佛是一位永远不知疲倦的老师,有了它,学生可以随时根据自己的需要进行学习。美国的 PLATO 是这期间最著名的计算机教学系统,它包括大量的句型、语法解释和各类翻译测试。

行为主义的语言学习观在 20 世纪 70、80 年代受到抨击和摒弃,取而代之的是功能主义语言观和认知主义的学习观。此阶段的外语教学重视学习者通过使用目标语进行阅读和交际,自己去建构知识、表达思想和发展技能。而此时个人电脑的开发使个人独立学习成为可能。计算机技术和外语教学理论的发展促使交际法 CALL 的形成。交际法 CALL 强调学习者对目标语言的使用,强调学习者之间的交流与协作,语篇再造以及模拟讨论和游戏等是其主要形式。它与行为主义 CALL 的一个很大区别在于后者是学习者与机器之间的简单对话,而它是学习者与其他学习者或老师之间的交流与互动。

虽然交际法 CALL 比行为主义 CALL 进了一步,但是到 20 世纪 80 年代末和 90 年代初,随着交际法外语教学理论在实践中屡屡受到质疑,越来越多的学者认识到计算机在外语教学中的作用并没有得到充分的发挥,交际法 CALL 仍然未能触及外语学习的本质和核心。在这种背景下,同样是外语教学理论和计算机技术的发展促使计算机辅助外语教学进入更加成熟的第三阶段,即综合 CALL 阶段。一方面,基于任务的教学法、基于项目的教学法、基于内容的教学法和跨文化教学法等一系列新的外语教学思想,主张将外语学习置于真实的语言环境中,让学习者在完成任务或项目以及学习文化或其他学科知识的过程中掌握外语听、说、读、写综合技能;另一方面,计算机技术进入网络时代,特别是互联网的出现和普及使得计算机在外语教学中的作用更加重要。综合 CALL 既指将外语听、说、读、写技能作为一个整体进行教学,也指综合应用计算机、多媒体和网络的各项功能,开展丰富多彩的网络外语教学活动。

下表是对以上所述计算机辅助外语教学的三个发展阶段及其相关理论和技术基础的一个简单归纳。

|  | 语言学理论 | 学习理论 | 外语教学理论 | 技术基础 |
| --- | --- | --- | --- | --- |
| 行为主义 CALL | 结构主义 | 行为主义 | 听说法 | 计算机主机 |
| 交际法 CALL | 功能主义 | 认知主义 | 交际法 | 个人电脑 |
| 综合 CALL |  | 建构主义 | 任务法、内容法、跨文化交际法 | 计算机多媒体和网络 |

如果说在行为主义 CALL 和交际法 CALL 阶段,计算机只是起到一种辅助和工具作用的话,那么在综合 CALL 阶段,网络为外语教学所创造的优良环境能够满足外语学习所需要的几乎所有的条件:真实自然的语言环境、丰富多彩的语言材料、真实多样的交际对象、科学精细的学习软件、方便快捷的交流工具,等等。这些功能使得网络外语教学在某种程度上甚至比传统课堂教学更具优势,因此我们现在仍然使用"计算机辅助外语教学"或 CALL 这个术语显然是不恰当的,计算机辅助外语教学发展的趋势是计算机网络从辅助走向主导,因此"网络外语教学"一词应该是一个更好的选择。

网络外语教学具有哪些特点和形式?它与传统课堂外语教学有何不同?如何处理它们之间的关系?网络外语教学如何进行?它的前景如何?

## 二、网络外语教学的定义和特点

互联网是迄今为止最丰富、最具创新性、最复杂的交际媒介,它集超文本、多媒体、虚拟现实、神经网络、数字技术和人工智能于一体。互联网具有三个基本特征,分别是互动性、超文本和互联性。这些特征使得它与以往帮助记忆的信息技术不同,它的智能化程度很高,而且超越一切时空的界限。人们的阅读、写作、交际,甚至工作和生活方式都因此发生了巨大的改变。互联网因此也给教育带来了变革,网络外语教学成为一个潜力巨大的外语教学模式。

1. 网络外语教学的定义和模式

网络外语教学可以简单地定义为利用计算机网络开展的外语教学活动,它包括局域网和互联网,但现在主要指互联网上的外语教学活动。具体说来,网络外语教学是利用互联网上的电子邮件功能、视频会议系统、万维网、讨论组、新闻组、聊天室、搜索引擎以及 FTP、MUDs、MOOs、HTML、VRML、JAVA 等工具或媒体来进行的外语教学活动。从发起者的角度来分,网络外语教学可能是个人的、学校的、社会的;从学习过程来看,网络外语教学可分为正式的、系统的课程学习和非正式的、零碎的学习。网络外语教学可以是学习者个体利用网络资源或通过网络课件进行的自主学习,也可以是以学习小组为单位,通过网络进行交流与合作的协作学习,还可能是参加学校开发的正规网络外语课程的学习。

彭绍东(1999)将网络外语教学概括为五种模式,即远程注册式、自由建构式、"三点合一"式、课堂链接式和局域教学式。远程注册式以远程教学为主,学生注册入学,统一教材,定期辅导,统一考试,颁发毕业证书,学习的主导权在学生,采用的主要教学方法是虚拟课堂讲授法、虚拟实验操练法、同/异步辅导法、人—机—人交互讨论法等。自由建构式教学以个别自学为主,学习者自我确定学习主题和目标,自主建构知识体系,学习的主导权在学生,采用的主要教学方法是发现法、研讨法、创造法、操练法等。"三点合一"式指的是电视远程直播、电脑网络交互与电话应答结合。在演播区,台前有主讲教师和现场学习者,幕后有编导技术人员,远程学习者可多样化交互学习。课堂链接式是指在传统的课堂教学中,根据需要随时链接到远程资料库调用资料或获得网上专家的实时指导,学习的主导权在教师,采用传统讲授、集中面授为主的教学模式。局域教学式指的是利用学校的局域网,多媒体网络系统教学与传统课堂教学相结合的教学方式,即教学过程分两个部分,一部分是传统的课堂教学,一部分是集中的网络教学。

我们也可以根据教学方法将网络教学分为个别化学习模式、讨论式学习模式、探究式学习模式和协作式学习模式。学习者利用各种网络资源进行学习是一种个别化学习模式,这些资源包括信息资源、软件资源、人力资源等。网络是实现教学资源的最大配置。网络学习中的个别化学习比传统的个别化学习具有更大的灵活性和可选择性,学习者可以根据自己的实际需要,在网络上查询各种信息,调用教学软件指导学习,也可以通过 E-mail 向教师寻求帮助。其次,学习者可以利用 BBS、聊天室、电子邮件和论坛进行讨论式学习。讨论式学习模式一般由教师监控,即由专家或教师在站点上建立相应的学科主题讨论组,学习者可以在特定的主题区内发言,并能针对别人的意见进行评论。教师在这种学习模式中起监控和指导作用,以保证学习者的讨论和发言符合教学目标的要求,防止讨论偏离当前学习的主题。

网络学习中的探究式学习模式也可称为问题解决式学习模式。它一般是由教师设计一些适合学习者来解决的问题,通过网络向学习者发布,要求学习者予以解决。同时,教师在网上提供大量与问题相关的信息资源供学习者在解决问题的过程中查询,教师负责对学习者学习过程中的疑难问题提供帮助。这种学习模式一般遵循以下程序:首先,教师引导学习者确定发现学习的目标,设计研究方案;然后,学习者通过各种渠道搜集相关资料和信息,并通过与计算机、学习伙伴和教师的多渠道对话与交流,逐步析疑,由表及里探寻事物的本质;最后,学习者将所学习与发现的知识同已有知识结构进行重新建构,促进知识迁移,并将学习成果与问题向教师和其他同学及时反馈和分享。探究式学习模式包括了问题分析、信息收集、综合整理、抽象提炼、反思归纳等阶段,能够培养学习者对资源信息的辨识、采集、存取、加工、创新与表达能力,学会在观察中发现、在整理中发现、在协作中发现、在建构中发现的方法,激发学习者发现新现象、探求新规律的科学研究潜能,有助于发展学习者的认知技能,提高他们应用资源解决问题的能力。就外语学习而言,探究式学习模式具有特别突出的意义,它不仅能激发学习者阅读外语文献、用外语进行交流和讨论的积极性,而且最后要求他们用外语写出的问题解决报告也是对他们外语归纳和写作能力的锻炼。

协作式学习模式也是网络环境有利于外语教学的一个重要特色,它是指利用计算机网络以及多媒体等相关技术,由多个学习者针对同一学习内容彼此交互和合作,更深刻地理解与掌握学习内容。就外语教学而言,协作式学习模式具有以下几个特点:(1)合作性。学习伙伴自发地为共同的学习主题制定合作计划,开展讨论,互相启发,共享合作成果。(2)灵活性。协作形式多种多样,协作内容可多可少,协作时间可长可短。(3)高效性。学习伙伴通过协商和讨论,达成认同,并在此过程中相互学习,取长补短,产生群体结构功能。与讨论式和探究式学习模式类似,协作式学习模式也能满足外语学习对意义协商、真实交际对象、真实任务和足量语言输入和输出的需要,因此它也是一种有效的外语教学模式。

除了上述两种分类之外,还有人将网络外语教学分为异步远程教学、同步远程教学、交互式实时远程教学和综合式远程教学等四种模式。虽然这些分类方法各不相同,但是它们都从不同角度展现了网络外语教学的优势和潜力。

2. 网络外语教学的特点和优势

根据以上有关网络外语教学的定义和模式的阐述,网络外语教学的特点和优势可以归纳为以下5个方面:

(1)互联网在很大程度上能够促进真实、有意义的交际活动的进行,从而使学习者的外语学习更有意义。真实、有意义的交际活动是外语学习的基本条件,这是现代外语教学理论的核心思想之一。传统的课堂教学以教师、学生和教材为要素,虽然近年来教师在教学观念和教学方法上都有更新和改革,但是毕竟教室相对于真实的社会而言非常有限,而且课堂的时间安排是线型的,不可能在课堂上进行大量真实、有意义的外语交际活动。如果我们将课堂延伸到网络,就能使真实交际活动的质和量都有所突破,因为网络强大的信息储存、动态更新、交际互动、多媒体呈现等功能使其成为一个与真实社会并行的、丰富多彩的网络社会,在这个环境中进行外语教学,就能在很大程度上保证真实、有意义的交际活动的进行。

(2)在互联网上,学习者能够直接接触目标语的文化和语言,这不仅有利于外语交际能力的提高,而且也能促进跨文化交际能力的培养。在外语教学中培养学生的跨文化交际能力已经成为目前外语教学界广泛认可的教学目的。然而,传统的外语教学由于受到单一教材和时空的限制,很难营造一种跨文化交际的氛围,让学生亲身感受和体验不同文化之间的差异。当前外语课堂教学通常只停留在文化知识和文化差异的介绍,即只涉及跨文化交际能力概念中的认知层面,而情感态度和行为能力层面却没有得到关注。正因为如此,很多外语学习者发现他们虽然掌握了大量语言和文化知识,但是在与外国人进行跨文化交际时往往会因为紧张而不知如何应对,或不由自主地犯一些语用和文化方面的错误。网络外语教学可以针对这个目标进行一些集语言训练和文化差异体验为一体的教学活动,将英语写作教学与文化交流和跨文化交际能力培养有机结合,取得了不错的教学效果。

（3）互联网使课堂无限延伸,网络外语教学是一个开放的环境,没有时间和空间的限制,也没有固定的组织结构。网络外语教学的这一优势不仅打破了传统课堂教学在时间和空间上的限制,使学生外语学习的时间无限延长和更加灵活,而且有利于他们自主学习能力的培养,同时使"因材施教"的教育思想真正得以落实。传统课堂教学很难真正实现自主学习和因材施教,因为在同一时间和同一地点进行教学,教师不可能关注和满足每一个学生的需要,学生通常被要求步调一致。而在网络外语教学中,教学大纲和教学内容都呈现在网络上,学生可以随时根据自己的需要进行学习,学习进度可快可慢,学习时间可长可短。教师作为学习顾问可以随时以不同形式回答学生提出的问题,如利用聊天功能即时回答、利用电子邮件回复或面谈答疑等。

网络外语教学在很大程度上依赖于学习者的自主学习能力,而自主学习能力不是学生与生俱来的,因此对学生进行自主学习能力的培养,特别是培训他们如何应用网站、网络课程和课件以及其他网络学习资源来进行外语学习,是至关重要的,这也是网络外语教学研究的重要课题。

（4）网络外语教学以建构主义、探究式学习和协作学习等学习理论为基础,多采用任务法、项目法、内容法等综合型外语教学方法。建构主义理论是当今影响最为深远的教学理论之一。就外语教学而言,建构主义思想主要体现在强调真实任务和意义协商的作用。Egbert 等(1999)在阐述网络外语教学的理论基础时,总结出构成外语学习理想环境的八个条件,其中前三个条件都是关于真实任务和意义协商的重要性,说明建构主义理论是网络外语教学的主要理论基础之一。基于任务、基于项目和基于内容的网络外语教学法都是建构主义理论的具体应用。网络如何服务于探究式学习和协作式学习是网络外语教学研究的热点之一,预示着网络外语教学的巨大潜力和光明前景。

(5) 网络外语教学充分体现以学生为主体,以学习为中心,以任务为基础的现代教育理念。在网络外语教学中,教师的角色发生了改变:他不再是占据教室讲台、供学生学习的榜样;他在参与课件制作之后,成为学生学习过程中的协调者、顾问和学友。学生成为整个教学过程中的主体,他们在老师的帮助下确定自己的学习目标,通过阅读真实材料、参与真实任务、与真实的对象进行交际来进行外语学习,并在此过程中不断反思自己的学习态度和方法,最后与教师和同学一起对自己的学习进行评价。

上述这些特点和优势表明网络外语教学不仅是现代教育思想的体现,而且也符合当今社会对外语教学的要求,因为它对于培养学生的外语应用能力和跨文化交际能力具有特别重要的作用。那么,这是否意味着传统课堂外语教学就可以退出历史的舞台,被网络外语教学完全取代呢?如何处理两者的关系?外语教学应该采取何种新模式?回答这些问题显得非常迫切。

## 三、网络外语教学与传统课堂外语教学之间的关系

中国的外语教学长期以来依赖课堂教学,教师、学生、教材和教室是课堂教学的基本要素。课堂外语教学的特点是有计划、有组织(大纲、教案),教学内容线性安排和呈现,教学时间相对固定(课时),教学环境封闭(学校、教室),教学活动主要由教师控制,因此课堂外语教学不可避免地重教轻学。课堂外语教学作为一种历史悠久的教学模式,其优势非常明显。首先,课堂外语教学经过百余年的研究与实践已经积累了很多经验,形成了较为成熟的理论和思想,所以其科学性和可靠性得到了普遍认可,不会因为网络外语教学的兴起而消沉。其次,课堂外语教学中,师生之间和学生与学生之间的互动交际和情感交流最直接、最自然,这对语言学习而言是至关重要的一个条件。这种直接、自然的交流不仅能吸引学生的注意力,保持他们的学习兴趣,还能就学生的学习表现和情感态度给予及时的反馈。此外,课堂教学一般以大纲和教案为基础,在教师的组织和管

理下通常条理清晰、秩序井然,能较好地防止学生迷失方向或开小差。这些特征决定了课堂外语教学的不可替代性。

既然传统的课堂外语教学和网络外语教学各有优势,理想的做法就是允许两种模式并存,并在可能的情况下将二者有机结合,综合应用。实际上,目前很多外语教师和学生都是这两种外语教学模式的受益者,他们在课堂与网络之间穿梭,根据自己的需要选择教学的内容和方法。网络外语教学与课堂外语教学的结合可以有两种模式。

1. 课堂教学为主,网络教学为辅

由于目前学校教育基本上还是以传统的课堂教学为主,网络外语教学起到辅助和补充作用。具体地说,教师根据大纲要求,围绕教材进行备课,上课以教案为基础按部就班地组织课堂活动,布置课外作业。与以往不同的是,教师备课、上课和布置作业都可以借助网络。网上丰富的资源和快捷的信息传送为教师备课提供便利;老师在联网的教室里授课可以随时取用网上资源,从而使有限的课堂与世界联系起来;最后,在网络时代,教师布置的作业不再仅限于词汇、语法等语言知识的训练,学生也不必孤独地面对一堆堆枯燥的练习,他们可以组成小组,通过网络进行交流与合作,以完成任务和项目为目的,进行课外外语学习。这是一种真正意义上的探究式、体验式学习方法,能解决学生在课堂教学中语言知识学习远远多于语言技能训练的问题。

除了备课、上课和布置课外学习任务可以利用网络之外,每门课程的教师还可以设计自己的教学网站或课程网站,将教学大纲、教学进度、教学内容、教学要求、作业情况以及课堂上没有时间拓展的内容或要求较高的内容呈现在网上,供缺课或学有余力的学生课后自学。美国等发达国家高校的很多课堂教学的课程都同时提供网络版和课程网站,学生不仅可以利用它们复习、巩固和拓展已学内容,而且可以在平台上就课程相关内容与老师和其他同学进行交流。

这种以课堂教学为主、以网络教学为辅的模式目前最为普及。它之所以得到很多教师和学生的认可和接受,一方面是因为它既满足了大家对课堂教学的信任和依赖心理,另一方面是因为它比较充分地应用了网络的一些功能。但是,因为网络外语教学尚不成熟,理论研究匮乏和实践经验不足使其稳定性和可靠性都不能得到保障。随着网络外语教学研究和实践的不断深入,相信以网络教学为主,课堂教学为辅的模式也会深入人心,取得良好的教学效果。

2. 网络教学为主,课堂教学为辅

除了一些商业化的外语教学网站之外,现在越来越多的学校外语课程采取网络授课的形式。这些学校开设的网络课程与纯商业网站不同,它们往往在学期的前、中和后期会安排几次面授课。前期面授实际上是对学生进行课程培训,除了让他们知道课程要求之外,更重要的是帮助他们了解网络外语学习的过程和规律,提醒他们注意在网络学习过程中可能遇到的技术和情感等方面的问题。学期中间的面授目的是在一定程度上弥补网络学习和电子交流的不足。毕竟绝大多数学生还不能适应全网络化的学习模式,为了保持他们的学习兴趣和积极性,定期的面授非常重要。不仅如此,外语学习需要传统课堂上教师与学生或学生与学生之间最自然、最具亲和力的语言交流和情感沟通。学期后期的面授主要以交流学习成果和学习体会、总结经验为目的,虽然这些也可以在网上进行,但是在传统课堂教学主宰教育的时代,作为教学的重要环节,学习总结以面授的形式显得更为严肃和重视。

网络教学为主、课堂教学为辅的模式是目前利用网络资源和功能进行外语教学的最佳模式,因为它能充分利用网络资源和功能,同时又可发挥课堂教学的优势,优化了整个外语学习过程。

在网络教育普及的今天,单纯的课堂教学很难生存。同样,事实证明,仅仅依靠网络的外语学习效果也不理想。目前较理想的做法就是二者有机结合:要么课堂教学为主,网络教学为辅;要么网络教学为主,课堂教学为辅。当然,经过一段时间的研究和实践,当网络外语教学更加成熟和稳定之后,当计算机网络技术与课堂外语教学的整合研究更加深入之后,网络外语教学与课堂外语教学并重的模式也是可行的。进入21世纪以来,我国教育界有关信息技术与课程整合的讨论一浪高过一浪,基本形成了计算机网络教学与课堂教学并重的共识,这也充分说明摈弃其中任何一种模式都是不可取的。

## 四、网络外语教学研究与实践

网络外语教学在我国的发展历史不长,真正起步是从20世纪90年代中期开始。近年来,随着网络外语教学在国内外的呼声越来越高,国家教育部适时地制定了一系列文件,将计算机多媒体网络技术应用于外语教学的要求纳入中小学和大学英语课程教学大纲,推动传统教学与信息技术融合。

1. 研究现状

近年来,有关网络外语教学研究的专著和论文数量日渐丰富。国内外线上语言学习研究主题主要包括网络外语教学的效果研究、网络外语学习的过程研究、网络外语学习的学习机制研究、网络外语学习的学情研究、网络外语教学的教师发展研究等,但是相对于广泛的网络外语教学实践而言,网络外语教学研究无论在数量还是质量上都还存在一定不足。

首先,理论研究面多点少,不能解决实际问题。目前,很多应用语言学研究者都崇尚时髦的语言学理论和外语教学理论,网络外语教学研究也不例外。但目前很多研究未能触及网络外语教学的实质,大部分研究只是泛泛介绍外国的研究成果,套用不同的教学理论和语言学理论。这些理论介绍很多只是面上的概括和文献的综述,而且大量文献内容重复。这样的研究不能起到指导教学实践的作用。

其次,虽然依赖数据的实证研究不少,但总体来说,调查研究多于实验研究,描述性研究多于解释性研究,实验研究中存在变量和样本普遍偏少、实验设计不严谨的情况。这些应用研究片面、肤浅,不具说服力。很多热衷于网络外语教学实践的教师在大胆尝试和积极探索的基础上,形成了一些经验和思想,这在一定程度上促进了网络外语教学研究和实践的开展。然而,这些实践研究要么由于缺乏理论指导只停留在经验介绍的层面,要么因为实验时间太短或面太窄,产生的研究结果不具有说服力。

最后,目前网络外语教学研究最亟待解决的一个问题是,网络外语教学研究尚未形成一套成熟的、独立的理论和研究方法。随着计算机、网络和多媒体技术的不断发展,网络外语教学的潜力越来越大,网络外语教学已经发展成为与传统课堂外语教学并行的一个全新的教学模式。要对这个新型的外语教学模式进行研究,必须借鉴计算机科学、教育技术学和外语教学等相关学科的研究成果,只依赖其中任何一个学科,都不可能产生科学有效的研究成果。所以,与早期的外语教学研究一样,网络外语教学也应该逐渐发展成为一门独立的学科,形成自己的理论和研究方法。这是当前网络外语教学研究的首要任务。

网络外语教学研究之所以如此薄弱,一方面是因为,网络外语教学作为一种新型的外语教学模式,它不仅涉及传统外语教学所包含的各个环节,而且还受到教师和学生对计算机应用的态度和操作能力的影响,因此它比传统课堂教学研究更加复杂,研究起来困难更大。另一方面,网络外语教学研究在中国刚刚起步,无论是实践还是研究都还处于摸索阶段,没有可借鉴的模式和理论,这在很大程度上制约了网络外语教学研究和实践。

当然,不可否认的是,从最初铺天盖地介绍计算机和网络外语教学的特点和优势,到现在理性分析其中存在的问题,说明中国的网络外语教学研究和实践正在走向成熟,假以时日,我们的网络外语教学研究很可能在社会科学研究中异军突起,外语教学也将因此而柳暗花明。

2. 网络外语教学实践及问题

在教育部以及各级政府的大力推动下,网络外语教学在我国如火如荼地进行,从小学、中学、大学到社会各类办学机构都纷纷开展网络外语教学试点和实验。目前网络外语教学实践形式非常丰富,比较常见的有:

(1) 各大高校的网络学院,目前几乎所有国家重点大学都创建了网络学院,利用网络平台向全国各地的学生进行专业教育,比如北京外国语大学网络学院;

(2) 大规模网络开放课程,即慕课(MOOC),这些课程往往由一个课题组合作完成,供学生课内、课外学习,通常放置在慕课平台上;

(3) 商业化的专业教学网站和学习平台,比如,许多培训机构的外语培训教学模式都涵盖了基于网络的在线英语培训。

除上述常见形式外,还有许多外语学习网站、公众号等网络资源,都可以为外语教学提供便利。学校教师也可以自己创建课件投放在智能终端,或者自己创建网站,进行在线教学,或者开展线上线下的混合式教学,便于学生进一步了解相关课程内容和背景知识,对课堂教学进行补充。这些实践是网络外语教学得以发展的基础,应该对其予以鼓励、支持和更大的投入。然而,在我们继续这些实践之前,有必要冷静思考网络外语教学的绩效问题,因为参与网络外语教学实践的老师和学生普遍感觉到,网络外语教学绩效较低。

章国英(2006)将这种低绩效现象归纳为学习效率低、学习资源大量浪费和学习方式过于陈旧三个方面。首先,由于网上是一个开放的学习环境,学生很容易信息迷航,本来应该用来查找某个资料的时间却被用来聊天、看小说、打游戏;其次,在网络环境下,学习资源非常丰富,既有网络课程大纲、练习、辅导资料,也有提供相关知识的链接、BBS等交流渠道,但是学生置身于这个虚拟课堂中,却不能适应,他们不善于利用各种学习工具和资料,造成资源的浪费;最后,由于缺乏网络学习的培训,学生依然沿用传统课堂的学习方式,处于一种被动接收信息和知识的状态,不能够利用网络资源和工具主动学习和建构知识,发展能力。

除了绩效问题,课程的开发也存在较多问题。曹进和靳琰(2005)认为,语言教师与技术的差距,导致课件的开发因为缺乏合作和沟通导致风格不统一,内容衔接不好等问题,多媒体的功能和技术要素没有得到充分的开发;部分课件往往相反,由于过多强调技术,形式丰富华美,而内容不够丰富,教学效果不好,容易使学生出现疲劳、降低学习动机;解决了上述两个问题,如何让学生真正能够选择个性化的学习内容也很关键。

造成这些现象的根本原因,从内部因素来看,主要是因为学习者存在对教师的依赖心理,没有培养良好的网络学习策略;从外部因素来看,网上的外语学习资源良莠不齐,缺乏高效的搜索和筛选机制,而且来自技术和教师的学习支持服务不足。教师的培训和自主更新欠缺,但专业分工的细化,倡导专业之间的共同合作是更好的解决路径。因此,要解决网络外语教学低绩效的问题,最重要的是培养学习者网络学习策略,改善网络教学设计,提供良好的学习支持服务。

3. 网络外语教学研究的方向

要解决网络外语教学中的种种问题,就要对其进行科学的研究。同时,要将网络外语教学研究发展成为一门独立的学科,一个重要任务就是明确其研究目的和内容。笔者认为,网络外语教学研究的主要目的是探索网络外语教学的规律,探讨如何进行网络外语教学设计。具体说来,网络外语教学研究应该包括以下8个方面的研究:

(1) 网络外语教学相关理论的研究:建构主义、基于任务/项目/内容的教学、探究式学习、协作学习、自主学习等。

(2) 学习环境和学习系统的研究:网络外语学习平台和教学网站的创建以及教学课件和学习活动的设计等。

(3) 基于网络的外语教学设计:课程介绍、课程教材、教学活动、教学评估、教学管理等。

(4) 教学模式和教学方法的研究:网络外语教学与传统课堂外语教

学的整合,网络外语教学模式以及教学方法等。

(5)学习者研究:学习动机、学习风格、学习策略等。

(6)教师研究:教师角色、教师培训等。

(7)反馈和交互研究:反馈形式、反馈内容、交互活动设计等。

(8)网络外语教学评价研究:网络学习评价(学生)、网络教学评价(教师)、教学设计评价等。

这些研究主题构成网络外语教学研究的主要内容。目前我们对其中有些课题的研究还不够全面、深入,而另一些研究还是空白,因此这些研究课题也是我们今后网络外语教学研究的方向。只有弄清这些问题,才能使我们的网络外语教学在理论的指导下,有序地进行,才能保证网络外语教学的质量。同时,只有在这些问题都得到回答之后,网络外语教学研究才可能成为一门独立的学科。

## 五、网络外语教学前景展望

目前计算机和网络技术对外语教学的影响不仅体现在师生获取的语言输入无限增加,学习者多种感官智能得到全面开发,语言情景的创设方式更加丰富多彩,教学方法、手段和结构得到更新,教学质量和效率大大提高,更重要的是它对我们的教学理念和思想产生了深远的影响,它打破了数百年来传统的教学模式,改变了我们对教与学的理解,因此我们完全有理由说网络外语教学是一场深远的变革。随着网络外语教学研究和实践的不断深入,它对外语教学的作用将更加重大,虽然我们很难判断它将在多大程度上取代传统课堂教学,但是网络外语教学必将更加成熟、更加高效、更加普及。

网络外语教学趋势不可阻挡,但是我们必须清晰地认识到教育技术现代化不等于教学最优化,网络外语教学的潜力不经过科学的研究和实验,不经过长期的方法探索和经验积累,不可能转化成现实的教学效果。网络外语教学不仅仅是买几台电脑上网的问题,它涉及平台、资源、软件、教师、学生、管理者等多方面因素,单单靠硬件的现代化还不能实现网络教学的最优化。任何事物的发展都有其规律性,我们要发展网络教学,但不可无规划地一蹴而就,应该在遵循外语教学规律的同时,根据学校和学生的实际情况,循序渐进,逐步推进。此外,由于技术生态具有内在复杂性,并且移动技术打破了课内外边界,研究者还需继续开展方法创新,力求真实反映网络语言学习过程,促进网络外语教学发展。

## 第五节　以学科内容为依托的语言教学

以学科内容为依托的语言教学(Content-based Instruction,CBI)倡导运用二语或外语来传授学科内容知识,从而将语言学习与内容知识学习有机融合,让语言真正成为实际运用中获取信息的工具和文化交流的载体。它为语言教学提供了一个新理念,有助于培养全球化背景下亟需的应用型、复合型外语人才。本节将从 CBI 的发展历程、定义及特点、研究主题与趋势、教学实践问题等角度对其进行分析。

### 一、CBI 的发展历程

早在公元前 389 年,西方学者圣奥古斯丁(St. Augustine)就曾指出:"我们无法学会某个生词,除非我们掌握了它的意义。词语学习不是通过听,而是通过知晓其所指的事物。"(Kelly,1969)这其中便已强调了有意义的内容在语言学习中的重要性,为语言学习应与内容学习相结合的思想奠定了基础。到了 20 世纪 60 年代,加拿大沉浸式教育的开展首次为 CBI 的形成提供了实践支撑。

20 世纪 60 年代,魁北克省作为加拿大讲法语的最大的省,出现了一定程度的政治与文化觉醒。为促进加拿大双语化,形成双元文化,防止独立,维持统一,联邦政府颁布了《官方语言法》,规定法语和英语在加拿大享有同等地位(俞理明等,2009)。当时,以英语为母语的家长意识到法语在政治、经济与生活中的重要性,也意识到当时法语教育的缺陷,因此推动促成了沉浸式教育的开展。最开始的沉浸式教育是 1965 年在魁北克省试行的,对以英语为母语的儿童开设用法语讲授的课程,让他们不再通过单纯的语言课程学习语言,而是通过"沉浸"在目标语中进行具体学科内容学习的方式来习得目标语。这样的教学为学生创设了一种目标语习得的自然环境,取得了较好的教学效果。法语沉浸式教育不仅引发了加拿大的中小学第二语言教育的巨大变革,而且对整个加拿大教育产生了一种强大的冲击和影响,被称为"在加拿大教育史上开展研究最深入、最广泛、最细致的一个项目"(俞理明、韩建侠,2003)。

除此之外,特种用途语言教学(Language for Specific Purposes, LSP)以及跨学科语言教学(Language across the Curriculum, LAC)也为CBI形成了实践支撑,与沉浸式教育一道成为CBI的发展来源(Brinton et al., 1989)。特种用途语言教学主要以职业目的为导向,根据学习者具体需求确定内容,训练学生在某一特定环境中使用语言。而跨学科的语言教育是英国文化委员会于1975年设立的项目,它并非针对二语教育,而是针对母语教育的。该项目强调不仅在语言课程中,而且在具体学科课程中都要注重学生的读写能力培养。它将内容学习与语言学习建立起密切的关联,将教育活动设定为内容与语言相结合的方式,认为语言水平应从语言在内容课程的实际使用中得以提高。虽然它针对的是母语教育,但对二语教育也具有一定的启示作用,为CBI的形成与发展奠定了一定的基础。

CBI经过欧洲语境下的发展,又产生了一个新的词汇,即CLIL(Content and Language Integrated Learning)。Lorenzo(2007)认为CLIL与CBI这两个术语并无本质区别,前者在欧洲使用更为普遍,而后者在美国和加拿大使用较普遍。如今,无论是CBI还是CLIL,其研究都越来越受到国际学界关注。例如,一些相关学术期刊相继创刊,如2008年创刊的国际性期刊 *International CLIL Research Journal* 及同年创刊的地区性期刊 *Latin American Journal of CLIL*;一些SSCI权威刊物如 *Language Teaching Research* 和 *Canadian Modern Language Review* 等也为其开辟过专刊;一些相应的国际学术组织相继成立并定期召开专题研讨会,如2010年成立的ICLHE组织(Integrating Content and Language in Higher Education)。

## 二、CBI的定义和特点

1. CBI的定义和具体模式

CBI,即以学科内容为依托的语言教学,是指在第二语言(或外语)教学中,教学活动不按照语言教学大纲,而是围绕学生所要学习的内容和获取的信息而展开。这里的"内容"既可以是诸如历史、文学以及自然科学学科等某一学科领域的学术性知识,也可以是学生感兴趣的或一些比较重要的话题和非语言类论题。Brinton(1989)等指出:"CBI 教学将特定的学科内容与语言教学目标结合在一起,同时教授学科知识和语言技能。语言课程的开设是基于学生对某一学科知识的需求,语言教学活动也是围绕解决学科知识学习过程中所遇到的语言问题进行的。"CBI 教学将目标语作为获取学科内容知识的工具,而不是直接的学习目标,学生在学习学科内容的过程中学习语言。这种教学模式将语言形式与意义(学科内容知识)的学习统一起来,消除了在大多数教育环境中将语言学习和学科知识学习人为分割的状态,强调通过具体的主题(subject matter)使学习者学习语言(Mohan,1986)。与传统理念的语言教学模式相比,CBI 教学围绕学科内容开展各种活动,调动学生个人的学科背景知识和经历,将一般意义上的语言教室变成为一个社会活动场所,学生可以参与挑战个人思维能力的学科知识学习活动,以及拓宽文化视野的各种交际活动,使自己能够清楚地意识到在目标语文化和本族语文化中,言语交际和学科知识是如何形成的(Kern,2003)。因此,学生们可以逐步学会在各种学习和工作环境中恰当地使用目标语,成为知晓目标语文化的语言使用者。

自该教学理念诞生后,已得到语言教育界的广泛关注,产生了各种教学模式。通常来说,国外的 CBI 模式主要有:1)主题式(theme-based language instruction),即语言教学围绕一个特定的主题开展,属于最弱形式的 CBI 类型,难度较低,可由语言教师单独进行而无需求助学科教师;2)保护式(sheltered content course),即将以某种语言为二语的学生与以该种语言为本族语的学生隔离进行学科知识教学,主要由学科教师用该语言对以该语言作为二语的学生授课,同时可由二语教师协助教学;3)附加式(adjunct language instruction),就是让以某种语言为二语的学生和以该语言为本族语的学生一起上相关的学科内容课程,但对以该语言为二语的学生开设额外的语言课程,本族语学生不参与该语言课程。在这种模式中,学科教师与语言教师的密切配合与协调显得尤为重要。

2. CBI 的理论基础

(1)教育哲学理论

杜威(Dewey)在其 1938 年的著作《体验与教育》(*Experience and Education*)中提出了体验式教育的思想,认为教育与实际体验间存在密切而必然的联系。体验式学习促使学习者形成自身体验以及从体验中进行反思,蕴含了"做中学"的理念。在体验式学习活动中,学习者能够根据体验和观察建立、检验与评估假设,以及形成新的假设(袁平华,2014)。CBI可以被看作一种体验式学习方式,它倡导学习者通过自身体验来独立学习并对这些经历和体验进行反思。在 CBI 环境中,学习者在学习学科内容的过程中可以获得许多宝贵的体验。他们能够发现新的语言形式、进行思考和假设,然后在真实交际中验证这些新的语言形式。在这样的过程中,学习者逐渐掌握了特定的一些语言项目的用法及其在真实交际中的使用。

(2)教育心理学理论

建构主义理论是 CBI 在教育心理学视角下的理论基础。建构主义认为学习者能够运用先前的背景知识和其他途径获取的知识主动建构知识,倡导学习者进行带有批判性思维的独立思考。学习者在批判性思考中能够将背景知识与自身独立探索相结合,扩充了先前的认知图式(schema),从而拓展其知识基础(Bloom,1956)。CBI 的内容文本具有一定的学术性,具备一定的认知难度,其中所涉及的议题、概念和问题等为学习者利用背景知识建构新的语言及内容提供了一个较好的机会。通过对内容文本的批判性阅读与思考,学习者的高层次思维能力也得到了锻炼。

(3)语言学习理论

在语言学习理论方面,Krashen(1985)的"输入假说"为 CBI 奠定了理论基础。该假说认为二语习得的关键是在真实交际情境中为学习者提供充足的可理解性输入。CBI 课程中的学科内容选择依据学生与课程的需求而定,与学生的需要相关相符。课程中的主题、材料、课堂活动等与学生的专业需求和个人兴趣密切相关,为学生提供了一种"有意义的"真实交际环境。同时,在 CBI 环境中,与主题相关的各种原版材料以录音、视频、图片等多种形式得到频繁使用。这些材料将文字、图像、视频、声音以及色彩相融合,全方位地调动学生的感官,增强了语言输入的可理解性。

Swain(1985)的"输出假说"为 CBI 提供了又一个理论支撑。该假说认为,"可理解输入"在语言习得过程中固然作用很大,但仍不足以使习得者全面发展自己的第二语言水平。如果语言习得者要使自己的第二语言既流利又准确,不仅需要"可理解输入",更需要"可理解输出"。该假说指出,第二语言习得必须有双向交际活动,单纯的语言输入对语言习得是不够充分的,习得者应该有机会使用语言。CBI 注重语言的实际运用。在 CBI 环境中,小组讨论等课堂活动经常进行,在这些活动中,学生运用英语进行与主题相关的讨论或发表自己的见解,大大增加了语言输出的机会。总体说来,CBI 是致力于培养学习者交际能力的一个教学典范。它强调学生在真实交际中习得语言,为语言的产生提供有意义的、交际性的情境。

此外,Cummins(1984)提出的认知学术语言能力(cognitive academic language proficiency)的理论也为 CBI 奠定了理论基础。该理论认为,二语学习者习得基本人际交往技能的过程虽能在较短时间内实现,但该技能无法使学习者在学术环境中取得成功,学习者必须同时提高认知学术语言能力,才能在学业中运用自如。CBI 将语言学习与学科性的学术文本与活动有机结合,是一种提高学生认知学术语言能力的有效途径。

3. CBI 的特征

CBI 主要具备以下三个特征(Stryker & Leaver,1997):

(1) 以学科知识为核心

在 CBI 环境中,课程不再像传统语言教学那样以语言形式为核心,而是围绕着某一门学科内容知识而展开。学科内容知识可以是科学、历史、经济等多种学科的一种,既可以是社会科学,也可以是自然科学,具体选择哪门学科主要依据学生和课程的需求而定。在这样一种教学环境中,学生不再像在传统语言教学中那样只学习到了语言,而是不但在学习学科内容的过程中通过主动建构习得了语言,而且掌握了一门具体的学科知识,扩大了知识面,促进了语言学习与内容学习的协调发展。它使语言教学摆脱了僵化的以语言规则为主、自下而上(bottom-up)的理念。

(2) 运用真实的语言材料

CBI 倡导课程学习材料如课文、录像带、录音带及其他视听材料等均采用取自目标语文化的原版材料,这些材料有助于学生了解真实的目标语国家社会文化,感受目标语思维方式。教学活动主要注重理解和传递有意义的信息,用真实的目标语言完成现实的任务。

(3) 满足特定学生群体需要

课程设置必须符合不同学生群体的需要。教学活动、课程内容应该与学生的语言水平、认知能力以及情感需要相一致,并与他们的职业需要和个人兴趣相吻合(戴庆宁、吕晔,2004)。

## 三、CBI 研究

1. 主要研究议题及成果

(1) CBI 教学效果

在通过对比方法研究验证某种教学方法的教学效果时,通常可采用两种研究方式:一是整体研究(global study),二是局部研究(local study)。整体研究是通过某教学法对学习者整体语言水平的影响来评价其成效,而局部研究则侧重研究某教学法对一些具体语言特征习得的影响(Ellis,2012)。两者作为两个评价维度共同构成研究教学法成效的体系。在验证 CBI 成效的研究中,国外既有整体研究,发现 CBI 对学习者整体语言水平有积极影响(Lorenzo et al., 2010);也有局部研究,探索 CBI 对学习者接受性(receptive vocabulary)与产出性词汇(productive vocabulary)习得以及否定等形态句法习得的影响(Dalton-Puffer,2011),发现学习者的接受性词汇和产出性词汇更为广泛,能够掌握更多的低频词汇,词汇语体范围更加宽泛。国内学者多采用整体研究的方法,发现 CBI 对于学生的阅读理解能力、听力水平、口语水平、写作水平等语言水平有显著提高(常俊跃、刘晓蕖、邓耀臣,2009;顾飞荣、施桂珍,2009);对于一些学习者个人因素有显著的积极影响,如能够显著提高英语学习策略、学习动机,降低焦虑感等(袁平华,2012)。这些研究通过严密的实验设计、运用实证研究验证了 CBI 对于学习者语言层面的作用。还有学者将研究拓宽至思维层面,发现 CBI 能够提高学习者的思辨能力(杨德祥、赵永平,2011)。不过总体说来,在 CBI 教学效果研究中,语言学习效果的相关实证研究居多,而内容学习效果研究相对较少,这可能是由于 CBI 课程中的学科内容本身就存在不确定性,并且不同国家和地区的课程大纲对于学科内容学习效果的界定也未必相同,同时也缺乏相应的标准化测试(Georgiou,2012)。

(2) CBI 教师发展

对 CBI 教师发展的研究主要聚焦于两个部分,一是从理论上提出 CBI 教师发展框架并通过实证验证成效;二是研究 CBI 教师信念与实际教学的关系。

欧美提出了各自的 CBI 教师发展框架。美国的 SIOP(Sheltered

Instruction Observation Protocol)模式经过七年(1996—2003)发展,从最初用来评价教师保护式教学(sheltered instruction)实施状况的观察表,演变成保护式课程教学计划制定与实施的框架,主要包含课前准备、知识背景及意义建构、讲授的可理解性、具体教学策略、师生互动、知识运用、课程实施过程、检查和评价等八个部分。由于该框架发展较早,已有一些研究验证了其成效(Echevarria, 2009; Short et al., 2012)。而欧洲的 EFCT(The European Framework for CLIL Teacher Education)模式则由目标专业能力和专业发展两个模块构成,前者包括教师需具备的个人反思、CBI(CLIL)特征掌握、内容与语言意识、CBI(CLIL)教学方法与评估、课堂管理、学习者自主学习能力培养等六种能力,后者则描述了 CBI(CLIL)的具体实施步骤。由于该框架到 2010 年才确立,目前尚无实证报道。

Arkoudis(2005)指出,教师往往通过自身学科来界定其教学知识。这易使语言教师和专业教师在教师角色信念上分别按自身学科属性形成各自角色,从而双方都无法将语言与内容进行系统的整合。Creese(2005)和 Tan(2011)均对此予以验证,并进一步发现 CBI 专业学科教师对待语言的不同态度对其教学实践产生了影响。不过,该研究中授课教师为专业学科教师,语言教师仅起到了辅助性作用,但在许多国家和地区,也普遍存在语言教师作为授课教师而专业学科教师作为辅助教师的情况,在这样的环境下,一些教师信念相关因素与实际教学之间又会形成怎样的关系,尚待研究。

(3) CBI 课堂教学研究

1) CBI 课堂话语分析

针对 CBI 课堂中师生提问、指令等话语特征及课堂互动中的意义协商等过程,国外学者从多种课堂话语分析视角展开了一系列研究。第一,运用互动分析(interaction analysis)方法研究发现,CBI 教师话语呈现出持续话语(sustained speech)较多而最小话语(minimal speech)较少的特征,教师提问具有参考性问题(referential question)较多而展示性问题(display question)较少的特点(Huang, 2011)。第二,从 IRF(initiate-respond-feedback)话语结构角度研究发现,IRF 中的反馈话步是 CBI 教师话语掌控的重要一环,教师应利用反馈话步进行详述和诱发,从而创建循环式的课堂结构(cyclical lesson structure)(Kong & Hoare, 2011)。第三,采用会话分析(conversational analysis)方法,通过对 CBI 课堂中学习者语码转换

(Liebscher & Dailey-O'Cain,2005)及知识建构(Evnitskaya & Morton,2011)过程的分析,发现 CBI 课堂与 Wenger(1998)提出的"实践社区(community of practice)"特征相吻合,学习者倾向于将自身当作社区成员。而在具体互动过程中,学习者利用语言及其他资源对目标信息进行协商,从而发现信息差,并启用互动顺序(interactional sequences)予以解决(Jakonen & Morton,2013)。

2)CBI 教学提升策略

部分学者在关注 CBI 实施效果的同时,也致力于探索对 CBI 固有模式进行提升的教学策略。Lorenzo(2007)认为,为避免 CBI 可能导致的石化、二语语法简化及输出技能欠佳等问题,应将任务型教学融入其中,为 CBI 搭建一个任务前阶段(呈现新语言及内容信息,激发心理图示)、任务中阶段(在交际驱动下进行语言使用)、任务后阶段(对出现的语言问题进行反思)的任务型教学框架。也有实证研究证明这种融入任务型教学的 CBI 模式具有更好的教学效果(Lingley,2006;Moriyoshi,2010)。Lyster(2007)则倡导将形式中心教学(form-focused instruction)理念融入 CBI 教学中,通过增加语言形式任务、提供纠正性反馈(corrective feedback)等策略促进 CBI 中的语言习得。Schleppegrell(2004)从系统功能语言学视角研究发现,在 CBI 课堂中教师可以通过对篇章语言进行功能分析,解读作者如何运用语言形式传达特定意义,从而提升学生对相应语言形式的关注。总体上看,无论是从系统功能语言分析角度,还是从任务型教学、形式中心教学等角度,其实质都是为了将语言的形式与意义充分结合,在语言分析和运用之中提升学生对语言形式的注意。不过,教学提升策略研究目前多限于教学方法层面,但从教学技术层面出发的研究还有待跟进。例如,可以从课文所涉及的学科内容出发,运用语料库的关键词表(keyword list)功能以及语境共现(concordance)功能来描述课文语篇的语义凸显(何安平,2004),同时也可以利用语料库使学生注意特定的语法结构,这为利用语料库提升 CBI 课堂教学提供了可能。

2. 研究趋势及课题展望

(1)由结果到过程的教学研究转向

在注重 CBI 教学效果研究的同时,应逐渐转向 CBI 教学过程的研究。今后围绕 CBI 教学过程开展的课题主要可分为两类。一类侧重教学策略研究,如教师对课堂上专业学科知识困境的应对策略;通过教学技术手段提升CBI教学的策略及其效果等。另一类侧重课堂话语分析,如通过对CBI课堂一些显性教学片段话语的分析,研究CBI课堂中显性语言教学的程度,以及师生构建显性教学片段的方式;或关注CBI课堂中学习者语言技能的使用,研究某种特定语言技能使用的情境、目的和频率,以及较非CBI课程呈现的特点;同时还可研究CBI课堂互动中的身份构建问题。这些细化的过程研究有助呈现CBI教学之规律与特点,从而更有针对性地扬长避短,提升教学效果。

(2) 从学习者转向多元教学要素

学习者作为语言学习主体,历来受到CBI研究者的关注。但随着CBI教学实践的开展,"教学三要素"中的教师、教材等其他要素地位在CBI中也愈加突显。今后的CBI研究将从单一的学习者视域转向学习者、教师、教材等多元教学要素视角。比如,在教师研究方面,可以研究教师从普通语言教师或专业教师转向CBI教师过程中的教学信念、教学动机、教学效能感、知识结构等的改变;语言学科出身的CBI教师对CBI教学中专业学科知识的观念及其在课堂教学中的体现,其专业学科知识发展的途径、影响因素、存在的问题及对策等。而在教材方面,既可以从理论上探讨CBI教材的特点、编写理念、素材来源和具体编写策略等,也可以对国内外教学实践中采用的CBI教材进行实际使用效果及优缺点的评价实践研究。

(3) 以本土化实践为基础的理论发展

各国的社会环境、教育政策、师资建设、学生语言水平等都不尽相同,单一语境下的教学实践不可能契合所有国家的实际情况。一方面,这使CBI形成了诸多实践变体;另一方面,这也增加了CBI概念的模糊性。正如Coyle(2007)所述:"它的灵活性既是其优点,亦是其缺点。"如何将缺点转化为优点?这就需要我们立足本土,扎根具体教学实践,从各国本土实践中探寻和总结CBI的有效模式及共同特点,从而创建一个系统、科学的CBI分类体系。

## 四、CBI教学实践问题

1. 适用对象

CBI是否对所有大学生都适用?Cummins(1979)曾经提出了"阈值

假设",指出学习者的语言水平达到某个阈值之后,他们才能在 CBI 教学中获得较好的学习效果。也就是说,CBI 教学对于学生的初始语言水平有一定的要求。因此,对于我国高校,一般在有一定英语基础的学生中开展 CBI 教学比较合适。同时,也应结合我国各种层次和类型高校的不同教育目标探寻其适用性。在实施前应先进行需求分析,充分考虑学生的需求、兴趣等因素。在具体课程内容的选择上,要依据学生需求、专业特点、课程设置、语言水平等因素来综合考量。

2. 师资建设

CBI 对于教师的要求比较严格。首先,教师要担当语言教师和内容教师的双重角色。教师不仅要精通英语,而且根据学科内容知识专业程度的不同,教师或需对某些百科知识作深入了解,或要对具体某门学科的专业知识内容有所掌握。其次,CBI 课堂中的教师需要担负起更多的责任。教师不再简单地教授知识,而是由一个主宰课堂的权威者和知识的给予者转变为课堂的组织者、参与者和学生学习的促进者、引导者和合作者。在 CBI 师资建设方面,从学校角度来说,高校可以考虑对语言教师进行专业培训,对专业教师进行语言培训,或者招聘精通某门学科专业知识的外籍教师以及拥有语言与学科专业双学位的教师等。此外,由于 CBI 模式既涉及语言又涉及内容知识,所以也可以考虑进行语言教师与学科教师的合作,相关高校应制定一定的政策或建立一定的机制为语言教师与学科教师合作搭建平台。此外,学校还可以通过建立教学团队、实施物质激励、进行校本培训以及实施校本评价改革等手段,为教师营造合作、参与、实地本位的发展环境。而对于教师自身来说,应当首先转变教学方法和教学观念,然后一方面不断增强运用目标语进行授课的能力,另一方面应该充分利用各种资源,通过阅读书刊、与同行交流、向学生学习和接受跨学科学位教育等多种学习方式丰富自己 CBI 教学涉及的内容知识,扩展自己的知识面,努力实现由单科型教师向复合型教师的转变,使自身知识结构不断完善。

3. 语言与学科内容兼顾

在 CBI 教学中,语言与内容兼顾是它在开展过程中一个颇难把握但又应引起注意的方面。这体现在教材选择、教学活动设计和教学评估等各个环节。例如,在教材选择方面,一方面要强调内容,要以印刷品或视频等方式为学生提供大量包含充足信息的真实材料,为学生提供一个自然的语言习得环境;另一方面,语言的因素也不可忽略。有时真实材料的语言运用也许会大大超出学生目前的语言水平,如果材料中的语言对学生来说过难理解,学生的焦虑感便会增强。对于语言水平相对较低的学生,尤其是在 CBI 教学开展的初始阶段,一定要注意这个问题。因此,选择既语言难度适中又能提供充足学科知识信息的真实材料是至关重要也是具有挑战性的一环。在教学活动设计方面,要把握 CBI 与传统语言教学课程在教学过程中的差异,突出 CBI 语言与内容融合的本质特点,围绕学科内容设计真实的课堂任务和活动,通过活动设计和情境创设有效整合语言与学科内容,提升 CBI 的教学成效。在教学评估方面,建立一个完善的 CBI 教学评估体系有一定难度,这是由于两个"不确定":一是学科内容的不确定,不同的学科内容有具体各自的特点,很难建立一个完全适用的准则;二是学科内容专业化程度的不确定,所以对于在考核中语言与内容各自的比例也难以统一。虽然存在这样的不确定因素,但可以肯定的是,CBI 环境中学生成绩的评估体系应由传统的评估模式进行相应的改变,由完全的语言测试转变为语言与学科内容测试兼顾。

CBI 教学将语言学习与学科内容学习有机融合,符合自然语言的习得规律,对于学习者提高语言实际运用能力、思维能力、自主学习能力,促进终身学习,全面提高自身素质等方面发挥着良好的作用,为大学英语教学改革和尝试新的发展道路提供了依据。在具体实施的过程中,教师应尽力发挥该教学方法的教学优势,让更多的学生从中受益。

# 附录一

# 主要参考书目

Abrahamsson, N. & K. Hyltenstam. 2009. Age of onset and nativelikeness in a second language: Listener perception versus linguistic scrutiny. *Language Learning* 59(2): 249 – 306.

Albrechten, D., Hemiksen, B. & C. Faerch. 2006. Native speaker reactions to learner's spoken interlanguage. *Language Learning* 30(2): 365 – 396.

Alexander, L. G. 1967. *New Concept English*(1 – 4). London: Longman.

Allen, J. P. B. 1980. A three-level curriculum model for second language education. Keynote address given at the Annual Conference of the Ontario.

Allwright, R. L. 2000. Exploratory practice: An "appropriate methodology" for language teacher development? Paper presented at the 8th IALS Symposium for Language Teacher Educators, Edinburgh, Scotland.

Allwright, R. L. 2003. Exploratory practice: Rethinking practitioner research in language teaching. *Language Teaching Research* 7: 113 – 141.

Anderson, A. & T. Lynch. 1988. *Listening*. New York: Oxford University Press.

Anglin, T. 1970. *The Growth of Word Meaning*. Cambridge, Mass.: MIT Press.

Anthony, E. M. 1963. Approach, method and technique. *English Language Teaching* 17: 63 – 67.

Arnold, F. 1981. *College English: A Silent-way Approach*. Nara, Japan: Dawn Press.

Asher, J. 1977. *Learning Another Language Through Actions: The Complete Teacher's Guidebook*. Los Gatos, Cal.: Sky Oaks Production.

Akinson, D. 2002. Toward a sociocognitive approach to second language acquisition. *The Modern Language Journal* 86: 525 – 545.

Arkoudis, S. 2005. Fusing pedagogic horizons: Language and content teaching in the mainstream. *Linguistics and Education* 16(2): 173 – 87.

Bachman, L. F. 1990. *Fundamental Considerations in Language Testing*. Oxford: Oxford University Press.

Baker, D. 1989. *Language Testing: A Critical Survey and Practical Guide*. London: Edward Arnold.

Baker, S. C. & P. D. MacIntyre. 2000. The role of gender and immersion in communication and second language orientations. *Language Learning* 50 (2), 311–341.

Barfield, A., et al. 2001. Exploring and defining teacher autonomy: A collaborative discussion. In A. S. Mackenzie & E. McCafferty (eds.), *Developing Autonomy. Proceedings of the JALT CUE Conference.* Tokyo: The Japan Association for Language Teaching College and University Educators Special Interest Group, 217–222.

Barrett T. C. 1968. What is reading? Some current concepts. In H. M. Robinson (ed.), *Innovation and Change in Reading Instruction.* Chicago: The University of Chicago Press.

Bell, R. 1981. *An Introduction to Applied Linguistics.* London: Batsford Academic and Educational Ltd.

Benson, P. 1997. The philosophy and politics of learner autonomy. In P. Benson & P. Voller (eds.), *Autonomy and Independence in Language Learning.* London: Addison Wesley Longman.

Benson, P. 2007. Autonomy in language teaching and learning. *Language Teaching* 40: 21–40.

Benson, P. 2010. Measuring autonomy: Should we put our ability to the test? In A. Paran & L. Sercu (eds.), *Testing the Untestable in Language Education.* New York: Multilingual Matters.

Benson, P. & P. Voller. 1997. *Autonomy and Independence in Language Learning.* London: Longman.

Bialystok, E. 1990. *Communication Strategies.* Oxford: Basil Blackwell.

Bloom, B. S. 1956. *Taxonomy of Educational Objectives, Handbook I: The Cognitive Domain.* NY: David MaKay Co. Inc..

Boydell, T. 1970. *A Guide to Job Analysis.* London: BACIE.

Breen, M. P. & C. N. Candlin. 1980. The essentials of a communicative curriculum in language teaching. *Applied Linguistics* 1: 89–112.

Brinton, D. M., Snow, M. A. & M. B. Wesche. 1989. *Content-based Second Language Instruction.* Boston: Heinle & Heinle.

Broner, M. 2001. *Impact of Interlocutor and Task on First and Second Language Use in a Spanish Immersion Program. CARLA Working Paper #18.* Minneapolis. MN: Center for Advanced Research on Language Acquisition.

Brooks, N. 1964. *Language and Language Learning: Theory and Practice (2nd ed.).* New York: Harcourt Brace.

Brown, A. L. & A. S. Palinscar. 1982. Inducing strategic learning from texts by means of informed self-control training. *Topics in Learning and Learning Disabilities* 2: 1–17.

Brown, D. 1987. *Principles of Language Learning and Teaching.* NJ: Prentice-Hall Regents.

Brown, H. 1981. Affective factors in second language learning. In J. Alatis, H. Altman &

P. Alatis (eds.), *The Second Language Classroom: Directions for the 1980s*. New York: Oxford University Press.

Brumfit, C. J. & K. Johnson. (eds.). 1979. *The Communicative Approach to Language Teaching*. Oxford University Press.

Brumfit, C. J. 1980. *Problems and Principles in English Teaching*. Oxford: Pergamon Press.

Campbell, R. N. 1980. Statement in a symposium on "Toward a redefinition of applied linguistics". In R. B. Kaplan (ed.), On the Scope of Applied Linguistics. MA: Newbury House.

Canale, M. & M. Swain. 1980. Theoretical bases of communicative approaches to second language teaching and testing. *Applied Linguistics* 1: 1–47.

Candlin, C. 1976. Communicative language teaching and the debt to pragmatics. In C. Rameh (ed.), *Semantics: Theory and Application*. Washington, D.C.: Georgetown University Press.

Candlin, C. 1984. Syllabus design as a critical process. In C. J. Brumfit (ed.), General English Syllabus Design. Oxford: Pergamon.

Candlin, C. & D. Murphy. 1987. *Language Learning Tasks*. Englewood Cliffs, NJ: Prentice-Hall International.

Candlin, C. N. 1987. Towards task-based language learning. In C. N. Candlin & D. Murphy (eds.), *Lancaster Practical Papers in English Language Education: Vol. 7. Language Learning Tasks*. Englewood Cliffs, NJ: Prentice-Hall.

Carroll, J. B. & S. M. Sapon. 1959. *Modern Language Aptitude Test (MLAT)*. New York: Psychological Corporation.

Carroll, J. B. & S. M. Sapon. 1967. *Modern Language Aptitude Test*. New York: Psychological Corporation.

Carroll, J. B. 1967. Foreign language proficiency levels attained by language majors near graduation from college. *Foreign Language Annuals* 1: 131–151.

Carter, R. 1987. *Vocabulary: Applied Linguistics Perspectives*. London: Allen & Unwin.

Carton, A. S. 1966. The method of inference in foreign language study. *Modern Language Journal* 54(5).

Carton, A. S. 1971. Inferencing: A process in using and learning language. In P. Pimsleur & T. Quinn (eds.), *The Psychology of Second Language Learning*. Cambridge: Cambridge University Press.

Chapelle, C. 1997. CALL in the year 2000: Still in search of research paradigms? *Language Learning & Technology* 1(1): 19–43.

Chaudron, C. 1983. Simplification of input: Topic and reinstatement and their effects on L2 learners' recognition and recall. *TESOL Quarterly* 17: 437–458.

Chaudron, C. 1988. *Second Language Classrooms: Research on Teaching and Learning*. Cambridge: Cambridge University Press.

Chen, J. F., et al. 2005. Motivators that do not motivate: The case of Chinese EFL learners and the influence of culture on motivation. *TESOL Quarterly* 39 (4): 609–633.

Chomsky, N. 1957. *Syntactic Structures*. The Hague: Mouton.

Clark, J. L. D. 1971. *Leadership in Foreign-Language Education: The Foreign Language Teacher and Research*. New York: ERIC Clearinghouse on Languages and Linguistics/Modern Language Association (53–70).

Cochran-Smith, M. & S. Lytle. 1993. *Inside/outside Teacher Research and Knowledge*. New York: Teachers College Press.

Coles, M. & B. Land. 1975. *Access to English*. Oxford: Oxford University Press.

Corder, S. P. 1967. The significance of learners' errors. *International Review of Applied Linguistics* 5: 161–169.

Corder, S. P. 1973. *Introducing Applied Linguistics*. Penguin: Educational.

Corder, S. P. 1976. The Study of Interlanguage. In *Proceedings of the Fourth International Conference of Applied Linguistics*. Munich, Hochschulverlag.

Corder, S. P. 1978. *Strategies of communication*. London: Longman.

Corder, S. P. 1981. *Error Analysis and Interlanguage*. Oxford: Oxford University Press.

Coyle, D. 2007. Towards a connected research agenda for CLIL pedagogies. *The International Journal of Bilingual Education and Bilingualism* 10(5): 543–562.

Creese, A. 2005. Is this content-based language teaching?. *Linguistics and Education* 16 (2): 188–204.

Crombie, W. 1985. *Discourse and Language Learning*. Oxford: Oxford University Press.

Crookes, G. 1993. Units of analysis in syllabus design: The case for the task. In G. Crookes, G. & S. M. Gass (eds.), *Tasks in a Pedagogical Context Tasks in a Pedagogical Context: Integrating Theory and Practice*. Clevedon: Multilingual Matters.

Crystal, D. 1985. *A Dictionary of Linguistics and Phonetics*. Oxford: Basil Blackwell.

Cummins, J. 1979. Cognitive/academic language proficiency, linguistic interdependence, the optimal age question and some other matters. *Working papers on Bilingualism* 19: 197–205.

Cummins, J. 1979. Linguistic interdependence and the educational development of bilingual children. *Review of Education Research* (2): 222–251.

Curran, C. A. 1972. *Counseling Learning: A Whole Person Model for Education*. New York: Grune and Stratton.

Dalton-Puffer, C. 2011. Content-and-language integrated learning: From practice to principles?. *Annual Review of Applied Linguistics* 31(1): 182–204.

Davis, A. C., et al. (eds.). 1984. *Interlanguage*. Edinburgh: Edinburgh University Press.

Davies, A. 1989. Communicative competence as language use. *Applied Linguistics* 10(2): 157–170.

Davis, P., Roberts. J. & R. Rossner. 1975. *Situational Lesson Plans*. Mexico City:

Macmillan.

Dickinson, L. 1995. Autonomy and motivation: A literature review. *System* 23: 165–174.

Dörnyei, Z. 1994. Motivation and motivating in the foreign language classroom. *The Modern Language Journal* 78 (3): 273–284.

Dörnyei, Z. 2005. *The Psychology of the Language Learner: Individual Differences in Second Language Acquisition*. Mahwah, NJ: Lawrence Erlbaum.

Dörnyei, Z. 2009. The L2 motivational self system. In Z. Dörnyei & E. Ushioda (eds.), *The L2 Motivational Self System, Identity and the L2 Self*. Clevedon: Multilingual Matters.

Dörnyei, Z. 2014. Researching complex dynamic systems: "Retrodictive qualitative modelling" in the language classroom. *Language Teaching* 47 (1): 80–91.

Dubin, F. & Olshtain, E. 1986. *Course Design*. Cambridge: Cambridge University Press.

Dubois, et al. 1973. *Dictionnaire de linguistique*. Paris: Libraire Larousse.

Dulay, H. C. & M. K. Burt. 1973. Should we teach children syntax? *Language Learning* 23: 245–258.

Dulay, H. C. & M. K. Burt. 1982. *Language Two*. Oxford University Press.

DeKeyser, R. M. 2000. The robustness of critical period effects in second language acquisition. *Studies in Second Language Acquisition* 22(4): 499–533.

Echevarria, J., Vogt, M. & D. Short. 2009. *The SIOP Model for Teaching Mathematics to English Learners*. MA: Allyn & Bacon.

Egbert, J. et al. 1999. *CALL Environments: Research, Practice and Critical Issues*. Alexandria, VA: TESOL Publications.

Ellis, R. 1985. *Understanding Second Language Acquisition*. Oxford: Oxford University Press.

Ellis, R. 1988. The role of practice in classroom language learning. *AILA Review* 5: 20–39.

Ellis, R. 1992. An interview with ELT. *ELT Journal* (4).

Ellis, R. 2012. *Language Teaching Research and Language Pedagogy*. Malden/Oxford: Wiley and Blackwell.

Engeström, Y. 1999. Activity theory and individual and social transformation. In Engeström Y., R. Miettinen & R. L. Punamäki (eds.), *Perspectives on Activity Theory*. Cambridge: Cambridge University Press.

Evnitskaya, N. & T. Morton. 2011. Knowledge construction, meaning-making and interaction in CLIL science classroom communities of practice. *Language and Education* 25(2): 109–127.

Faerch, C. & G. Kasper. 1983. *Strategies of Interlanguage Communication*. London: Longman.

Finocchiaro, M. & C. Brumfit. 1983. *The Functional Notional Approach: From Theory to*

*Practice*. New York: Oxford University Press.

Flavell, J. H. 1979. Metacognition and cognitive monitoring: A new area of cognitive-developmental inquiry. *American Psychologist* 34(10): 906–911.

Freebody, E & R. C. Anderson. 1983. Effects of vocabulary difficulty, text cohesion and schema availability on reading comprehension. *Journal of Verbal Learning and Verbal Behavior* 18: 277–294.

Fries, C. C. 1945. *Teaching and Learning English as a Foreign Language*. Ann Arbor: University of Michigan Press.

Fries, C. C. & A. C. Fries. 1961. *Foundations for English Teaching*. Tokyo: Kenkynsha.

Frisby, A. W. 1957. *Teaching English: Notes and Comments on Teaching English Overseas*. London: Longman.

Gardner, R. C. 2001. Integrative motivation and second language acquisition. In R. Schmidt & Z. Dörnyei (eds.), *Motivation and Second Language Acquisition*. Honolulu, HI, University of Hawaii, Second Language Teaching and Curriculum Center.

Gardner, H. & T. Hatch. 1989. Multiple intelligences go to school: Educational implications of the theory of multiple intelligences. *Educational Researcher* 18(8): 4–9.

Gardener, R. C. & W. E. Lambert. 1972. *Attitudes and Motivation in Second Language Learning*. Rowley, Mass.: Newbury House.

Gaston, E. T. 1968. *Music in Therapy*. New York: Macmillan.

Gattegno, C. 1963. *Teaching Foreign Languages in Schools: The Silent Way*. Reading: Educational Explorers.

Gattegno, C. 1972. *Teaching Foreign Languages in Schools: The Silent Way (2nd ed)*. New York: Eduational Solutions.

Gattegno, C. 1976. *The Common Sense of Teaching Foreign Languages*. New York: Educational Solutions.

Gazden, C. 1989. Contributions of the Bakhtin circle to "communicative competence". *Applied Linguistics* 10(2): 116–127.

Georgiou, S. 2012. Reviewing the puzzle of CLIL. *ELT Journal* 66(4): 495–504.

Gibbons, J. 1985. The Silent Period: An Examination. *Language Learning* 35: 255–267.

Glisan, E. W. 1985. The effect of word order on listening comprehension and pattern retention: An experiment in Spanish as a foreign language. *Language Learning* 35: 443–472.

Goodman, K. S. 1967. Reading: A psycholinguistic guessing game. *Journal of the Reading Specialist* 6: 259–264, 266–271.

Greene, J. 1972. *Psycholinguistics: Chomsky and Psychology*. Harmondsworth: Penguin.

Griffths, R. 1991. Pausological research in an L2 context: A rational and review of selected studies. *Applied Linguistics* 12: 345–364.

Halliday, M. 1978. *Language as a Social Semiotic*. London: Edward Arnold.
Halliday, M. 1992. *An Introduction to Functional Grammar*. London: Edward Anold.
Harris, P. & H. Colthart. 1986. *Language Processing in Children and Adults*. London: Routledge & Kegan Paul.
Hartley, B. & P. Viney. 1979. *Streamline English*. Oxford: Oxford University Press.
Haugen, E. 1956. *Bilingualism in the Americas: A Bibliography and Research Guide. Publication of the American Dialect Society* 26. Alabama: University of Alabama Press.
Hieke, A. E. 1987. The resolution of dynamic speech in L2 listening. *Language Learning* 37: 123 – 140.
Holec, H. 1981. *Autonomy and Foreign Language Learning*. Oxford: Pergamon.
Honeyfield, J. 1977. Word frequency and the importance of context in vocabulary learning. *RELC Journal* 8(2): 35 – 42.
Horwitz, E. K. 1987. Surveying student beliefs about language learning. In L. Wenden & J. Rubin (eds.), *Learner Strategies in Language Learning*. London: Prentice-Hall.
Horwitz, E. K., Horwitz, M. B. & J. Cope. 1986. Foreign language classroom anxiety. *The Modern Language Journal* 70 (2): 125 – 132.
Hosenfeld, C. 1977. A preliminary investigation of the reading strategies of successful and non-successful language learners. *System* 5: 110 – 123.
Howatt, A. 1984. *A History of English Language Teaching*. Oxford: Oxford University Press.
Huang, K.-M. 2011. Motivating lessons: A classroom-oriented investigation of the effects of content-based instruction on EFL young learners' motivated behaviours and classroom verbal interaction. *System* 39(2): 186 – 201.
Hudson, R. A. 1980. *Sociolinguistics*. Cambridge: Cambridge University Press.
Hughes. A. 1989. *Testing for Language Teachers*. Cambridge: Cambridge University Press.
Hutchingson, T. & A. Waters. 1981. Performance and competence in ESP. *Applied Linguistics* 2(1): 46 – 59.
Hutchingson, T. & A. Waters. 1987. *English for Specific Purposes: A Learning-centered Approach*. Cambridge: Cambridge University Press.
Hymes, D. 1972. On communicative competence. In J. B. Pride & J. Holmes (eds.), *Sociolinguistics*. Harmondsworth: Penguin.
Iddings, A. & E. Jang. 2008. The meditational role of classroom practices during the silent period: A new-immigrant student learning the English language in the mainstream classroom. *TESOL Quarterly* 42: 567 – 590.
Ingram, D. E. 1980. Applied linguistics: A search for insight! In R. B. Kaplan (ed.), *On the Scope of Applied Lingwistics*. Rowley, MA: Newbury House.
Jakonen T. & T. Morton. 2013. Epistemic search sequences in peer interaction in a content-

based language classroom. *Applied Linguistics* 11: 1–23.

Johnson, M. 1982. *Communicative Syllabus Design and Methodology*. Oxford: Pergamon.

Jupp, T. & S. Hodlin. 1975. *Industrial English: An Example of Theory and Practice in Functional Language Teaching*. London: Heinemann Educational.

Kaplan, R. B. (ed.). 1980. *On the Scope of Applied Linguistics*. Rowley, Mass.: Newbury Hour.

Kasper, G. 1997. Beyond reference. In G. Kasper & E. Kellerman (eds.), *Communication Strategies: Psycholinguistic and Sodolinguistic Perspectives*. London: Longman.

Kellerman, E. 1978. Giving learners a break: Native language intuition as source of predictions about transferability. *Working Papers on Bilingualism* 15: 59–92.

Kern, R. G. 2003. Literacy as a new organizing principle for foreign language education. In P. C. Patrikis (ed.), *Reading Between the Lines: Perspectives on Foreign Language Literacy*. New Haven, CT: Yale University Press.

Klein, W. 1986. *Second Language Acquisition*. Cambridge: Cambridge University Press.

Kong S. & P. Hoare. 2011. Cognitive content engagement in content-based language teaching. *Language Teaching Research* 15(3): 307–324.

Krashen, S. P. 1981. *Second Language Acquisition and Second Language Learning*. Oxford: Pergamon.

Krashen, S. P. 1982. *Principles and Practices in Second Language Acquisition*. Oxford: Pergamon.

Krashen, S. P. & T. D. Terrel. 1983. *The Natural Approach: Language Acquisition in the Classroom*. Oxford: Pergamon.

Krashen, S. 1985. *The Input Hypothesis: Issues and Implications*. London: Longman.

Kumaravadivelu, B. 1994. The postmethod condition: (E)merging strategies for second foreign language teaching. *TESOL Quarterly* 28: 27–48.

La Forge, P. G. 1983. *Counseling and Culture in Second Language Acquisition*. Oxford: Pergamont Press.

Lado, R. 1957. *Linguistics Across Cultures: Applied Linguistics for Language Teachers*. Ann Arbor: University of Michigan Press.

Lado, R. 1961. *Language Testing: The Construction and Use of Foreign Language Tests*. London: Longman.

Lantolf, J. P. 2000. *Sociocultural Theory and Second Language Learning*. Oxford: Oxford University Press.

Lantolf, J. P. & S. L. Thorne. 2006. *Sociocultural Theory and the Genesis of Second Language Development*. Oxford: Oxford University Press.

Larson-Freeman, D. 2003. *Teaching Language: From Grammar to Grammaring*. London: Thomson Learning.

Leech, G. 1983. *Principles of Pragmatics*. London: Longman.

Lenneberg, E. H. 1967. *Biological Foundations of Language*. New York: Wiley.

Leontiev, A. 1981. *Psychology and the Language Learning Process*. Oxford: Pergamon.
Liebscher, G. & J. Dailey-O'Cain. 2005. Learner code-switching in the content-based foreign language classroom. *The Modern Language Journal* 89(2): 234 – 247.
Lingley, D. 2006. A task-based approach to teaching a content-based Canadian studies course in an EFL context. *Asian EFL Journal* 8(3): 122 – 139.
Little, D. 1995. Learning as dialogue: The dependence of learner autonomy on teacher autonomy. *System* 23(2): 175 – 181.
Littlewood, W. 1984. *Foreign and Second Language Learning*. Cambridge: Cambridge University Press.
Littlewood, W. 1990. *Foreign and Second Language Learning*. Cambridge: Cambridge University Press.
Littlewood, W. 1996. Autonomy: An anatomy and a framework. *System* 24: 427 – 435.
Long, D. R. 1990. What you don't know can't help you: An exploratory study of background knowledge and second language listening comprehension. *Studies in Second Language Acquisition* 12: 65 – 80.
Long, M. 1983. Native speaker/nonnative speaker conversation and the negotiation of comprehensible input. *Applied Linguistics* 4: 126 – 141.
Long, M. 1985. Input and second language acquisition theory. In S. Gass & C. Madden (eds.), *Input In Second Language Acquisition*. Rowley, Mass.: Newbury House.
Long, M. 1989. Task, group and task group interactions. *University of Hawaii Working Papers in ESL* 8: 1 – 26.
Lorenzo, F. 2007. An analytical framework of language integration in L2 content-based courses: The European dimension. *Language and Education* 21(6): 502 – 513.
Lorenzo, F., Casal, S. & P. Moore. 2010. The effects of content and language integrated learning in European education: Key findings from the Andalusian bilingual sections evaluation project. *Applied Linguistics* 31(3): 418 – 442.
Lozanov, G. 1978. *Suggestology and Outlines of Suggestopedy*. New York: Gorden and Breach.
Lyons, J. 1968. *Introduction to Theoretical Linguistics*. Cambridge: Cambridge University Press.
Lyons, J. 1981. *Language and Linguistics*. Cambridge: Cambridge University Press.
Lyons, J. 1983. *Semantics* Vol. 12. Cambridge: Cambridge University Press.
Lyster, R. 2007. *Learning and Teaching Languages through Content: A Counter-balanced Approach*. Amsterdam: John Benjamins.
MacIntyre, P. D. et al. 1998. Conceptualizing willingness to communicate in a L2: A situational model of L2 confidence and affiliation. *The Modern Language Journal* 82, 545 – 562.
Macky, W. F. 1965. *Language Teaching Analysis*. London: Longman.
Markam, P. L. 1988. Gender differences and the perceived expertness of the speaker as

factors in ESL listening recall. *TESOL Quarterly* 22: 397 – 406.

McCarthy, M. 1991. *Vocabulary*. Oxford: Oxford University Press.

McCroskey, J. C. & J. E. Baer. 1985. Willingness to communicate: The construct and its measurement. Paper Presented at the Speech Communication Association Convention, Denver, CO.

McCroskey, J. C. & V. P. Richmond. 1991. Willingness to communicate: A cognitive view. In M. Both-Butterfield ( ed.), *Communication, Cognition and Anxiety*. Newbury Park, CA: Sage.

Mohan, B. 1986. *Language and Content*. Reading, MA: Addison-Wesley.

Moriyoshi, N. 2010. Content-based instruction in Japanese college classrooms: Focusing on language, content, or both? Master's thesis, McGill University.

Munby, J. 1978. *Communicative Syllabus Design*. Cambridge: Cambridge University Press.

Naiman, N. et al. 1978. The good language learner. *Research in Education Series* No. 7.

Nelson, K. 1973. Structure and strategy in learning to talk. *Monographs of the Society for Research in Child Development* 38(1 – 2): 355 – 372.

Nemser, W. 1971. Approximative systems of foreign language learners. *International Review of Applied Linguistics* 9: 115 – 123.

Norton, D. E. 1985. *The Effective Teaching of Language Arts*. Columbus: Charles E. Merrill Publishing Co.

Nunan, D. 1988. *Syllabus Design*. Oxford: Oxford University Press.

Nunan, D. 1989. *Designing Tasks for the Communicative Classroom*. Cambridge: Cambridge University Press.

Nunan, D. 1991. *Language Teaching Methodology: A Textbook for Teachers*. Hemel Hempstead: Prentice-Hall International.

Oller, J. W. Jr. 1979. *Language Tests at School: A Pragmatic Approach*. London: Longman.

O'Malley, J. M. et al. 1989. Listening comprehension strategies in second language acquisition. *Applied Linguistics* 10: 18 – 437.

O'Malley, J. M. & A. U. Chamot. 1990. *Learning Strategies in Second Language Acquisition*. Cambridge: Cambridge University Press.

O'Rourke, B. 2005. Form-focused interaction in online tandem learning. *CALICO Journal* 22: 433 – 466.

Oxford, R. 1990. *Language Learning Strategies: What Every Teacher Should Know*. NY: Newbury House Publisher.

Oxford, R. 2011. *Teaching and Researching Language Learning Strategies*. Harlow: Pearson Education.

Palmer, H. E. 1921. *Principles of Language Study*. New York: World Book Co.

Palmer, H. E. 1923. *The Oral Method of Teaching Languages*. Cambridge: Heifer.

Pegrum, M. 2009. *From Blogs to Bombs: The Future of Digital Technologies in Education*. Perth: University of Western Australia Press.

Pennycook, A. 1989. The concept of "method", interested knowledge, and the politics of language teaching. *TESOL Quarterly* 23: 589–618.

Pica, T. 1992. Communication with second language learners: What does it reveal about the social and linguistic processes of second language learning? Georgetown University Round Table. Washington, D. C.: Georgetown University Press.

Piepho, H. E. 1981. Establishing objectives in the teaching of English. In C. Candlin (ed.), *The Communicative Teaching of English: Principles and an Exercise Typology*. Harlow, Essex: Longman.

Pimsleur, P. 1966. *The Pimsleur Language Aptitude Battery*. New York: Harcourt Brace Jovanovitch.

Prabhu, N. S. 1983. Procedural syllabuses. Paper presented at the RELC Seminar, Singapore.

Prabhu, N. S. 1987. *Second Language Pedagogy*. Oxford: Oxford University Press.

Prabhu, N. S. 1990. There is no best method — Why? *TESOL Quarterly* 24: 161–176.

Pride, J. B. (ed.). 1979. *Sociolinguistic Aspects of Language Learning and Teaching*. Oxford: Oxford University Press.

Qureshi, M. A. 2016. A meta-analysis: Age and second language grammar acquisition. *System* 60: 147–160.

Rampton, B. 1997. A sociolinguistic perspective on L2 communication strategies. In G. Kasper & E. Kellerman (eds.), *Communication Strategies: Psycholinguistic and Sociolinguistic Perspectives*. London: Longman.

Reiley, P. 1985. *Discourse and Language Learning*. Oxford: Oxford University Press.

Richards, J. C. (ed.). 1974. *Error Analysis: Perspectives on Second Language Acquisition*. London: Longman.

Richards, J. C., Platt, T. & H. Weber. 1985. *A Dictionary of Applied Linguistics*. London: Longman.

Richards, J. C. 1985. *The Context of Language Teaching*. Cambridge: Cambridge University Press.

Richards, J. C. & T. Rogers. 1986. *Approaches and Methods in Language Teaching*. Cambridge: Cambridge University Press.

Riley, P. (ed.). 1985. *Discourse and Learning*. London: Longman.

Ringbom, H. 1987. *The Role of the First Language in Second Language Learning*. Clevedon: Avon.

Rivers, W. M. 1964. *The Psychologist and the Foreign Language Teacher*. Chicago: University of Chicago Press.

Rivers, W. M. 1981. *Teaching Foreign Language Skills*. Chicago: University of Chicago Press.

Robinson, P. 2001. Individual differences, cognitive abilities, aptitude complexes and learning conditions in second language acquisition. *Second Language Research* 17 (4), 368–392.

Robinson, P. 2012. Individual differences, aptitude complexes, SLA processes, and aptitude test development. In M. Pawlak (ed.), *New Perspectives on Individual Differences in Language Learning and Teaching*. New York: Springer.

Rubin, J. 1975. What the "good language learner" can teach us. *TESOL Quarterly* 9: 41–51.

Rubin, J. 1987. Learner strategies: Theoretical assumptions, research history and typology. In A. Wenden & J. Rubin (eds.), *Learner Strategies in Language Learning*. Eaglewood Cliffs: Prentice-Hall.

Rubin, J. 1990. Improving foreign language listening comprehension. Georgetown University Round Table C. Washington D. C.: Georgetown University Press.

Rumelhart, D. E. 1977. Towards an interactive model of reading. In S. Donic (ed.), *Attention and Performance VI*. Hillsdale, NJ: Elbaum.

Samuels, M. L. 1972. *Linguistic Evolution*. Cambridge: Cambridge University Press.

Savignon, S. J. 2002. Sociocultural strategies for dialogue of cultures. *The Modern Language Journal* 86: 508–514.

Saville-Troike, M. 1988. "Private Speech": Evidence for second language learning strategies during the "Silent Period". *Journal of Child Language* 15: 567–90.

Sapir, E. 1921. *Language: An Introduction to the Study of Speech*. New York: Harcourt, Brace.

Seaton, B. 1982. *A Handbook of English Language Teaching Terms and Practice*. London: The Macmillan Press Ltd.

Schleppegrell, M., Achugar, M. & T. Orteíza, 2004. The grammar of history: Enhancing content-based instruction through a functional focus on language. *TESOL Quarterly* 38 (1): 67–93.

Scott, V., & M. de la Fuente. 2008. What's the problem? Learners' use of the L1 during consciousness-raising form-focused tasks. *Modern Language Journal* 92: 100–113.

Secules, T. et al. 1992. The effect of video context on foreign language learning. *Modern Language Journal* 76: 480–490.

Selinker, L. 1969. Language transfer. *General Linguistics* 9: 67–92.

Selinker, L. 1972. Interlanguage. *International Review of Applied Linguistics* 10: 209–231.

Shohamy, E. & Inbar, O. 1991. Validation of listening comprehension tests: The effect of text and question type. *Language Testing* 8: 23–40.

Short, D., Fidelman, C. & M. Lougutt. 2012. Developing academic language in English language learners through sheltered instruction. *TESOL Quarterly* 46(2): 334–361.

Sinclair, J. & D. Brazil. 1982. *Teacher Talk*. Oxford: Oxford University Press.

Skehan, P. 1989. *Individual Differences in Second Language Learning*. London: Edward Arnold.

Skehan, P. 1998. *A Cognitive Approach to Language Learning*. Oxford: Oxford University Press.

Skehan, P. 2002. Theorising and updating aptitude. In P. Robinson (ed.), *Individual Differences and Instructed Language Learning*. New York: Erlbaum.

Skehan, P. 2012. Language aptitude. In S. M. Gass & A. Mackey (eds.), *The Routledge Handbook of Second Language Acquisition*. New York: Routledge.

Smith, F. 1971. *Understanding Reading*. New York: Holt, Rinehart, and Winston.

Spolsky, B. 1980. The scope of educational linguistics. In R. B. Kaplan (ed.), *On the Scope of Applied Linguistics*. Rowley, Mass: Newbury House.

Spolsky, B. 1989. *Conditions for Second Language Learning*. Oxford: Oxford University Press.

Stanchina, C. & P. Riley. 1978. Aspects of autonomous learning. In ELT Documents 103: *Individualization in Language Learning*. London: British Council.

Stanovich, K. E. 1980. Towards an interactive compensatory model of individual differences in the development of reading fluency. *Reading Research Quarterly* 16: 32–71.

Stapa, S. & A. Majid. 2009. The use of first language in developing ideas in second language writing. *European Journal of Social Sciences* 7: 41–47.

Stern, H. H. 1983. *Fundamental Concepts of Language Teaching*. Oxford: Oxford University Press.

Stern, H. H. 1992. *Issues and Opinions in Language Teaching*. Oxford: Oxford University Press.

Stevick, E. W. 1980. *Teaching Languages: A Way and Ways*. Rowley, Mass.: Newbury House.

Stryker, S. N. & B. L. Leaver (eds.). 1997. *Content-based Instruction in Foreign Language Education*. Washington D.C.: Georgetown University Press.

Swain, M. 1985. Communicative competence: Some roles of comprehensible input and comprehensible output in its development. In S. Gass & C. Madden (eds.), *Input in Second Language Acquisition*. Rowley, Mass.: Newbury House.

Swain, M. 2006. Languaging, agency and collaboration in advanced second language learning. In H. Byrnes (ed.), *Advanced Language Learning: The Contributions of Halliday and Vygotsky*. London: Continuum.

Swain, M. & Yang, L. X. 2008. Output hypothesis: Its history and its future.《外语教学与研究》, 1: 45–50.

Tan, M. 2011. Mathematics and science teachers' beliefs and practices regarding the teaching of language in content learning. *Language Teaching Research* 15(3): 325–342.

Tarone, E. 1977. Conscious communication strategies: A progress report. In H. D. Brown, C. Yorio & R. Crymes (eds.), *On TESOL*. Washington D. C.: TESOL.

Tarone, E. 1981. Decoding a primary language: The crucial role of strategic competence. Paper presented at the Conference on Interpretive Strategies in Language Learning, University of Lancaster.

Tarone, E. 1983. On the variability of interlanguage systems. *Applied Linguistics* 4/2: 143–163.

Tarone, E. 1988. *Variation in Interlanguage*. London: Edward Arnold.

Taylor, B. P. 1975. The use of overgeneralization and transfer learning strategies by elementary and intermediate students of ESL. *Language Learning* 25: 73–107.

Taylor, D. 1988. The meaning and use of the term "competence" in linguistics and applied linguistics. *Applied Linguistics* 9(2): 148–168.

Terrel, T. D. 1977. A natural approach to the acquisition and learning of language. *Modern Language Journal* 61(7): 325–336.

Timothy, L. 1987.《现代外语教学法》,北京语言学院出版社。

Vandergrift, L. 2007. Recent developments in second and foreign language listening comprehension research. *Language Teaching* 40: 191–210.

Van Ek, J. 1975. *Threshold English*. Oxford: Oxford University Press.

Van Els, T. et al. 1984. *Applied Linguistics and the Learning and Teaching of Foreign language*. London: Edward Arnold.

Voss, B. 1979. Hesitation phenomena as sources of perceptual errors for non-native speakers. *Language and Speech* 22: 129–144.

Vygotsky, L. 1978. *Mind in Society: The Development of Higher Psychological Processes*. Cambridge, MA: Harvard University Press.

Warschauer, M. 1998. Researching technology in TESOL: Determinist, instrumental and critical approaches. *TESOL Quarterly* 32(4): 757–761.

Warschauer, M. 1999. CALL vs. electronic literacy: Reconceiving technology in the language classroom. Retrieved on December 2, 2005, from http://www.cilt.org.uk/research/resfor2/warsuml.html.

Warschauer, M. & Richard, K. (eds.). 2000. *Network-based Language Teaching: Concepts and Practice*. Cambridge: Cambridge University Press.

Wenger, E. 1998. *Communities of Practice: Learning, Meaning and Identity*. Cambridge: Cambridge University Press.

Weinreich, U. 1953. *Language in Contact: Findings and Problems*. The Hague: Mouton.

Wenden, A. 1982. The processes of self-directed learning: A study of adult language learners. Ph.D Dissertation, Teachers College, Columbia University.

Wenden, A. 1991. *Learner Strategies for Learner Autonomy*. London: Prentice-Hall International.

Wendon, A. 1998. Metacognitive knowledge and language learning. *Applied Linguistics*

19 (4): 515-537.
Wenden, A. & J. Rubin. 1987. *Learner Strategies in Language Learning*. London: Prentice-Hall International.
Wesche, M. B. 1975. The good adult language learner: A study of learning strategies and personality factors in an intensive course. Ph. D Dissertation, University of Toronto.
West, F. 1975. *The Way of Language*. New York: Harcourt.
West, M. (ed.). 1953. *A General Service List of English Words*. London: Longman.
White, L. 1985. *Markedness and Parameter Setting: Some Implications for a Theory of Second Language Acquisition*. New York: Plenun Press.
Widdowson, H. 1972. *Teaching Language as Communication*. Oxford: Oxford University Press.
Widdowson, H. 1979. *Explorations in Applied Linguistics*. Oxford: Oxford University Press.
Widdowson, H. 1984. *Exploration in Applied Linguistics(II)*. Oxford: Oxford University Press.
Widdowson, H. 1989. Knowledge of language and ability for use. *Applied Linguisitics* 10 (2): 128-137.
Widdowson, H. 1990. *Aspects of Language Teaching*. Oxford: Oxford University Press.
Widdowson, H. 1992. The changing role and nature of ELT. *ELT Journal* 4: 10-14.
Wilkins, D. A. 1972. *Linguistics in Language Teaching*. London: Edward Arnold.
Wilkins, D. A. 1976. *Notional Syllabuses*. Oxford: Oxford University Press.
Williams, J., Inscoe, R. & T. Tasker. 1997. Communication strategies in an interactional context: The mutual achievement of comprehension. In G. Kasper & E. Kellerman (eds.), *Communication strategies: Psycholinguistic and sociolinguistic perspectives*. London: Longman.
Willis, J. 1996. *Task-based Language Learning*. London: Longman.
Wolff, D. 1987. Some assumptions about second language test comprehension. *Studies in Language Acquisition* 9: 307-326.
Yashima, T. 2002. Willingness to communicate in a second language: The Japanese EFL context. *The Modern Language Journal* 86: 54-66.
Yashima, T. 2009. International posture and the ideal L2 self in the Japanese EFL context. In Z. Dörnyei & E. Ushioda (eds.), *Motivation, language identity and the L2 self*. Clevedon: Multilingual Matters.
Yalden, J. 1983. *The Communicative Syllabus: Evolution, Design and Implementation*. Oxford: Pergamon.
Zobl, H. 1986. Word order typology, lexical government, and the prediction of multiple, graded effects in L2 word order. *Language* 36(2): 159-183.
B. B. 拉皮茨基,《认识主体的结构和功能》,北京:中国人民大学出版社,1990。
《高等学校英语专业基础阶段英语教学大纲》,上海:上海外语教育出版社,1989。

蔡振群,英语测试对教学的反拨作用,《外语研究》,2011年第4期。
曹进、靳琰,外语多媒体网络教学资源整合与重组——问题与对策,《对话教育研究》,2005年第11期。
常俊跃、刘晓葉、邓耀臣,内容依托式教学改革对英语专业学生阅读理解能力发展的影响分析,《中国外语》,2009年第3期。
陈光磊,语言教学中的文化导入,《语言教学与研究》,1992年第3期。
陈原,《社会语言学》,上海:学林出版社,1983。
陈月明,"语言与文化"研究的几个理论问题,《汉语学习》,1993年第2期。
程棠,关于当前对外汉语教学中的几个问题,《语言教学与研究》,1992年第3期。
戴庆宁、吕晔,CBI教学理念及其教学模式,《外语教学理论与实践》,2004年第4期。
戴炜栋、陈莉萍,二语语法教学理论综述,《外语教学与研究》,2005年第2期。
邓炎昌、刘润清编,《语言与文化——英汉语言文化对比》,北京:外语教学与研究出版社,1989。
顾飞荣、施桂珍,大学英语口语CBI教学实证研究,《外语与外语教学》,2009年第11期。
顾嘉祖、陆升编,《语言与文化》,上海:上海外语教育出版社,1990。
桂诗春,《心理语言学》,上海:上海外语教育出版社,1985。
韩晔、高雪松,国内外近年线上外语教学研究述评:理论基础、核心概念及研究方法,《外语与外语教学》,2020年第5期。
何安平,语料库语言学与英语教学,北京:外语教学与研究出版社,2004。
胡明杨,对外汉语教学中的文化因素,《语言教学与研究》,1993年第4期。
胡文仲编,《跨文化交际与英语学习》,上海:上海译文出版社,1988。
胡文仲,文化与文学,《外语教学与研究》,1994年第1期。
胡文仲,IJIR、SIETAR与IAIR——美国跨文化交际研究最新动态,《外语与外语教学》,1998年第8期。
黄景,基于课程标准的教师和学习者自主性研究,《课程教材教法》,2007年第8期。
姜勇等,《教师自主发展及其内在机制》,北京:北京师范大学出版社,2009。
教育部,《国家中长期教育改革与发展规划纲要》,2010,http://www.gov.cn/jrzg/2010-07/29/content1667143.htm,accessed10/20/2010.
李炯英、李青,我国外语焦虑研究:回顾与反思——基于外语类期刊近十年(2006—2015)论文的统计与分析,《外语界》,2016年第4期。
李良佑、刘犁编,《外语教育往事谈》,上海:上海外语教育出版社,1988。
李清华,语言测试之效度理论发展五十年,《现代外语》,2006年第1期。
刘美华,新TOEFL网络考试及其反馈作用,《国外外语教学》,2007年第1期。
刘涌泉、乔毅编,《应用语言学》,上海:上海外语教育出版社,1991。
罗常培,《语言与文化》,北京:商务印书馆,1957。
米保富,内容与语言融合型教学研究的新进展,《现代外语》,2015年第5期。
米保富、袁平华,以学科为依托的大学英语教学改革新方向,《高教发展与评估》,2010年第4期。

毛泽东,《毛泽东选集(第三卷)》,北京：人民出版社,1966。
彭绍东,面向21世纪的中国网络教育发展战略初探,《现代远距离教育》,1999年第1期。
皮亚杰,《发生认识论原理》,王宪钿等译,北京：商务印书馆,1994。
戚雨村,语言对比和文化对比,《外国语》,1993年第5期。
邵敬敏主编,《文化语言学中国潮》,北京：语文出版社,1995。
施良方,《学习论》,北京：人民教育出版社,1994。
施渝、徐锦芬,国内外外语焦虑研究四十年——基于29种SSCI期刊与12种CSSCI期刊40年(1972—2011)论文的统计与分析,《外语与外语教学》,2013年第1期。
束定芳,当前SLA研究和外语教学中的若干问题——英国著名外语教学专家Rod Ellis和Henry Widdowson谈SLA研究和外语教学,《国外外语教学》,1994年第3期。
束定芳,国外英语教学理论与实践的最新发展动向,《外语界》,1990年第3期。
束定芳,语言·文化·外语教学,《山东外语教学》,1988年第2期。
束定芳,外语课堂教学新模式刍议,《外语界》,2006年第4期。
束定芳,英语专业综合课目标与教师素质——第三届"外教社杯"全国高校外语教学大赛授课比赛述评,《外语界》,2013年第2期。
孙骊,研究如何学,探讨如何教,《外语界》,1990年第3期。
孙骊,从研究如何教到如何学,《外语界》,1989年第4期。
索绪尔,《普通语言学教程》,高名凯译,北京：商务印书馆,1982。
夏洋、赵永青、邓耀臣,CBI课程改革背景下外语教师知识与教师心理的实证研究,《现代外语》,2012年第4期。
王福祥、吴汉樱编,《语言与文化》,北京：外语教学与研究出版社,1994。
王魁京,语言和文化的关系与第二语言的教学,《北京师范大学学报》(社科版),1993第6期。
王士元主编,《语言与人类交际》,南宁：广西教育出版社,1987。
王学松,对外汉语教学中文化教学的层次,《北京师范大学学报》(社科版),1993年第6期。
王宗炎,《语言问题探索》,上海：上海外语教育出版社,1985。
魏春水、卞觉非,基础汉语教学阶段文化导入内容初探,《世界汉语教学》,1992年第1期。
吴晓露,论语言文化教材中的文化体现问题,《语言教学与研究》,1993年第4期。
吴宗杰,抑制课程自主性的控制符号——教师发展的话语权,《外语与外语教学》,2004年第6期。
邢福义主编,《文化语言学》,武汉：湖北教育出版社,1990。
杨德祥、赵永平,内容依托式教学对英语专业学生思辨能力的影响,《外语教学》,2011年第5期。
杨国章,文化教学的思考与文化教材的设计,《世界汉语教学》,1991年第4期。
袁平华,依托学科内容的大学英语教学对学生学习动机及焦虑感的影响,《解放军外国语学报》,2012 年第 3 期。
袁平华,《大学英语教学环境中依托式教学研究》,北京:社会科学文献出版社,2014。
俞理明、Elizabeth Yeoman、韩建侠,《双语教育论》,北京:外语教学与研究出版社,2009。
俞理明、韩建侠,渥太华依托式课程教学及其启示,《外语教学与研究》,2003 年第 6 期。
曾妍、刘金明,高考英语写作测试对高中英语写作教学的反拨作用研究,《当代教育理论与实践》,2012 年第 4 卷第 3 期。
张占一,试论交际文化和知识文化,《语言教学与研究》,1990 年第 3 期。
张占一、毕计万,如何理解和揭示对外汉语教学中的文化因素,《语言教学与研究》,1991 年第 4 期。
章国英、章翔,网络学习低绩效现象与习惯的适应性研究,《远程教育杂志》,2006 年第 2 期。
章兼中主编,《国外外语教学法主要流派》,上海:华东师范大学出版社,1983。
赵贤州,关于文化导入的再思考,《语言教学与研究》,1992 年第 3 期。
赵贤洲,文化差异和文化导入论略,《语言教学与研究》,1989 年第 1 期。
周思源,论对外汉语教学的文化观念,《语言教学与研究》,1992 年第 3 期。
周振鹤、游汝杰,《方言与中国文化》,上海:上海人民出版社,1986。
朱文俊,语言与文化,《语言教学与研究》,1990 年第 2、3 期。
祝畹瑾编,《社会语言学译文集》,北京:北京大学出版社,1985。
兹维金采夫,《普通语言学纲要》,伍铁平等译,北京:商务印书馆,1981。
邹申,《简明英语测试教程》,北京:高等教育出版社,2011。

# 附录二

# 外语教学主要术语英汉对照表

## A

accent  口音
accommodation  适应
accumulation  积累
accuracy  准确
achievement  成就
acquisition  习得
acronym  首字母拼写法
active vocabulary  积极词汇
active voice  主动语态
activity theory  活动理论
adjacency pair  毗邻对子
adjective  形容词
adjunct  附加成分
adverb  副词
adverbial  状语
affective filter  情感过滤器
agreement  一致关系
alexia  失读症
alphabet  字母表
alternative question  选择问句
ambiguity  歧义
antecedent  先行词
antonymy  反义现象
anxiety  焦虑
aphasia  失语症
applied linguistics  应用语言学
apposition  同位语
approach  路子

appropriate(ness)  合适性
apriori syllabus（事先设计的）大纲
aptitude  潜能
arbitrariness  任意性
article  冠词
articulator phonetics  发音语音学
artificial intelligence  人工智能
aspect  体
assessment  评估
assignment  作业
assimilation  同化
associative learning  联想学习法
attention  注意力
attitude  态度
audiolingual method  听说法
audiovisual method  视听法
authenticity  真实性
autonomous learning  自主学习
auxiliary  辅助词
avoidance  回避

## B

babbling  牙牙学语
baby talk  婴儿语
backformation  逆构词法
background information  背景信息
backwash  测试反拨
Basic English  基础英语
behaviorism  行为主义

BALLI（beliefs about language learning inventory）外语学习信念的测量量表
bilingualism 双语现象
body language 体势语
bottom-up process 自下而上过程
brain 大脑
Brocca's area 布洛卡区

C

caretaker speech 保姆式/照顾式语言
case 格
case grammar 格语法
case study 个案研究
category 范畴
channel 渠道
child language 儿童语
chunking 词块
classroom interaction 课堂互动
classroom management 课堂管理
classroom techniques 课堂技巧
cloze test 完形填空测试
clause 从句
code 语码
codeswitching 语码转换
coefficient of determination 决定系数
cognate 同源词
cognitive process 认知过程
cognitive psychology 认知心理学
cognitive strategy 认知策略
cognitive style 认知风格
cognitive variable 认知变量
coherence 连贯
cohesion 衔接
collocation 搭配
colloquial speech 口语
comment 述题
common core 语言共核
communicative approach 交际法

communicative grammar 交际语法
communication strategy 交际策略
community 共同体
community language learning 社团语言学习法
comparative degree 比较级
competence 能力
complement 补语
complex sentence 复合句
componential analysis 成分分析
composition 作文
comprehensible input 可理解性输入
comprehension 理解
CAI（computer-assisted instruction） 计算机辅助教学
conceptual meaning 概念意义
concord 一致关系
concrete noun 具体名词
concurrent validity 共现效度
conditional clause 条件从句
conditioned response 条件反应
conjunction 连词
connotation 隐含义
consonant 辅音
connotative 使为句
constituent 成分
construct validity 构卷效度
CBI（content-based instruction） 以内容为依托的语言教学
content validity 内容效度
content word 实词
context 语境
contrastive analysis 对比分析
control group 对比组
convergence 语言趋同
conversational maxim 会话准则
cooperative principle 合作原则
copula 系词
corpus 语料

correlation 相关关系
correcting 批改
counseling learning 咨询式学习法
countable noun 可数名词
course density 课程密度
course design 课程设计
coursebook evaluation 教材评估
creative activity 创造性活动
Creole 克里奥尔语
criterion-referenced test 标准参照型测试
critical period hypothesis 关键期假说
cue 提示
culture 文化
culture shock 文化休克
cultural stereotype 文化定势
curriculum 课程

## D
declarative sentence 陈述句
decoding 解码
deductive learning 演绎学习法
deep structure 深层结构
deixis 指示现象
deletion 删除
denotation 指示义
derivation 派生
descriptive grammar 描述性语法
descriptive linguistics 描写语言学
determiner 限定词
developmental linguistics 发展语言学
developmental psychology 发展心理学
diachronic 历时
diagnostic test 诊断性测试
dialect 方言
dialogue 对话
dictation 听写
dictionary 词典
didactic 教育性的

diglossia 双方言
direct method 直接法
direct speech 直接引语
discourse analysis 话语分析
discreteness 离散性
discrete-point test 分散点测试
distinctive feature 区别性特征
distractor 干扰项
divergence 语言趋异
domain 语域
drills 操练
dynamic system theory 动态系统论

## E
eclectic method 折中法
educational linguistics 教育语言学
EFL（English as a foreign language）英语作为外语
EGP（English for general purposes）通用英语
elicitation 引发
ELT（English language teaching）英语教学
empathy 神会
empiricism 经验主义
empty word 虚词
encoding 编码
entailment 蕴含
environment 环境
equivalent forms 等值试卷
error analysis 错误分析
ESP（English for specific purposes）特殊用途英语
etymology 词源学
evaluation 评估
extensive reading 泛读

## F
face validity 表面效度

factor analysis 因素分析
feedback 反馈
felicity conditions 真实条件
field dependence 场依赖性
figure of speech 辞格
first language 第一语言
fluency 流利
foreigner talk 外国腔语言
foreign language 外语
foreign language anxiety 外语焦虑
formative test 形成期测试
formalism 形式主义
formulaeic speech 公式性语言
fossilization 僵化
frequency count 频率计算
functionalism 功能主义
functional linguistics 功能语言学
fuzziness 模糊性

G
game 游戏
gender 性
general linguistics 普通语言学
generalization 概括
generative grammar 生成语法
gerund 动名词
gestalt psychology 格式塔心理学
global error 整体性错误
goal 目标
gradation 分级
grammar 语法
grammar translation method 语法翻译法
group work 小组活动

H
habit 习惯
heuristic 启发性的
historical linguistics 历史语言学
homework 家庭作业

homonymy 同义现象
humanistic approach 人文主义教学法
hypercorrection 矫枉过正
hyponymy 上下义
hypothesis formation 假设形成
hypothesis testing 假设检验

I
iconicity 记号性
ideal speaker/hearer 理想的说话者/听话者
identity 身份
idiolect 个人方言
idiomatic 符合习惯的
illocutionary 言外的
imitation 模仿
immersion programme 沉浸法
imperative 祈使句
implicature 含义
indicative 直陈语气
indirect speech act theory 间接言语行为理论
individualized instruction 个别教学
induced error 诱发式错误
inductive learning 归纳性学习法
inferencing 推ँ
information theory 信息论
initials 首字母缩略
innateness 先天性
inner speech 内部语言
input hypothesis 输入假设
instrumental motivation 工具性动机
integrated approach 综合法
integrative motivation 综合性动机
integrative testing 综合测试法
intake 吸收的语言
intelligibility 可理解性
interference 干扰
interjection 感叹词

interlanguage　中介语
interlingual error　语际干扰
internalize　内部化
internalization　内化
interpersonal　人际的
interpretive error　解性错误
interrogative sentence　疑问句
intralingual error　语内错误
intuition　直觉
inversion　倒装
item discrimination　试题区分度

K
kinesics　体语学

L
language acquisition device　语言习得机制
language distance　语言距离
language laboratory　语言实验室
language planning　语言计划
language policy　语言政策
laterization　（大脑功能）区域化
learnability　可学性
learner autonomy　自主学习能力
learner belief　学习者信念
learner strategy　学习者策略
lesson plan　教学计划
lexicology　词汇学
lexicography　词典学
lexicon　词库
linear syllabus　直线式大纲
lingua franca　通用语
linguistic competence　语言能力
linguistic performance　语言行为
literacy　有文化
locutionary　言语的
longitudinal method　纵向研究法
long-term memory　长期记忆

M
macrolinguistics　宏观语言学
MALL（mobile-assisted language learning）移动学习方式
markedness　有标记性
mean　平均数
meaning　意义
mechanical skills　机械性技能
media resources　媒体资源
mediation　中介作用
medium of instruction　教学媒介
memory　记忆
mentalistic　心灵主义的
metalanguage　元语言
methodology　方法论
microlinguistics　微观语言学
modeling　示范教学
modifier　修饰语
monitor　监控
monologue　独白
mood　语气
morpheme　语素
morphology　语素学
mother tongue　母语
motivation　动机
motor skills　运动神经技能
multiple-choice item　多项选择题

N
native speaker　本族语使用者
natural method　自然法
natural order hypothesis　自然顺序假设
needs analysis　需求分析
negation　否定
neurolinguistics　神经语言学
non-verbal communication　非语言交际
norm-referenced test　常模参考型测试
notional syllabus　意念大纲

## O

object 宾语
object regulation 事物调控
objective 教学目标
objective testing 客观测试
open-ended question 开放式问题
oral approach 口语法
orthography 拼写法
other regulation 他人调控
output 输出语
overgeneralization 过度概括
overlearning 过度学习

## P

pair work 双人练习
paradigmatic relation 聚合关系
paralanguage 副语言
parameter 参数
paraphrase 义释
participle 分词
particle 小品词
parts of speech 词性
passive vocabulary 被动词汇
passive voice 被动语态
pattern drills 句型操练
PBLT (project-based language teaching) 以项目为依托的语言教学
pedagogic grammar 教学语法
peer teaching 同学互教
perception 知觉
perlocutinary 言后的
phatic communion 寒暄
phoneme 音位
phonetics 语音学
phonology 音位学
phrase 短语
pidgin English 洋泾浜英语
pilot test 先导性测试
placement test 分班考试

politeness principle 礼貌原则
polyglot 操多语者
polysemy 多义
positive transfer 正迁移
posttest 事后测试
pragmatics 语用学
predicate 谓语
predicative 表语
predictive validity 预测效度
preposition 介词
prescriptive grammar 规定性语法
presupposition 预设
private speech 私人语言
problem-solving 习题解答
procedure 程序
procedural knowledge 程序性知识
process 过程
proficiency test 水平测试
productive skills 输出性技能
programmed instruction 程序式教学
progress test 进步测试
pronoun 代词
psycholinguistics 心理语言学

## R

random sample 随机样本
raw score 原始分数
reading 阅读
realia 实物教具
received pronunciation 公认音
receptive skills 接受性技能
redundancy 冗余度
regulation 调控
reliability 可信度
remedial teaching 补救性教学
register 语域
reinforcement 强化
relativity 相对性
repertoire 语库

response 反应
rheme 述题
rhetoric 修辞学
rhythm 节奏
role play 角色扮演
routine 惯用语

S

scanning 寻读
schema 构思图式
scoring 评分
second language 第二语言
selection 选择
self-regulation 自我调控
semantics 语义学
semiotics 符号学
sentence 句子
serial learning 顺序学习法
setting 环境
short-term memory 短期记忆
sign language 手(势)语
silent way 沉默法
simplification 简化
situational teaching 情景教学
situational method 情景教学法
skimming 浏览,略读
sociocognitive approach 社会认知视角
sociocultural theory 社会文化理论
sociolinguistics 社会语言学
source language 源语言
speech community 语言社团
speech act theory 言语行为理论
spelling 拼写
standardized error 标准化误差
standardized score 标准分
stem 词干
stimulus 刺激
strategy 策略
stress 重音

structural linguistics 结构语言学
study skills 学习技巧
style 风格
stylistics 风格学
subjective test 主观测试
substitution 替换
subtest 子测试
suggestopaedia 暗示法
syllable 音节
syllabus 大纲
synchronic 共时
synonymy 同义
syntagmatic relations 组合关系
syntax 句法
systemic grammar 系统语法

T

taboo 禁忌语
tabula rasa 白板
target language 目标语
task-based syllabus 任务型教学大纲
TBLT（task-based language teaching）
　　任务教学法
teacher talk 教师用语
tense 时态
TESL（teaching English as a second
　　language） 英语作为第二语言教学
TESOL（teaching English to speakers of
　　other languages） 教外国人英语
testing 测试
test item 试题
text linguistics 话语语言学
textual 篇章的
the L2 motivational self system 二语动
　　机自我系统
ZPD（the zone of proximal development）
　　最近发展区
theme 主题
threshold level 最低水平

TOEFL (test of English as a foreign language) 托福考试
top-down process 自上而下过程
topic 话题
traditional grammar 传统语法
transcription 音标
transfer 迁移
transformation 转换
transitivity 及物性
turn-taking 按序说话

**U**
universal grammar 普遍语法
usage 习惯用法
utterance 话语

**V**
validity 效度

variable 变量
variety 语体
verbal 言语的
vernacular 方言的
vocabulary 词汇
voice 语态
vowel 元音

**W**
washback 反拨作用
willingness to communicate 交际意愿
word class 词类
word frequency 词频
wordlist 词表
word order 词序
working memory 工作记忆
writing 写作